《煤矿安全生产条例》学习辅导教材

（含习题及答案解析）

刘超捷　汤道路　编著

应急管理出版社

·北　京·

图书在版编目（CIP）数据

《煤矿安全生产条例》学习辅导教材：含习题及答案解析／刘超捷，汤道路编著．--北京：应急管理出版社，2024

ISBN 978-7-5020-9806-3

Ⅰ.①煤…　Ⅱ.①刘…②汤…　Ⅲ.①矿山安全—条例—中国—学习参考资料　Ⅳ.①D922.54

中国版本图书馆 CIP 数据核字（2022）第 233135 号

《煤矿安全生产条例》学习辅导教材（含习题及答案解析）

编　　著　刘超捷　汤道路
责任编辑　杨晓艳
责任校对　赵　盼
封面设计　解雅欣

出版发行　应急管理出版社（北京市朝阳区芍药居 35 号　100029）
电　　话　010-84657898（总编室）　010-84657880（读者服务部）
网　　址　www.cciph.com.cn
印　　刷　天津嘉恒印务有限公司
经　　销　全国新华书店

开　　本　710mm×1000mm $^{1}/_{16}$　**印张**　$14^{3}/_{4}$　**字数**　226 千字
版　　次　2024 年 3 月第 1 版　2024 年 3 月第 1 次印刷
社内编号　20221597　　**定价**　65.00 元

前言

PREFACE

煤炭行业作为生产安全风险最高的行业之一，必然需要最为严格和细致的行业安全立法！早在2000年，我国便颁布实施了《煤矿安全监察条例》，2005年又出台了《国务院关于预防煤矿生产安全事故的特别规定》。这两部行政法规实施以来，对健全完善煤矿安全生产法律体系，提高我国煤矿安全生产水平，促进煤矿安全生产形势稳定好转意义重大、作用巨大。但是，当前制约煤矿安全生产的深层次矛盾和突出问题仍然很多，需要在整合《煤矿安全监察条例》和《国务院关于预防煤矿生产安全事故的特别规定》的基础上，制定一部新的保障煤矿安全生产的行政法规，因此《煤矿安全生产条例》应运而生！

《煤矿安全生产条例》既是对《煤矿安全监察条例》和《国务院关于预防煤矿生产安全事故的特别规定》的整合，更是对这两部行政法规的发展。《煤矿安全生产条例》以习近平总书记关于安全生产重要论述为指导，充分贯彻了人民至上、生命至上，把保护人民生命安全摆在首位的安全发展理念，与新修改的《安全生产法》进行了有机衔接，进一步强化了煤矿企业安全生产主体责任，明确了煤矿安全监管监察部门职责，对提升本质安全水平、促进煤矿安全生产形势稳定好转具有重要意义。

为帮助煤矿从业人员和煤矿安全监管监察人员学习、理解和贯彻执行这部新的行政法规，我们编写了《〈煤矿安全生产条例〉学习辅导教材（含习题及答案解析）》。本书根据《煤矿安全生产条例》的立法结构，对应地分为总则和附则、煤矿企业的安全生产责任、煤矿安全生产监督管理、煤矿安全监察和法律责任五章，每章分为学习辅导、习题集、习题答案及解析三节。学习辅导对每一章的学习重点进行讲解，涉及某些法条所确立制度的背景、涵义和学习理解时需要注意的问题等内容，但并非法条的逐条释义，因此与法条顺序并不完全对应。习题集分为辨析题、填空题、单选题、多选题和简答题五种题型，既可以测验学习者对法条的理解，也可以测验学习者对法条重要内容的记忆。由于《煤矿安全生产条例》每章条款数量不一，因此针对每一章所出的自测题数量也有一定差别。习题答案及解析则对每一道自测题给出了答案，并作出了较为详细的解析。答案可供学习者对照自测，解析不仅是对答案的解释，还是对学习辅导内容的回应、补充和细化，对学习者全面、准确和系统地掌握立法精神和具体制度具有很好的参考价值。

本书尤其适合作为煤矿企业从业人员的安全培训教材，帮助煤矿企业各个层级人员学习、理解、掌握《煤矿安全生产条例》的规定。本书同样适用于煤矿安全监管监察人员的学习和培训，帮助他们正确理解和掌握法条，以便于在执法中准确适用法条。本书针对各个章节编制的习题，既可以作为学习者进行自我测验的工具，也可以作为培训机构对培训对象进行考核的参考题库。

由于时间紧迫、水平所限，书中难免存在疏漏之处，敬请读者批评指正。

编者

2024年2月25日

目录

CONTENTS

第一章 总则和附则

第一节 学习辅导

一、《煤矿安全生产条例》出台背景和意义

煤矿作为传统高危行业，一直是安全生产工作的重中之重，因此很有必要专门出台一部法律位阶相对较高、具体内容针对性强的综合性煤矿安全生产立法。

安全生产事关人民群众生命财产安全，事关经济发展和社会稳定大局。党中央、国务院历来高度重视安全生产工作。党的十八大以来，习近平总书记多次对安全生产工作作出重要指示批示，创造性地提出“坚持人民至上、生命至上”“从根本上消除事故隐患、从根本上解决问题”“强化依法治理，用法治思维和法治手段解决安全生产问题”“管行业必须管安全、管业务必须管安全、管生产经营必须管安全”等一系列关于安全生产的重要论述，为做好新时代安全生产工作提供了根本遵循和行动指南。因此，加强煤矿安全生产立法，用法治思维和法治手段解决煤矿安全生产问题是落实习近平总书记关于安全生产重要论述的必由之路。

早在1992年我国便颁布了《矿山安全法》，并于2009年进行了修订，但由于立法更新滞后，该法已不适应当前的实际需要。2000年和2005年，国务院先后出台了《煤矿安全监察条例》和《国务院关于预防煤矿生产安全事故的特别规定》，对预防煤矿事故发生、保障煤矿安全生产发挥了

积极作用。随着经济社会发展，煤矿安全生产出现了一些新情况，存在安全生产责任落实不到位、风险隐患排查治理不彻底、安全管理体制机制不完善等突出问题，都需要通过具体的煤炭行业立法加以解决。

《安全生产法》已于2021年完成修改，但该法作为一部调整全行业、各领域的综合性法律，在煤矿安全生产领域的直接适用经常遇到“力不从心”的尴尬情形。因此，对现行《安全生产法》在安全生产的原则要求和具体制度设计上的更新，需要通过煤矿安全生产领域的具体立法加以细化、补充和落实。

2020年国家对矿山安全监察体制进行了改革，原国家煤矿安全监察系统的职能也发生了一定的变化，导致原来的《煤矿安全监察条例》等立法不便继续适用。另外，为深入贯彻党的二十大精神，进一步加强矿山安全生产工作，2023年中共中央办公厅、国务院办公厅联合印发了《关于进一步加强矿山安全生产工作的意见》，对矿山安全生产工作提出了更加严格的要求。

为了把党中央、国务院决策部署在煤矿安全生产领域予以细化落实，应急管理部、国家矿山安全监察局在整合《煤矿安全监察条例》和《国务院关于预防煤矿生产安全事故的特别规定》两部行政法规的基础上起草了《煤矿安全条例（草案）》。随后，司法部和应急管理部、国家矿山安全监察局深入调查研究，在广泛征求有关部门、地方政府和煤矿企业、科研机构的意见后，修改形成《煤矿安全生产条例（草案）》。2023年12月18日，国务院常务会议审议通过了草案；2024年1月24日，李强总理签署国务院令，正式公布了《煤矿安全生产条例》。

《煤矿安全生产条例》是煤矿安全生产领域的一部基础主干法规，全面总结了近年来煤矿安全生产工作经验，是在贯彻新发展理念、推动安全生产工作高质量发展过程中形成的重要立法成果，对煤矿安全生产工作将产生深远影响。《煤矿安全生产条例》的颁布和实施，有利于全面规范和加强煤矿安全生产工作，进一步落实煤矿企业安全生产主体责任，进一步强化监管监察职责，对促进煤矿安全生产形势稳定好转具有重要意义。

二、《煤矿安全生产条例》的法律位阶及效力层次

所谓法律位阶，是指每一部规范性法律文本在法律体系中的纵向等级。不同位阶的立法其法律效力也不一样，下位阶的立法必须服从上位阶的立法，所有的法律、行政法规、地方性法规、部门规章和地方政府规章，都必须服从宪法。

《煤矿安全生产条例》的制定主体为国务院，其性质是行政法规，效力仅次于全国人大及其常委会颁布的法律，但高于地方性法规、部门规章和地方政府规章。因此，《煤矿安全生产条例》在煤矿安全生产法律体系中的地位十分重要。

作为《安全生产法》的下位法，《煤矿安全生产条例》在法定义务和法律责任的设定上不能与《安全生产法》相冲突，但可以结合煤炭行业的特点，对《安全生产法》的规定进行补充和细化。如《安全生产法》第三十一条规定，"生产经营单位新建、改建、扩建工程项目（以下统称建设项目）的安全设施，必须与主体工程同时设计、同时施工、同时投入生产和使用"。但是安全设施的设计应该包括哪些基本内容并没有规定。《煤矿安全生产条例》第十四条第二款，针对煤炭行业的特点，对此进行了细化，明确规定"安全设施设计应当包括煤矿水、火、瓦斯、冲击地压、煤尘、顶板等主要灾害的防治措施"。再如，《安全生产法》作为适用于各行各业的安全生产基础性、综合性立法，对生产经营单位及其内部单元应该配备哪些职位的负责人并无规定，但《煤矿安全生产条例》则规定"煤矿企业应当为煤矿分别配备专职矿长、总工程师，分管安全、生产、机电的副矿长以及专业技术人员"，这便是根据行业特点对上位法的有益补充。

除《煤矿安全生产条例》外，国务院还颁布了其他的安全生产行政法规，如《生产安全事故报告和调查处理条例》《生产安全事故应急条例》等，这些行政法规与《煤矿安全生产条例》具有同等效力。在生产安全事故应急管理、生产安全事故报告和调查处理方面，《煤矿安全生产条例》一般不需要作出具体规定，而是规定适用相关的行政法规即可。但如果煤炭行业需要一些特殊的规定，《煤矿安全生产条例》则可以作出与其他安全生产行政法规不一致的规定。在这种情况下，按照"特别法优于一般

法”的原则，《煤矿安全生产条例》的规定优先适用。如根据《生产安全事故报告和调查处理条例》的规定，“重大事故、较大事故、一般事故分别由事故发生地省级人民政府、设区的市级人民政府、县级人民政府负责调查”。但是根据《煤矿安全生产条例》第八条的规定，“国家矿山安全监察机构及其设在地方的矿山安全监察机构依法组织或者参与煤矿生产安全事故调查处理”。按照“特别法优于一般法”的原则，应该适用《煤矿安全生产条例》对煤矿生产安全事故调查处理的特别规定，不应适用《生产安全事故报告和调查处理条例》中的一般规定。如果将来其他的安全生产行政法规修改了，其中普遍适用于各行业的一般性规定与《煤矿安全生产条例》规定不一致的情况下，可按照“新法优于旧法”的原则，适用新修改的内容。在新的一般规定与旧的特别规定不一致的情况下该如何适用不同的行政法规，则需要报国务院进行裁定。

行政法规的效力高于地方性法规和规章。现行的地方性安全生产法规和应急管理部的安全生产部门规章，如《煤矿安全培训规定》等效力低于《煤矿安全生产条例》，凡是其中规定与《煤矿安全生产条例》不一致的，适用《煤矿安全生产条例》，不适用地方性法规或者规章。

三、《煤矿安全生产条例》的立法目的

任何一部立法都会开宗明义地规定其立法目的，《煤矿安全生产条例》也不例外，在第一条用三句话阐明了立法目的。虽然立法目的表达得非常清楚，但如何理解“加强煤矿安全生产工作，防止和减少煤矿生产安全事故，保障人民群众生命财产安全”三者之间的关系，往往被人们所忽略。三者之间并不是并列关系，而是由直接到间接、由具体到抽象、由微观到宏观的排列顺序。《煤矿安全生产条例》最直接的目的是“加强煤矿安全生产工作”，只有安全生产工作得到全面加强，才有可能实现预防和减少生产安全事故的目的；只有防住了事故，才能实现“保障人民群众生命财产安全”的最终目的。

对《煤矿安全生产条例》立法目的的理解，有一点需要指出：虽然将“保障人民群众生命财产安全”作为最终目的，但是必须明确，“生命安全”与“财产安全”保护的重要性并不在一个层次上，当财产安全保护

与生命安全保护发生冲突时，要毫不犹豫地将“生命安全”放在第一位。习近平总书记就安全生产工作作出指示时曾多次强调，要始终把人民群众生命安全放在第一位。2021 年修改的《安全生产法》第三条明确规定，“安全生产工作应当以人为本，坚持人民至上、生命至上，把保护人民生命安全摆在首位”。如 2013 年吉煤集团通化矿业集团公司八宝煤业公司①，为了“保矿”（即财产保护），拒不执行吉林省人民政府禁止人员下井作业的指令，擅自违规安排人员入井施工密闭，导致 17 人死亡的恶性案件，绝不应该再次发生。所以，尽管提出对人民群众生命、财产安全都要保护，但绝不应该理解为同等保护。

四、《煤矿安全生产条例》的适用范围

所谓法的适用范围，是指一部立法在什么时间和什么地域范围内，对什么人和什么事具有效力。其中时间效力规定在立法的最后一条，而地域范围、主体范围和事项范围规定在立法的第二条。

第一，如何理解《煤矿安全生产条例》适用的地域范围？一般而言一部立法的适用地域范围仅限于一国的领土范围内，但《煤矿安全生产条例》的适用范围有所扩展，即除中华人民共和国领域外，还包括“中华人民共和国管辖的其他海域”。国家对其领土当然享有主权，除此之外，有些海域，例如大陆架和专属经济区等，尽管不属于国家领土的一部分，但沿海国可以对这些海域实施管辖，对其资源开采利用，从而构成国家管辖范围的其他海域。根据《中华人民共和国专属经济区和大陆架法》，我国的专属经济区，为领海以外并邻接领海的区域，从测算领海宽度的基线量起延至二百海里。我国的大陆架，为领海以外依本国陆地领土的全部自然延伸，扩展到大陆边外缘的海底区域的海床和底土；如果从测算领海宽度的基线量起至大陆边外缘的距离不足二百海里，则扩展至二百海里。中华人民共和国在专属经济区为勘查、开发、养护和管理海床上覆水域、海床及其底土的自然资源，以及进行其他经济性开发和勘查，行使主权权利。

① 参见“吉林省吉煤集团通化矿业集团公司八宝煤业公司‘3·29’特别重大瓦斯爆炸事故调查报告”，https://www.mem.gov.cn/gk/sgcc/tbzdsgdcbg/2013/201307/t20130711_245229.shtml。

中华人民共和国为勘查大陆架和开发大陆架的自然资源，对大陆架行使主权权利。因此，如果我国在这些海域开采煤矿，虽然并不在我国的领域范围内，但是适用《煤矿安全生产条例》，这一规定与我国的《煤炭法》和《矿山安全法》的规定是一致的。

第二，《煤矿安全生产条例》适用的事项范围是“煤矿安全生产”工作。所谓“安全生产”是指为预防和控制生产安全事故而遵循的工作方针和采取的一系列措施。煤矿企业在建立健全和落实各项安全生产规章制度、实施安全生产管理的过程中，应当遵守《煤矿安全生产条例》的方针性规定和制度性措施。

第三，《煤矿安全生产条例》适用的主体范围，即哪些组织和自然人受到拘束。虽然没有明确说明哪些主体适用《煤矿安全生产条例》，但是从事项范围可以推出主体范围，即在煤矿安全生产工作中负有权利（权力）和义务的主体，主要是煤矿企业，但同时也包括煤矿从业人员、负有煤矿安全监管职责的部门和矿山安全监察机构，以及为煤矿安全生产提供服务的技术服务机构。《煤矿安全生产条例》对上述四大主体均规定了权利（权力）和义务。如第二章“煤矿企业的安全生产责任”，主要为煤矿企业设定了各项安全生产义务，但第二十条也规定了煤矿企业从业人员的安全生产职责；第三章、第四章分别规定了负有煤矿安全监管职责的部门和矿山安全监察机构的监管、监察职责，其中第四十六条还规定了煤矿安全生产技术服务机构的服务应守法合标的义务。

第四，《煤矿安全生产条例》适用的时间范围规定在第六章“附则”中，即第七十六条：“本条例自2024年5月1日起施行。《煤矿安全监察条例》和《国务院关于预防煤矿生产安全事故的特别规定》同时废止。”理解这一规定时需要注意新旧法规适用过程中跨越2024年5月1日节点的案件。如果某一违法行为发生在2024年4月下旬，5月1日以后还在处理中，是依照《煤矿安全生产条例》还是依照《煤矿安全监察条例》和《国务院关于预防煤矿生产安全事故的特别规定》处罚呢？根据《立法法》第一百零四条的规定，“法律、行政法规、地方性法规、自治条例和单行条例、规章不溯及既往，但为了更好地保护公民、法人和其他组织的权利和利益而作的特别规定除外”。这就是法律适用的“从旧兼从轻”原则，即对发生在新法生效之前的违法行为，原则上按照旧法处理，如果新法的规定对处罚对象更有利，则按照新法处理。对此《行政处罚法》作了更明确的规定："实施行政处罚，适用违法行为发生时的法律、法规、规章的规定。但是，作出行政处罚决定时，法律、法规、规章已被修改或者废止，且新的规定处罚较轻或者不认为是违法的，适用新的规定。"

五、煤矿安全生产工作的指导思想

《煤矿安全生产条例》第三条第一款和第二款集中规定了煤矿安全生产工作的指导思想，可将其概括为"四个坚持"：坚持中国共产党的领导；坚持人民至上、生命至上，把保护人民生命安全摆在首位的安全发展理念；坚持安全第一、预防为主、综合治理的安全生产方针；坚持从源头上防范化解重大安全风险的安全生产治理策略。

（一）坚持中国共产党的领导

推进党的领导制度化、法治化，是习近平法治思想的重要内容。2012年11月17日，习近平总书记在主持十八届中央政治局第一次集体学习时，就对坚持党的领导提出明确要求，强调"党政军民学，东西南北中，党是领导一切的"，明确"加强党对一切工作的领导的要求不是空洞的、抽象的，要在各方面各环节落实和体现"。2019年1月，中共中央出台了《中共中央关于加强党的政治建设的意见》，其中明确指出："贯彻落实宪法规定，制定和修改有关法律法规要明确规定党领导相关工作的法律地位"。

将"坚持中国共产党的领导"写入有关立法的法条，是中国共产党完整把握依法执政规律的必然结果，通过法律、法规规定党领导相关工作的地位和基本方式，也是"依法执政"的具体体现。

安全生产是关系人民群众生命财产安全的大事，是经济社会协调健康发展的标志，是党和政府对人民利益高度负责的要求。习近平总书记指出："党委要管大事，发展是大事，安全生产也是大事。安全生产事关人民利益，事关改革发展稳定，党政一把手必须亲力亲为、亲自动手抓。"因此安全生产工作，包括煤矿安全生产工作，必须坚持中国共产党的领导。地方各级党委应将安全生产工作作为重要的工作内容，把握安全生产工作的方向。煤矿企业党委应当在安全生产决策中充分发挥领导作用，及时组织研究和解决煤矿安全生产中的重大问题。

（二）坚持人民至上、生命至上，把保护人民生命安全摆在首位的安全发展理念

党的十八大以来，习近平总书记就安全生产工作多次作出指示、批示，发表重要讲话，反复强调安全发展、人民至上、生命至上的安全理念。2013 年 6 月 6 日，针对全国多个地区接连发生重特大生产安全事故，习近平总书记指出：人命关天，发展决不能以牺牲人的生命为代价，这必须作为一条不可逾越的红线。2013 年 11 月 24 日，习近平总书记在听取青岛黄岛经济开发区东黄输油管线泄漏引起爆燃事故情况汇报时的讲话指出："要牢固树立安全发展理念，始终把人民群众生命安全放在第一位，牢牢树立发展不能以牺牲人的生命为代价这个观念。这个观念一定要非常明确、非常强烈、非常坚定。"党的十九大报告指出：树立安全发展理念，弘扬生命至上、安全第一的思想。

2021 年修改的《安全生产法》明确规定："安全生产工作应当以人为本，坚持人民至上、生命至上，把保护人民生命安全摆在首位，树牢安全发展理念"。《煤矿安全生产条例》作为安全生产重点行业的立法，明确"煤矿安全生产工作应当以人为本，坚持人民至上、生命至上，把保护人民生命安全摆在首位，贯彻安全发展理念"，保持了下位立法与上位立法在理念上的高度一致。

（三）坚持安全第一、预防为主、综合治理的安全生产方针

安全生产方针在我国经历了不同的发展阶段，标志着整个国家对安全生产工作的认识水平不断提高。从新中国成立到 1983 年，在相当长的一段时间里，我国的安全生产方针表述为"生产必须安全、安全为了生产"；1984—2004 年，我国将安全生产方针更改为"安全第一、预防为主"，这一方针不仅出现在党和国家的有关政策文件中，也写进了《安全生产法》。2005 年以后，"综合治理"被补充进了安全生产方针，并且在 2014 年《安全生产法》修改时，被写进了法条。值得煤炭行业骄傲的是，"安全第一""预防为主""综合治理"的提法最初均出自煤炭行业，今天发展成为各行各业均应遵守的安全生产方针，是煤炭人对国家安全生产工作的巨大贡献。

虽然“安全第一、预防为主、综合治理”的思想出自煤炭行业，但学习《煤矿安全生产条例》时仍要强调正确理解这一方针。“安全第一”，那么什么是第二呢？必须明确回答这个问题，那就是“生产第二”，即当生产和安全发生冲突时，必须将安全放在第一位，而把生产效率、生产效益放在第二位。从宏观上讲，就是“发展决不能以牺牲安全为代价”。那么“安全”又指的什么呢？人们通常将“生命安全”和“财产安全”相提并论，即使《煤矿安全生产条例》的立法目的也写着“保障人民群众生命财产安全”，但是我们必须明确，“安全第一”中的“安全”，是指人民群众的“生命安全”，不包括“财产安全”。与人民群众的“生命安全”相比，“财产安全”永远是第二位的。

理解“预防为主”时，同样也有一个什么为“辅”的问题，那就是“救援”。预防为主当然很重要，但是“为辅”的内容同样不可忽略，在生产过程中，因为违法、违规、违章导致的生产安全事故时有发生，一旦发生事故，第一时间启动应急预案，开展高效、正确的救援对挽救生命、防止损失扩大至关重要。所以在坚持预防事故为主的同时，不可忽视事故救援的事前准备和事中应对。

如何理解“综合治理”呢？在这一内容被写进安全生产方针之初，曾有企业界人士发表观点对其提出批评，认为“综合治理”是政府的事情，企业没有办法“综合治理”。应该说这种理解是偏颇的。所谓综合治理，简单而言就是指主体的多元化和手段的多样性。主体的多元化，就是企业、政府和各种社会力量共同努力，形成安全生产的共治局面。所谓手段的多样性，包括法律手段、管理手段、技术手段、文化手段等，而这些都是企业可以运用的手段。

（四）坚持从源头上防范化解重大安全风险的安全生产治理策略

习近平总书记在多次讲话中都强调安全生产源头治理的重要性。2013 年 11 月 24 日，习近平总书记在听取青岛黄岛经济开发区东黄输油管线泄漏引起爆燃事故情况汇报时的讲话提出：安全生产要坚持防患于未然……要加大隐患整改治理力度，把问题解决在基层，把隐患消灭在萌芽状态。2015 年 12 月 24 日，习近平总书记在十八届中央政治局常委会第

127 次会议上就安全生产工作发表重要讲话时指出：对易发重特大事故的行业领域，要采取风险等级管控、隐患排查治理双重防御性工作机制，推动安全生产关口前移。2019 年 11 月 29 日，习近平总书记在主持中共中央政治局第十九次集体学习时强调：要健全风险防范化解机制，坚持从源头上防范化解重大安全风险，真正把问题解决在萌芽之时、成灾之前。

党的二十大报告指出：坚持安全第一、预防为主，建立大安全大应急框架，完善公共安全体系，推动公共安全治理模式向事前预防转型。

习近平总书记的多次讲话和党的二十大报告，进一步指导我国安全生产立法确立源头治理、事前预防的总体策略，对《安全生产法》和《煤矿安全生产条例》的制度设计具有重要的指导作用。《煤矿安全生产条例》规定的安全生产许可制度、煤矿建设项目安全设施“三同时”制度、安全风险分级管控和隐患排查治理双重预防机制等内容，都是从源头上防范化解重大安全风险的安全生产治理策略的具体体现。

六、“三管三必须”

2013 年 7 月 18 日，习近平总书记就做好安全生产工作作出指示时指出：落实安全生产责任制，要落实行业主管部门直接监管、安全监管部门综合监管、地方政府属地监管，坚持管行业必须管安全、管业务必须管安全、管生产必须管安全，而且要党政同责、一岗双责、齐抓共管。这是“三管三必须”第一次被明确提出。后来，习近平总书记在多次讲话中强调了“三管三必须”。2016 年 12 月 9 日，中共中央、国务院联合下发了《关于推进安全生产领域改革发展的意见》，其中规定：“按照管行业必须管安全、管业务必须管安全、管生产经营必须管安全和谁主管谁负责的原则，厘清安全生产综合监管与行业监管的关系，明确各有关部门安全生产和职业健康工作职责，并落实到部门工作职责规定中”。2021 年修改的《安全生产法》，将“三管三必须”写进法条，从政策规定上升为法律规定，“三必须”成为“三管”部门的法定责任。

从“三管三必须”的提出来看，它最初确实是一条厘清安全监管部门职责的规定，但是今天仅仅将其理解为政府监管部门的分工并不准确。“三管三必须”对于企业同样适用。

2021 年 6 月 11 日，在国务院贯彻落实《安全生产法》新闻发布会上，应急管理部副部长宋元明同志在回答记者提问时，就“三管三必须”如何在企业适用作出了详细的解释。他指出，“三管三必须”明确了企业的决策层和管理层的安全管理职责。他提到：“我们讲管业务必须管安全，管生产经营必须管安全，这在企业里除了主要负责人是第一责任人以外，其他的副职都要根据分管的业务对安全生产工作负一定的职责，负一定的责任。我给大家举一个例子，比如一个企业总部，董事长和总经理是主要负责人，那么他就是企业安全生产第一责任人。但是还有很多副职，比如很多副总经理，分管人力资源的副总经理，对分管领域的安全要负责任。下属企业里面，安全管理团队配备得不到位，缺人，由此导致的事故这个副职是要负责任的。比如分管财务的副总经理，如果下属企业里安全投入不到位，分管财务的副总经理是要承担责任的。这就是我们说的管业务必须管安全，管生产经营必须管安全。说到生产，我们很多企业里面都有管生产的副总经理，这个副总经理不能只抓生产，不顾安全，抓生产的同时必须兼顾安全，抓好安全，否则出了事故以后，管生产的是要负责任的，这就是‘三管三必须’的核心要义。”

七、煤矿安全监管、监察体制

鉴于煤炭行业的高危险性，国家对煤矿安全的监督管理早已形成比别的行业更加严格的体制，除地方人民政府监管外，又多了一个“国家监察”，上了“双重保险”。2004 年 11 月 4 日，国务院办公厅印发了《关于完善煤矿安全监察体制的意见》，要求国家煤矿安全监察机构与地方人民政府相关职能部门对煤矿安全监管监察各负其责，明确了“国家监察、地方监管、企业负责”的煤矿安全工作格局。

《安全生产法》规定“建立生产经营单位负责、职工参与、政府监管、行业自律和社会监督的机制”，这一机制应该说是安全生产的多元治理机制，但是《煤矿安全生产条例》规定的是煤矿安全监管监察体制，并不包括“职工参与”“行业自律”“社会监督”等内容。

在我国，“煤矿安全监察”的概念由来已久。如 1982 年 2 月 13 日，国务院就颁布了《矿山安全监察条例》；1983 年，煤炭工业部颁布了《煤矿安全监察条例》。1999 年 12 月 30 日，国务院办公厅印发了经国务院批准的《煤矿安全监察管理体制改革实施方案》，设立国家煤矿安全监察局。2000 年 11 月 7 日，国务院颁布了《煤矿安全监察条例》。虽然“煤矿安全监察”的概念沿用至今，但实际上在不同的阶段“监察”的具体内容、负责“监察”的政府部门都有较大的区别。那么《煤矿安全生产条例》规定的“国家监察”到底指什么呢？首先，监察的主体是指国家矿山安全监察机构（国家局）及其设在地方的矿山安全监察机构（省级局），在省级局下，根据各地区的实际需要，有设立在地方的数量不等的监察执法处，整个监察系统主要由国家矿山安全监察局垂直领导管理，也有部分省级局实行国家矿山安全监察局与所在省政府双重领导、以国家矿山安全监察局为主的管理体制。其次，根据《国家矿山安全监察局职能配置、内设机构和人员编制规定》，其监察职权范围主要包括监督检查地方人民政府矿山安全监管工作、组织实施矿山安全生产抽查检查、对发现的重大事故隐患采取现场处置措施、向地方人民政府提出改善和加强矿山安全监管工作的意见和建议、督促开展重大隐患整改和复查等相关工作。煤矿安全监察的具体职能，见《煤矿安全生产条例》第四章。

煤矿安全的“地方监管”是指产煤地区县级以上地方人民政府设立或指定的某一个职能部门代表本级人民政府对辖区内的煤矿安全生产工作实施地方监管。对煤矿安全实施地方监管的具体职能部门各地并不一致，有的地区将该职能直接归于应急管理部门；有的地区则在应急管理部门加挂煤矿安全生产监督管理部门的牌子；有的地方则单独成立了负责煤矿安全监管的部门；还有的地区将煤矿安全生产监督管理职能归于能源管理部门。但无论如何，必须有一个政府部门负责辖区内煤矿安全监管工作，这个部门在《煤矿安全生产条例》中称为“负有煤矿安全生产监督管理职责的部门”。至于监管的具体职责，见《煤矿安全生产条例》第三章。

除煤矿安全的监察、监管部门外，实际上还有一些政府部门的职责与煤矿安全具有密切的关联性，《煤矿安全生产条例》第六条规定：“县级以上人民政府负有煤矿安全生产监督管理职责的部门对煤矿安全生产实施监督管理，其他有关部门按照职责分工依法履行煤矿安全生产相关职责。”“其他有关部门”一般包括如下几种情况：①在煤矿安全监管归属于应急管理部门之外情况下的应急管理部门；②在煤矿安全监管归属于能源主管部门之外情况下的能源主管部门；③公安机关；④自然资源管理部门。

应急管理部门作为安全生产综合监管部门，即使根据当地政府部门分工不直接负责煤矿安全监管，也负有煤矿安全生产的监督协调等职责，尤其在事故救援方面责任非常重大。

能源主管部门也被认为是“煤炭行业管理部门”，在煤矿安全监管职责设置在能源主管部门之外情况下，不负责煤矿安全生产的日常监管执法，但是具有行业管理职能。以山西省为例，根据山西省安委会颁布的《山西省管行业必须管安全、管业务必须管安全、管生产经营必须管安全实施细则》的规定，山西省能源局是对煤炭开采业负有安全管理职责的部门，负责全省煤炭行业的安全管理工作，在行业规划、产业政策等方面加强煤炭行业安全生产工作，在项目核准、初步设计、竣工验收、产能调控等方面预防煤矿超能力生产，落实安全管理责任，防止引发安全事故，同时还承担重大煤矿生产安全事故应急指挥部办公室职责。

公安机关作为民用爆炸物品流通和使用的主管部门也肩负一定的煤矿安全生产监管职责。《民用爆炸物品安全管理条例》规定：“公安机关负责民用爆炸物品公共安全管理和民用爆炸物品购买、运输、爆破作业的安全监督管理，监控民用爆炸物品流向。”如果煤矿生产需要使用炸药，其购买、储存炸药以及爆破作业则要接受公安机关的监管。负有煤矿安全监管职责的部门和矿山安全监察机构发现煤矿企业有民用爆炸物品使用违法行为的，应当移送当地公安机关进行处理。

自然资源部门负责查处煤矿企业越界开采等违法行为。负有煤矿安全监管职责的部门和矿山安全监察机构发现矿山企业有越界开采等违法行为的，应当移送当地自然资源部门进行处理。

八、煤矿安全生产责任顺位

虽然《煤矿安全生产条例》第三条规定“按照国家监察、地方监管、企业负责，强化和落实安全生产责任”，但“国家监察、地方监管、企业负责”的顺序只是沿袭了旧的习惯而已，真正的责任顺序恰恰相反，即“企业负责、地方监管、国家监察”。从《煤矿安全生产条例》的篇章结构就可以说明这一点。总则在立法目的、适用范围、指导思想等条款后，按照煤矿企业、地方人民政府及其负有煤矿安全生产监督管理职责的部门、矿山安全监察机构的顺序分别概括性地规定了三者的总体职责。在总则之后，第二章“煤矿企业的安全生产责任”就是讲“企业负责”；第三章“煤矿安全生产监督管理”就是讲“地方监管”；第四章“煤矿安全监察”就是讲“国家监察”。所以《煤矿安全生产条例》的章节结构恰恰是“国家监察、地方监管、企业负责”的“倒序”，充分说明了立法者对三个主体责任顺序的认识。

《煤矿安全生产条例》的核心目的是预防煤矿生产安全事故。虽然煤矿安全治理需要多元参与，共同治理，但是煤矿企业才是核心。从安全管理的角度来讲，应该是谁产生风险，谁控制风险；谁制造隐患，谁排除隐患。只有控制风险、排除隐患才能预防事故。而风险和隐患都是在煤矿企业生产过程中产生的，煤矿企业当然是控制风险、排除隐患的第一主体，承担安全生产的主体责任。至于地方监管、国家监察等措施，都是为了监督和强制煤矿企业履行主体责任，是事物发展的外因，煤矿企业才是事物发展的内因，外因只有通过内因才能发挥作用。

九、安全生产举报制度

安全生产工作牵扯人民群众生命财产安全保护问题，需要全社会的共同努力，因此对事故隐患和安全生产违法行为进行举报是一项重要的安全生产法律制度。《安全生产法》第七十四条规定，“任何单位或者个人对事故隐患或者安全生产违法行为，均有权向负有安全生产监督管理职责的部门报告或者举报”。2020年，应急管理部专门出台了《生产经营单位从业人员安全生产举报处理规定》。正确理解安全生产举报制度，必须摆脱所谓“告密”的道德绑架。事故隐患和安全生产违法行为，导致从业人员的生命财产安全处于危险的边缘。对事故隐患的报告和违法行为的举报，目的是解除对劳动者生命财产安全的威胁，是一种高尚的道德行为。法律鼓励知情人员举报，也正是“人民至上、生命至上”理念的具体体现。

第二节　习　题　集

一、辨析题

1.《煤矿安全生产条例》第一条规定其立法目的包含“保障人民群众生命财产安全”，因此，在煤矿安全生产中，应将财产安全与生命安全放在同等重要的地位加以保护。(　　)

2.《煤矿安全生产条例》只能在中华人民共和国领域内适用。(　　)

3.《煤矿安全生产条例》第三条规定，煤矿安全生产工作应当坚持安全第一、预防为主、综合治理的方针。其中“安全第一”中的安全，既包括生命安全，也包括财产安全。(　　)

4.《煤矿安全生产条例》第三条规定：煤矿安全生产工作实行管行业必须管安全、管业务必须管安全、管生产经营必须管安全。“三管三必须”不仅是对政府有关职能部门安全生产工作分工的规定，同时也适用于煤矿企业的内部管理。(　　)

5. 煤矿是煤矿安全生产工作的责任主体，应当依法办矿、依法管理。(　　)

6. 煤矿企业主要负责人是本企业煤矿安全生产的第一责任人，对本企业安全生产工作主要负责。(　　)

7. 煤矿企业主要负责人是煤矿安全生产工作的责任主体。(　　)

8. 县级人民政府对煤矿安全生产实施监督管理。(　　)

9. 县级以上人民政府应急管理部门对煤矿安全生产实施监督管理。(　　)

10. 煤矿安全监察机构负责煤矿安全监察工作，依法对地方人民政府煤矿安全生产监督管理工作进行监督检查。(　　)

11. 除国家矿山安全监察局外，国务院有关部门按照职责分工依法履行煤矿安全生产监察的部分职责。(　　)

12. 地方各级人民政府应当加强煤矿安全监督管理工作，指导地区矿山安全监察机构依法对煤矿实施安全监察。(　　)

13. 负有煤矿安全生产监督管理职责的部门和煤炭行业管理部门共同对辖区内煤矿安全生产实施监督管理。（ ）

14. 负有煤矿安全生产监督管理职责的部门是指县级以上地方人民政府承担煤矿安全生产监督管理职责的部门和地区矿山安全监察机构。（ ）

15. 负有煤矿安全生产监督管理职责的部门是唯一一个对辖区内煤矿安全生产负有职责的部门。（ ）

16. 煤矿重大事故、较大事故、一般事故分别由事故发生地省级人民政府、设区的市级人民政府、县级人民政府负责调查处理。（ ）

17. 追究煤矿生产安全事故责任单位和责任人员法律责任只能依据《煤矿安全生产条例》进行。（ ）

18. 县级以上人民政府应当建立举报制度，受理有关煤矿安全生产的举报并依法及时处理。（ ）

19. 煤矿企业开展安全生产的科学技术研究和先进技术、工艺的推广应用，提升煤矿智能化开采水平是其法定义务。（ ）

20.《煤矿安全生产条例》和《煤矿安全监察条例》是煤矿安全生产领域最为重要的两部行政法规，将共同规制煤矿安全生产和煤矿安全监察工作。（ ）

二、填空题

1.《煤矿安全生产条例》的立法目的是加强煤矿安全生产工作，防止和（ ）煤矿生产安全事故，保障人民群众（ ）财产安全。

2.《煤矿安全生产条例》适用的地域范围包括在中华人民共和国（ ）和中华人民共和国（ ）的其他海域。

3. 煤矿安全生产工作应当以人为本，坚持人民至上、（ ），把保护人民生命安全（ ）。

4. 煤矿安全生产工作应当贯彻（ ）理念，坚持安全第一、预防为主、综合治理的方针，从（ ）防范化解重大安全风险。

5. 煤矿安全生产工作实行管（ ）必须管安全、管业务必须管安全、管（　　　）必须管安全的安全管理工作方针。

6. 煤矿安全生产工作实行（　　　）监察、（　　　）监管、企业负责的监管监察体制。

7. 煤矿企业应当履行安全生产主体责任，加强安全生产管理，建立健全并落实（　　　）和安全生产规章制度，构建安全风险（　　　）和隐患排查治理双重预防机制。

8. 煤矿企业应当加大对安全生产（　　　）、物资、（　　　）、人员的投入保障力度，改善安全生产条件。

9. 煤矿企业应当加强安全生产（　　　）、信息化建设，健全（　　　）机制，提高安全生产水平，确保安全生产。

10. 煤矿企业主要负责人是本企业安全生产（　　　），对本企业安全生产工作（　　　）。

11. 煤矿企业（　　　）负责人应该按照“三管三必须”的工作方针，对（　　　）的安全生产工作负责。

12. 县级以上人民政府应当加强对煤矿安全生产工作的领导，建立健全工作协调机制，支持、（　　　）各有关部门依法履行煤矿安全生产工作职责，及时（　　　）、解决煤矿安全生产工作中的重大问题。

13. 县级以上人民政府负有煤矿安全生产监督管理职责的部门对煤矿安全生产实施（　　　），其他有关部门按照职责分工依法履行煤矿安全生产（　　　）。

14. 国家矿山安全监察机构及其设在地方的矿山安全监察机构负责（　　　）工作，依法对地方人民政府（　　　）工作进行监督检查。

15. 国家矿山安全监察机构及其（　　　）矿山安全监察机构依法履行煤矿安全监察职责，不受任何（　　　）的干涉。

16. 国家实行煤矿生产安全事故责任追究制度。对煤矿生产安全事故（　　　）和责任人员，依照《煤矿安全生产条例》和有关（　　　）的规定追究法律责任。

17. 国家矿山安全监察机构及其设在地方的矿山安全监察机构依法

（　　　　）或者（　　　　）煤矿生产安全事故调查处理。

18. 县级以上人民政府负有煤矿安全生产监督管理职责的部门和监察机构应当建立（　　　　），公开举报电话、信箱或者电子邮件地址等（　　　　）。

19. 县级以上人民政府负有煤矿安全生产监督管理职责的部门和监察机构应当受理有关煤矿安全生产的举报并依法（　　　　），对需要由其他有关部门进行调查处理的，（　　　　）其他有关部门处理。

20. 任何单位和个人对（　　　　）或者（　　　　），有权向负有煤矿安全生产监督管理职责的部门和监察机构举报。

21. 煤矿企业从业人员有依法获得（　　　　）的权利，并应当依法履行（　　　　）方面的义务。

22. 国家矿山安全监察机构应当依法及时（　　　　）煤矿安全生产国家标准或者（　　　　）。

23. 国家（　　　　）和支持煤矿安全生产（　　　　）研究和煤矿安全生产先进技术、工艺的推广应用。

24.《煤矿安全生产条例》的通过日期是（　　　　），生效日期是（　　　　）。

25.《煤矿安全生产条例》生效后，《煤矿安全监察条例》和（　　　　）同时废止。

三、单选题

1. 下列哪一选项内容不属于《煤矿安全生产条例》的立法目的？（　　）

A. 加强煤矿安全生产工作

B. 防止和减少煤矿生产安全事故

C. 保障人民群众生命财产安全

D. 促进煤炭经济发展

2. 下列哪一项矿山的安全生产工作适用《煤矿安全生产条例》？（　　）

A. 中国企业在非洲开办的煤矿

B. 中国企业在我国专属经济区进行的海底采煤活动

C. 中国境内的非煤矿山

D. 大陆企业在台湾地区开办的煤矿

3. 下列哪些煤矿企业的活动适用《煤矿安全生产条例》？（　　）

A. 煤矿开采过程中的安全事项

B. 煤矿企业组织职工疗养过程中的安全事项

C. 煤矿食堂的食品安全问题

D. 煤矿家属职工宿舍的消防问题

4. 下列哪一选项不属于安全生产方针的内容？（　　）

A. 安全第一

B. 生命至上

C. 预防为主

D. 综合治理

5. 下列哪一选项不属于《煤矿安全生产条例》规定的监管监察体制内容？（　　）

A. 地方监管

B. 国家监察

C. 企业负责

D. 行业自律

6. 对煤矿安全实施监察的机构是（　　）。

A. 煤矿安全监察局

B. 矿山安全监察局

C. 煤矿安全监督管理局

D. 应急管理局

7. 根据《煤矿安全生产条例》的规定，煤矿安全生产工作的责任主体是（　　）。

A. 煤矿

B. 煤矿企业

C. 矿山安全监察机构

D. 负有煤矿安全生产监督管理职责的部门

8. 根据《煤矿安全生产条例》的规定，煤矿企业安全生产的第一责任人是（　　）。

A. 煤矿矿长

B. 煤矿企业主要负责人

C. 煤矿企业分管安全的负责人

D. 煤矿企业党委书记

9. 国家的煤矿安全监察制度包括由（　　）依法对地方人民政府煤矿安全生产监督管理工作进行监督检查。

A. 各级人民检察院

B. 各级监察委员会

C. 各级应急管理厅（局）

D. 矿山安全监察机构

10. 下列哪项内容不属于矿山安全监察机构的职责？（　　）

A. 进入煤矿作业场所进行检查

B. 监督检查地方人民政府煤矿安全监督管理工作

C. 负责辖区内煤矿安全生产日常监管

D. 组织或者参与煤矿生产安全事故调查处理

11. 下列哪一种说法是不正确的？（　　）

A. 矿山安全监察机构负责煤矿安全监察工作

B. 乡镇人民政府负有煤矿安全生产监督管理工作职责

C. 国务院有关部门按照职责分工依法履行煤矿安全生产相关职责

D. 县级以上地方人民政府有关部门按照职责分工依法履行煤矿安全生产相关职责

12. 关于煤矿生产安全事故法律责任追究，下列说法正确的是（　　）。

A. 只对事故责任单位追究法律责任，个人无须承担法律责任

B. 应当对事故责任单位和责任人员同时追究法律责任

C. 应当对事故责任单位和责任人员选择其一追究法律责任

D. 煤矿生产安全事故责任人员是指煤矿企业主要负责人

13. 关于煤矿安全生产举报制度的建立，下列说法错误的是（　　）。

A. 县级以上人民政府应当建立举报制度

B. 县级以上人民政府负有煤矿安全生产监督管理职责的部门应当建立举报制度

C. 国家矿山安全监察机构应当建立举报制度

D. 设在地方的矿山安全监察机构应当建立举报制度

14. 关于煤矿安全生产举报制度，下列说法错误的是（　　）。

A. 任何单位和个人都有权向负有煤矿安全生产监督管理职责的部门和矿山安全监察机构举报

B. 安全生产举报的内容一般包括事故隐患和安全生产违法行为

C. 受理部门（机构）对举报应当及时移交县级以上地方人民政府处理

D. 举报事项经核查属实的，对举报人依法依规给予奖励

15. 在煤矿安全生产国家标准和行业标准制定方面，国家矿山安全监察机构的职责不包括（　　）。

A. 负责拟订国家标准和制定行业标准

B. 依法拟订国家标准或者行业标准

C. 负责煤矿安全生产强制性国家标准的项目提出、组织起草、征求意见

D. 负责煤矿安全生产强制性国家标准的技术审查

四、多选题

1. 下列哪些选项属于《煤矿安全生产条例》的立法目的？（　　）

A. 加强煤矿安全生产工作

B. 提高煤炭产量

C. 防止煤矿生产安全事故

D. 保障人民群众生命财产安全

2.《煤矿安全生产条例》适用的地域范围包括（　　）。

A. 煤矿开在我国陆地范围内的

B. 煤矿开在我国领海范围内的

C. 煤矿开在我国专属经济区范围内的

D. 煤矿开在我国大陆架范围内的

3.《煤矿安全生产条例》适用的主体范围包括（　　）。

A. 中国企业在澳大利亚投资开办的煤矿企业

B. 澳大利亚投资人在中国境内开办的煤矿企业

C. 中国企业在我国境内开办的煤矿企业

D. 澳门企业在澳门地区开办的煤矿企业

4.“三管三必须”的内容包括（　　）。

A. 管行业必须管安全

B. 管业务必须管安全

C. 管生产经营必须管安全

D. 管安全也要管生产经营

5. 关于《煤矿安全生产条例》规定的安全理念和方针，下列哪些说法是正确的？（　　）

A. 煤矿安全工作应当贯彻安全发展理念

B. 煤矿安全工作应当坚持人民至上、生命至上，把保护人民生命安全摆在首位

C. 煤矿安全工作应当坚持“生产必须安全、安全为了生产”的方针

D. 煤矿安全工作应当坚持“安全第一、预防为主、综合治理”的方针

6. 下列哪些选项属于《煤矿安全生产条例》规定的监管监察体制内容？（　　）

A. 国家监察

B. 地方监管

C. 企业负责

D. 工人参与

7. 下列选项中负有煤矿安全生产监督管理职责的部门是指（　　）。

A. 国家矿山安全监察局河南局

B. 徐州市煤矿安全监督管理局

C. 山西省地方煤矿安全监督管理局

D. 山东省能源局（内设安全监督管理处）

8. 下列哪些说法是正确的？（　　）

A. 煤矿是煤矿安全生产工作的责任主体

B. 煤矿企业是煤矿安全生产工作的责任主体

C. 煤矿企业主要负责人是本企业煤矿安全生产的第一责任人

D. 煤矿企业主要负责人对本企业安全生产工作全面负责

9. 矿山安全监察机构的职责包括（　　）。

A. 监督检查地方人民政府煤矿安全生产监督管理工作

B. 负责煤矿安全生产许可证的发放

C. 组织或者参与煤矿生产安全事故调查工作

D. 对所辖区域内煤矿安全生产实施监察

10. 关于国家矿山安全监察机构与地方人民政府的关系，下列说法正确的有（　　）。

A. 矿山安全监察机构依法对地方人民政府安全生产工作进行监督检查

B. 县级以上地方人民政府应当配合和接受矿山安全监察机构的监督检查

C. 设区的市级以上地方人民政府对设在地方的矿山安全监察机构进行指导

D. 矿山安全监察机构应当根据事故等级和工作需要，派出工作组赶赴事故现场，指导配合事故发生地地方人民政府开展应急救援工作

五、简答题

1. 简述《煤矿安全生产条例》的立法目的。

2. 简述《煤矿安全生产条例》的适用范围。

3. 简述煤矿安全生产的指导思想。

4. 简述安全生产方针的含义。

5. 简述煤矿企业的安全生产主体责任。

6. 简述地方人民政府及其职能部门的煤矿安全生产职责。

7. 简述矿山安全监察机构的煤矿安全生产职责。

第三节　习题答案及解析

一、辨析题答案及解析

1. 错。解析：虽然《煤矿安全生产条例》将“保障人民群众生命财产安全”作为立法目的，但生命安全与财产安全有一个排序问题，“生命安全”永远排在“财产安全”之上，当“财产安全”保护与“生命安全”保护发生冲突时，要毫不犹豫地将“生命安全”放在第一位。习近平总书记就安全生产工作作出指示时曾多次强调，要始终把人民群众生命安全放在第一位。2021 年修改的《安全生产法》第三条也明确规定：“安全生产工作应当以人为本，坚持人民至上、生命至上，把保护人民生命安全摆在首位”。因此，不能认为《煤矿安全生产条例》将财产安全与生命安全放在同等重要的地位加以保护。

2. 错。解析：根据《煤矿安全生产条例》第二条的规定，其适用的地域范围不仅包括中华人民共和国领域，还包括中华人民共和国管辖的其他海域，即专属经济区和大陆架。

3. 错。解析：虽然安全生产概念中的安全包括生命安全和财产安全，但“安全第一”中的安全仅指从业人员和相关人员（其生命健康安全可能受到生产经营活动影响的人员，如商场中的顾客）的生命健康安全，财产安全的实质是经济利益问题，不能与生命安全并列第一。

4. 对。解析：“三管三必须”应该从两个层面来理解。第一，厘清了政府有关职能部门的安全生产工作职责；第二，同样适用于企业内部安全生产管理分工。如企业内部除主要负责人是第一责任人外，其他的副职都要根据分管的业务对安全生产工作负一定的职责，即“一岗双责”。

5. 错。解析：根据《煤矿安全生产条例》第四条的规定，“煤矿企业”才是煤矿安全生产工作的责任主体，履行煤矿安全生产的主体责任。虽然《煤矿安全生产条例》对“煤矿”生产建设活动中的安全生产问题进行了规范，但“煤矿”并非独立的市场主体，只是煤矿企业的内部单元，不能对外独立承担责任，因此煤矿企业才是煤矿安全生产工作的责任主体，而非煤矿。当然有些煤矿本身可能就是一个独立的企业，在这种情况下它对外的身份已经是煤矿企业。

6. 错。解析：根据《煤矿安全生产条例》第四条的规定，煤矿企业主要负责人（含实际控制人）是本企业安全生产第一责任人，对本企业安全生产工作全面负责，而不是主要负责。

7. 错。解析：根据《煤矿安全生产条例》第四条的规定，煤矿企业才是煤矿安全生产的责任主体。虽然煤矿企业主要负责人对本企业安全生产工作全面负责，但主要负责人并非责任主体。换言之，承担主体责任的是单位，而非个人。

8. 错。解析：此说法混淆了地方政府与政府职能部门的关系。县级以上人民政府对煤矿安全生产工作实施领导，县级以上人民政府负有煤矿安全生产监督管理职责的部门对煤矿安全生产实施监督管理。

9. 错。解析：《煤矿安全生产条例》第六条规定："县级以上人民政府负有煤矿安全生产监督管理职责的部门对煤矿安全生产实施监督管理，其他有关部门按照职责分工依法履行煤矿安全生产相关职责。"根据各地政府部门分工的不同，"负有煤矿安全生产监督管理职责的部门"未必就是应急管理部门，有的省份将其设置在能源主管部门，有的省份还独立设置了煤矿安全生产监督管理部门。因此不能笼统地说"县级以上人民政府应急管理部门对煤矿安全生产实施监督管理"。

10. 错。解析：矿山安全监察机构的前身是"煤矿安全监察机构"，但 2020 年国家煤矿安全监察局更名为国家矿山安全监察局，因此准确的说法应该是矿山安全监察机构负责煤矿安全监察工作，依法对地方人民政府煤矿安全生产监督管理工作进行监督检查。

11. 错。解析：虽然国务院有关部门按照职责分工依法履行煤矿安全生产相关职责，如根据《国家矿山安全监察局职能配置、内设机构和人员编制规定》，自然资源部门负责查处矿山企业越界开采等违法行为。国家矿山安全监察机构发现矿山企业有越界开采等违法行为的，应当移送当地自然资源部门进行处理。公安机关负责民用爆炸物品公共安全管理和民用爆炸物品购买、运输、爆破作业的安全监督管理。国家矿山安全监察机构发现矿山企业有民用爆炸物品使用违法行为的，应当移送当地公安机关进行处理。能源部门从行业规划、产业政策、法规标准、行政许可等方面加强煤矿安全生产工作，负责指导和组织拟订煤炭行业规范和标准。国家矿山安全监察机构负责指导和组织拟订煤矿安全标准，会同能源等部门指导和监督煤矿生产能力核定工作。但上述职责并非属于煤矿安全监察职责。

12. 错。解析：《煤矿安全生产条例》第七条规定："国家矿山安全监察机构及其设在地方的矿山安全监察机构负责煤矿安全监察工作，依法对地方人民政府煤矿安全生产监督管理工作进行监督检查。"国家矿山安全监察机构及其设在地方的矿山安全监察机构依法履行煤矿安全监察职责，不受任何单位和个人的干涉。"地方各级人民政府应当支持和协助矿山安全监察机构依法对煤矿实施安全监察，并非指导地区矿山安全监察机构依法对煤矿实施安全监察。

13. 错。解析：《煤矿安全生产条例》第六条规定："县级以上人民政府负有煤矿安全生产监督管理职责的部门对煤矿安全生产实施监督管理，其他有关部门按照职责分工依法履行煤矿安全生产相关职责。"根据《国家矿山安全监察局职能配置、内设机构和人员编制规定》，能源部门（即煤炭行业管理部门）从行业规划、产业政策、法规标准、行政许可等方面加强煤矿安全生产工作，负责指导和组织拟订煤炭行业规范和标准。两个部门职责完全不同，并非共同监管。有些省份将煤矿安全生产监督管理职责设置在能源部门，那么对煤矿安全生产监督管理则是以负有煤矿安全生产监督管理职责的部门身份、而非煤炭行业管理部门的身份行使监管职责。

14. 错。解析：我国煤矿安全生产实行国家监察、地方监管、企业负责的监管监察体制。因此地方监管部门与国家监察机构完全是两个不同的系统，负有煤矿安全生产监督管理职责的部门仅指县级以上地方人民政府承担煤矿安全生产监督管理职责的部门，不包括地区矿山安全监察机构。

15. 错。解析：《煤矿安全生产条例》第六条规定："县级以上人民政府负有煤矿安全生产监督管理职责的部门对煤矿安全生产实施监督管理，其他有关部门按照职责分工依法履行煤矿安全生产相关职责。"除煤矿安全监管职责外，还有"煤矿安全生产相关职责"，由不同的政府部门负责。国家矿山安全监察机构同样对各地的煤矿安全负有监察责任。因此不能说"负有煤矿安全生产监督管理职责的部门是唯一一个对辖区内煤矿安全生产负有职责的部门”。

16. 错。解析：根据《生产安全事故报告和调查处理条例》的规定，“重大事故、较大事故、一般事故分别由事故发生地省级人民政府、设区的市级人民政府、县级人民政府负责调查”。但是《煤矿安全生产条例》对煤矿生产安全事故的调查有特别规定，应适用特别规定。根据《煤矿安全生产条例》第八条的规定，“国家矿山安全监察机构及其设在地方的矿山安全监察机构依法组织或者参与煤矿生产安全事故调查处理”。地方政府不负责组织煤矿生产安全事故的调查。

17. 错。解析：根据《煤矿安全生产条例》第八条的规定，“国家实行煤矿生产安全事故责任追究制度。对煤矿生产安全事故责任单位和责任人员，依照本条例和有关法律法规的规定追究法律责任”。因此，除《煤矿安全生产条例》外，有关法律法规，如《安全生产法》同样也是追究责任单位和人员法律责任的法律依据。

18. 错。解析：根据《煤矿安全生产条例》第九条的规定，“县级以上人民政府负有煤矿安全生产监督管理职责的部门、国家矿山安全监察机构及其设在地方的矿山安全监察机构应当建立举报制度，公开举报电话、信箱或者电子邮件地址等网络举报平台，受理有关煤矿安全生产的举报并依法及时处理；对需要由其他有关部门进行调查处理的，转交其他有关部门处理”。因此负责建立举报制度的是政府有关职能部门和矿山安全监察机构，而非县级以上人民政府。当然在处理举报的过程中，有时需要地方政府牵头组织。如根据《安全生产法》的规定，“涉及人员死亡的举报事项，应当由县级以上人民政府组织核查处理”。

19. 错。解析：根据《煤矿安全生产条例》第十二条的规定，国家鼓励和支持煤矿安全生产科学技术研究和煤矿安全生产先进技术、工艺的推广应用，提升煤矿智能化开采水平，推进煤矿安全生产的科学管理，提高安全生产水平。“鼓励”是倡导性规范，不是义务性规范，因此，煤矿企业开展安全生产的科学技术研究和先进技术、工艺的推广应用，提升煤矿智能化开采水平并非其法定义务。

20. 错。解析：《煤矿安全生产条例》第七十六条规定：“本条例自2024年5月1日起施行。《煤矿安全监察条例》和《国务院关于预防煤矿生产安全事故的特别规定》同时废止。”实际上《煤矿安全生产条例》是在整合《煤矿安全监察条例》和《国务院关于预防煤矿生产安全事故的特别规定》的基础上形成的一部新的行政法规，对原有两部行政法规的内容既有继承，更有发展。《煤矿安全生产条例》生效后，《煤矿安全监察条例》和《国务院关于预防煤矿生产安全事故的特别规定》同时废止。

二、填空题答案及依据

1. 减少、生命，答案依据：《煤矿安全生产条例》第一条。
2. 领域、管辖，答案依据：《煤矿安全生产条例》第二条。
3. 生命至上、摆在首位，答案依据：《煤矿安全生产条例》第三条。
4. 安全发展、源头上，答案依据：《煤矿安全生产条例》第三条。
5. 行业、生产经营，答案依据：《煤矿安全生产条例》第三条。
6. 国家、地方，答案依据：《煤矿安全生产条例》第三条。
7. 全员安全生产责任制、分级管控，答案依据：《煤矿安全生产条例》第四条。
8. 资金、技术，答案依据：《煤矿安全生产条例》第四条。
9. 标准化、风险防范化解，答案依据：《煤矿安全生产条例》第四条。
10. 第一责任人、全面负责，答案依据：《煤矿安全生产条例》第四条。
11. 其他、职责范围内，答案依据：《煤矿安全生产条例》第四条。
12. 督促、协调，答案依据：《煤矿安全生产条例》第五条。
13. 监督管理、相关职责，答案依据：《煤矿安全生产条例》第六条。
14. 煤矿安全监察、煤矿安全生产监督管理，答案依据：《煤矿安全生产条例》第七条。
15. 设在地方的、单位和个人，答案依据：《煤矿安全生产条例》第七条。
16. 责任单位、法律法规，答案依据：《煤矿安全生产条例》第八条。
17. 组织、参与，答案依据：《煤矿安全生产条例》第八条。
18. 举报制度、网络举报平台，答案依据：《煤矿安全生产条例》第九条。

19. 依法及时处理、转交，答案依据：《煤矿安全生产条例》第九条。

20. 事故隐患、安全生产违法行为，答案依据：《煤矿安全生产条例》第九条。

21. 安全生产保障、安全生产，答案依据：《煤矿安全生产条例》第十条。

22. 拟订、行业标准，答案依据：《煤矿安全生产条例》第十一条。

23. 鼓励、科学技术，答案依据：《煤矿安全生产条例》第十二条。

24. 2023 年 12 月 18 日、2024 年 5 月 1 日，答案依据：国务院第 774 号令、《煤矿安全生产条例》第七十六条。

25.《国务院关于预防煤矿生产安全事故的特别规定》，答案依据：《煤矿安全生产条例》第七十六条。

三、单选题答案及解析

1. D。解析：根据《煤矿安全生产条例》第一条的规定，立法目的包括“加强煤矿安全生产工作，防止和减少煤矿生产安全事故，保障人民群众生命财产安全”三个层次，并不包括“促进煤炭经济发展”。

2. B。解析：根据《煤矿安全生产条例》第二条的规定，其适用范围是“在中华人民共和国领域和中华人民共和国管辖的其他海域内的煤矿安全生产”，我国的专属经济区虽然不属于我国的领海，但属于中华人民共和国管辖的其他海域，因此 B 选项符合题意。

中国企业在非洲开办的煤矿不在《煤矿安全生产条例》的适用地域范围之内，因此 A 选项不对；中国境内的非煤矿山不属于《煤矿安全生产条例》调整的主体范围，因此 C 选项不对；台湾地区虽然属于中国的领域，但是实际做法是将港澳台看作三个独立的法域，除有关“基本法”明确规定的中国法律在这些地区适用外，一般法律法规并不在这些地区适用，因此 D 选项也不符合题意。

3. A。解析：根据《煤矿安全生产条例》第二条的规定，其适用范围是“在中华人民共和国领域和中华人民共和国管辖的其他海域内的煤矿安全生产”，因此《煤矿安全生产条例》适用的事项范围是煤矿生产过程中的安全，煤矿开采过程中的安全事项属于煤矿生产过程中的安全，因此 A 选项正确。

B 选项和 D 选项虽然可以纳入广义的安全生产范畴，适用安全生产的有关法律规定，但是并非《煤矿安全生产条例》中的“煤矿安全生产”，因此不符合题意；C 选项则属于食品安全的范畴，应该适用食品安全的有关法律法规，不属于《煤矿安全生产条例》的调整范畴。

4. B。解析：我国的安全生产方针有固定的表达，即“安全第一、预防为主、综合治理”，虽然“生命至上”是我国安全生产工作中应该坚持的基本理念，但并不属于安全生产方针的内容，因此 B 选项符合题意。

5. D。解析：根据《煤矿安全生产条例》第三条第三款的规定，煤矿安全生产工作实行管行业必须管安全、管业务必须管安全、管生产经营必须管安全，按照国家监察、地方监管、企业负责，强化和落实安全生产责任。因此 A、B、C 选项均属于我国的煤矿监管监察体制内容。虽然《安全生产法》规定“建立生产经营单位负责、职工参与、政府监管、行业自律和社会监督的机制”，但“行业自律”并不属于煤矿监管、监察体制内容，因此 D 选项符合题意。

6. B。解析：2020 年，国家煤矿安全监察局更名为国家矿山安全监察局，因此《煤矿安全生产条例》规定对煤矿安全生产实施监察的机构为“国家矿山安全监察机构及其设在地方的矿山安全监察机构”，不再为“国家煤矿安全监察机构”，A 选项错误，B 选项正确。地方政府承担煤矿安全生产监督管理职责的部门各地并不完全一样，有的为应急管理部门，有的为单独成立的煤矿安全监督管理局，有的为能源局，但无论如何，它们承担的职责都不是“国家监察”，而是“地方监管”，因此 C、D 选项均是错误的。

7. B。解析：根据《煤矿安全生产条例》第四条的规定，煤矿企业是煤矿安全生产工作的责任主体。因此 B 选项正确。

煤矿有两种不同的情况，一是作为煤矿企业的内部单元，不能对外独立承担责任，因此不是煤矿安全生产工作的主体；二是煤矿本身就是一个独立的企业，这时候它对外的身份便是煤矿企业，而不再是煤矿。因此 A 选项是错误的。C、D 选项，分别是承担“国家监察”和“地方监管”的政府部门和机构，不是煤矿安全生产工作的责任主体，因此 C、D 选项均是错误的。

8. B。解析：根据《煤矿安全生产条例》第四条的规定，煤矿企业主要负责人是本企业安全生产第一责任人，对本企业安全生产工作全面负责。因此 B 选项正确。

当煤矿是一个独立的企业时，煤矿矿长可能就是煤矿企业主要负责人，但是当煤矿作为煤矿企业内部单元时，矿长便不是煤矿企业的主要负责人，因此不能笼统地说煤矿矿长是煤矿企业安全生产的第一责任人，所以 A 选项不正确。煤矿企业分管安全的负责人属于分管负责人，不是主要负责人，所以 C 选项错误。在现实中，煤矿企业党委书记可能同时担任董事长或者总经理职务，确实就是煤矿企业的主要负责人，但是煤矿企业党委书记成为主要负责人只是职务的重叠引起的，换言之，他们成为主要负责人是因为担任了煤矿企业董事长或者总经理，而不是因为担任了党委书记。因此 D 选项错误。

9. D。解析：根据《煤矿安全生产条例》第七条的规定，国家实行煤矿安全监察制度。国家矿山安全监察机构及其设在地方的矿山安全监察机构负责煤矿安全监察工作，依法对地方人民政府煤矿安全生产监督管理工作进行监督检查。因此 D 选项正确。

各级人民检察院属于司法机关，虽然可以启动安全生产公益诉讼，但不是矿山安全监察机构；各级监察委员会属于独立的国家机关，与煤矿安全监察中的“监察”不属于同一层次的概念；各级应急管理厅（局）属于安全生产综合监管部门，在有的地区承担着煤矿安全的“地方监管”职责，但不是煤矿安全的监察机构。因此 A、B、C 选项是错误的。

10. C。解析：根据《煤矿安全生产条例》第七条的规定，国家矿山安全监察机构及其设在地方的矿山安全监察机构负责煤矿安全监察工作，依法对地方人民政府煤矿安全生产监督管理工作进行监督检查。根据第八条的规定，国家矿山安全监察机构及其设在地方的矿山安全监察机构依法组织或者参与煤矿生产安全事故调查处理。根据五十三条的规定，国家矿山安全监察机构及其设在地方的矿山安全监察机构履行煤矿安全监察职责，有权进入煤矿作业场所进行检查，参加煤矿企业安全生产会议，向有关煤矿企业及人员了解情况。因此A、B、D选项均属于矿山安全监察机构的职责，只有C选项属于“地方监管”范畴，不属于矿山安全监察机构的职责，符合题意，因此C选项正确。

11. B。解析：根据《煤矿安全生产条例》第四十条的规定，乡镇人民政府在所辖区域内发现未依法取得安全生产许可证等擅自进行煤矿生产的，应当采取有效措施制止，并向县级人民政府相关主管部门报告。根据《安全生产法》第九条的规定，乡镇人民政府协助人民政府有关部门或者按照授权依法履行安全生产监督管理职责。因此笼统地说“乡镇人民政府负有煤矿安全生产监督管理工作职责”是不正确的。B选项符合题意。

根据《煤矿安全生产条例》第六条的规定，县级以上人民政府负有煤矿安全生产监督管理职责的部门对煤矿安全生产实施监督管理，其他有关部门按照职责分工依法履行煤矿安全生产相关职责，故D选项正确。根据第七条的规定，国家矿山安全监察机构及其设在地方的矿山安全监察机构负责煤矿安全监察工作，故A选项正确。《煤矿安全生产条例》未直接规定国务院有关部门的煤矿安全生产职责，但根据《国家矿山安全监察局职能配置、内设机构和人员编制规定》，自然资源部门、能源部门、公安机关对煤矿安全生产都负有一定的职责，因此C选项正确。故A、C、D三个选项均不符合题意。

12. B。解析：根据《煤矿安全生产条例》第八条的规定，国家实行煤矿生产安全事故责任追究制度。对煤矿生产安全事故责任单位和责任人员，依照本条例和有关法律法规的规定追究法律责任。因此B选项正确，A、C选项错误。根据第四条的规定，“其他负责人对职责范围内的安全生产工作负责”，如果事故是其他负责人职责范围内的过错导致的，那么其他负责人也要承担相应的法律责任。因此，煤矿生产安全事故责任人员并非仅指煤矿企业主要负责人。故D选项错误。

13. A。解析：根据《煤矿安全生产条例》第九条的规定，县级以上人民政府负有煤矿安全生产监督管理职责的部门、国家矿山安全监察机构及其设在地方的矿山安全监察机构应当建立举报制度。故B、C、D选项正确，A选项错误，A选项符合题意。

14. C。解析：根据《煤矿安全生产条例》第九条的规定，县级以上人民政府负有煤矿安全生产监督管理职责的部门、国家矿山安全监察机构及其设在地方的矿山安全监察机构应当建立举报制度，公开举报电话、信箱或者电子邮件地址等网络举报平台，受理有关煤矿安全生产的举报并依法及时处理；对需要由其他有关部门进行调查处理的，转交其他有关部门处理。任何单位和个人对事故隐患或者安全生产违法行为，有权向第八条规定的部门和机构举报。举报事项经核查属实的，依法依规给予奖励。因此 A、B、D 选项正确。根据《煤矿安全生产条例》的规定，负责受理和处理举报的是县级以上人民政府负有煤矿安全生产监督管理职责的部门、国家矿山安全监察机构及其设在地方的矿山安全监察机构，当需要由其他有关部门进行调查处理的，转交其他有关部门处理。“部门”是指政府的有关职能部门，并非指县级以上人民政府。故 C 选项错误，符合题意。

15. A。解析：根据《煤矿安全生产条例》第十一条的规定，国家矿山安全监察机构应当按照保障煤矿安全生产的要求，在国务院应急管理部门的指导下，依法及时拟订煤矿安全生产国家标准或者行业标准，并负责煤矿安全生产强制性国家标准的项目提出、组织起草、征求意见、技术审查。故 B、C、D 选项均属于国家矿山安全监察机构在煤矿安全生产国家标准和行业标准制定方面的职责。国家矿山安全监察机构负责拟订标准，而非制定，所以 A 选项符合题意。

四、多选题答案及解析

1. ACD。解析：根据《煤矿安全生产条例》第一条的规定，其立法目的为“加强煤矿安全生产工作，防止和减少煤矿生产安全事故，保障人民群众生命财产安全”，因此 A、C、D 选项符合题意。作为煤矿“安全”条例，其核心为解决“安全”问题，D 选项“提高煤炭产量”不属于立法目的。

2. ABCD。解析：根据《煤矿安全生产条例》第二条的规定，在中华人民共和国领域和中华人民共和国管辖的其他海域内的煤矿安全生产，适用本条例。我国的陆地和领海均属于“中华人民共和国领域”，我国的专属经济区和大陆架则属于“中华人民共和国管辖的其他海域”，因此在 A、B、C、D 选项中的地域开办的煤矿，均属于《煤矿安全生产条例》的适用范围，所以A、B、C、D选项均是正确的。

3. BC。解析：《煤矿安全生产条例》第二条虽然未明确指出适用主体，但只要煤矿开在我国境内或者我国管辖的其他海域，均属于《煤矿安全生产条例》的适用范围。因此B、C选项正确。A选项中虽然投资主体为中国企业，但煤矿在澳大利亚，应该适用澳大利亚当地的法律，不适用《煤矿安全生产条例》。澳门地区虽然属于我国领土，但是被看作独立的法域，除《澳门特别行政区基本法》附件三中所列的法律在澳门地区适用外，一般的法律法规在该地区均不适用，因此D选项不符合题意。

4. ABC。解析：根据《煤矿安全生产条例》第三条的规定，“三管三必须”是指“管行业必须管安全、管业务必须管安全、管生产经营必须管安全”，因此A、B、C选项符合题意。

5. ABD。解析：根据《煤矿安全生产条例》第三条的规定，煤矿安全生产工作应当以人为本，坚持人民至上、生命至上，把保护人民生命安全摆在首位，贯彻安全发展理念，坚持安全第一、预防为主、综合治理的方针，从源头上防范化解重大安全风险。因此，A、B、D选项正确。“生产必须安全、安全为了生产”曾经很长时间作为我国的安全生产方针，但1984年以后，便不再作为安全生产方针了。目前我国有关立法明确规定的安全生产方针就是“安全第一、预防为主、综合治理”，因此C选项是错误的。

6. ABC。解析：根据《煤矿安全生产条例》第三条第三款的规定，煤矿安全生产工作实行管行业必须管安全、管业务必须管安全、管生产经营必须管安全，按照国家监察、地方监管、企业负责，强化和落实安全生产责任。其中“国家监察、地方监管、企业负责”被称为我国的煤矿安全生产监管监察体制。因此A、B、C选项是正确的。虽然《安全生产法》规定“建立生产经营单位负责、职工参与、政府监管、行业自律和社会监督的机制”，但“职工参与”并不属于煤矿监管监察体制内容，因此D选项是错误的。

7. BCD。解析：根据《煤矿安全生产条例》第六条的规定，县级以上人民政府负有煤矿安全生产监督管理职责的部门对煤矿安全生产实施监督管理，其他有关部门按照职责分工依法履行煤矿安全生产相关职责。所以负有煤矿安全生产监督管理职责的部门是指县级以上地方人民政府承担煤矿安全生产监督管理职责的部门。但各地承担煤矿安全生产监督管理职责的部门并不完全一致，有的设在应急管理部门，有的设在能源管理部门，有的在应急管理部门加挂了煤矿安全生产监督管理部门的牌子，有的则单独设立了负责煤矿安全监管的部门。A 选项为矿山安全监察机构，应被排除；B、C 选项属于地方人民政府承担煤矿安全生产监督管理职责的部门，是正确的。D 选项中“山东省能源局”虽然属于煤炭行业管理部门，但是也可以成为负责煤矿安全监管的部门，关键看其具体职责如何分配。山东省能源局内设安全监督管理处，其职能包括煤矿安全生产监督管理工作，因此该选项也是正确的。

8. BCD。解析：根据《煤矿安全生产条例》第四条的规定，煤矿企业应当履行安全生产主体责任，加强安全生产管理，建立健全并落实全员安全生产责任制和安全生产规章制度，加大对安全生产资金、物资、技术、人员的投入保障力度，改善安全生产条件，加强安全生产标准化、信息化建设，构建安全风险分级管控和隐患排查治理双重预防机制，健全风险防范化解机制，提高安全生产水平，确保安全生产。煤矿企业主要负责人（含实际控制人）是本企业安全生产第一责任人，对本企业安全生产工作全面负责。其他负责人对职责范围内的安全生产工作负责。故 B、C、D 选项正确。

煤矿作为煤矿企业的内部单元，不是“责任主体”。如果有的煤矿本身就是独立的企业，那它则以煤矿企业的身份成为“责任主体”。因此 A 选项不正确。

9. ACD。解析：根据《煤矿安全生产条例》第七条的规定，国家实行煤矿安全监察制度。国家矿山安全监察机构及其设在地方的矿山安全监察机构负责煤矿安全监察工作，依法对地方人民政府煤矿安全生产监督管理工作进行监督检查。故 A 选项正确。根据第八条的规定，国家矿山安全监察机构及其设在地方的矿山安全监察机构依法组织或者参与煤矿生产安全事故调查处理。故 C 选项正确。根据第五十一条的规定，设在地方的矿山安全监察机构应当对所辖区域内煤矿安全生产实施监察。故 D 选项正确。

2020 年国家煤矿安全监察局更名为国家矿山安全监察局以后，煤矿安全生产许可证的发放工作不再是煤矿安全监察机构的职责之一，发放工作移交给了地方政府。根据《煤矿安全生产条例》第四十二条的规定，省、自治区、直辖市人民政府负有煤矿安全生产监督管理职责的部门负责煤矿企业安全生产许可证的颁发和管理，并接受国家矿山安全监察机构及其设在地方的矿山安全监察机构的监督。故 B 选项错误。

10. BD。解析：根据《煤矿安全生产条例》第七条的规定，国家矿山安全监察机构及其设在地方的矿山安全监察机构负责煤矿安全监察工作，依法对地方人民政府煤矿安全生产监督管理工作进行监督检查。因此矿山安全监察机构对地方人民政府监督检查的内容是“煤矿安全生产监督管理工作”，并非全面的安全生产工作。故 A 选项错误。

根据《煤矿安全生产条例》第五十条的规定，县级以上地方人民政府应当配合和接受国家矿山安全监察机构及其设在地方的矿山安全监察机构的监督检查，及时落实监察意见和建议。故 B 选项正确。

根据《煤矿安全生产条例》第五十九条的规定，国家矿山安全监察机构及其设在地方的矿山安全监察机构应当根据事故等级和工作需要，派出工作组赶赴事故现场，指导配合事故发生地地方人民政府开展应急救援工作。故 D 选项正确。

《煤矿安全生产条例》未规定市级以上地方人民政府指导设在地方的矿山安全监察机构。矿山安全监察机构代表国家对地方人民政府煤矿安全生产工作进行监督检查。根据 2020 年《国家矿山安全监察局职能配置、内设机构和人员编制规定》规定，设在地方的矿山安全监察局 27 个，由国家矿山安全监察局领导管理。后来也有一些地方局实行国家矿山安全监察局与省级人民政府双重领导、以国家矿山安全监察局为主的管理体制，但是市级人民政府无领导和指导权。故 C 选项错误。

五、简答题答案及解析

1. 答：根据《煤矿安全生产条例》第一条的规定，其立法目的包括了三个层次。第一层次的目的，即直接目的是“加强煤矿安全生产工作”；第二层次的目的是“防止和减少煤矿生产安全事故”，即通过加强煤矿安全生产工作，实现防止和减少煤矿生产安全事故的目标；第三层次的目的，也是终极目的是“保障人民群众生命财产安全”，即通过防止和减少煤矿生产安全事故，最终达到保障人民群众生命财产安全的目的。

2. 答：适用范围包括地域范围、时间范围、主体范围和事项范围四个方面。根据《煤矿安全生产条例》第二条的规定，“在中华人民共和国领域和中华人民共和国管辖的其他海域内的煤矿安全生产，适用本条例。”这一规定明确了地域范围是“中华人民共和国领域和中华人民共和国管辖的其他海域内”；事项范围是“煤矿安全生产”工作。虽然没有明确主体范围，但结合事项范围可以推出主体范围，即与煤矿安全生产工作有关的主体，主要为煤矿企业，也包括《煤矿安全生产条例》为其设定了权利（权力）义务（职责）的其他主体，如从业人员、煤矿安全监管监察权力主体和煤矿安全生产技术服务机构。《煤矿安全生产条例》适用的时间范围在最后一条，即自 2024 年 5 月 1 日起施行。

3. 答：根据《煤矿安全生产条例》第三条第一款、第二款的规定，煤矿安全生产的指导思想可概括为“四个坚持”：坚持中国共产党的领导；坚持人民至上、生命至上，把保护人民生命安全摆在首位的安全发展理念；坚持安全第一、预防为主、综合治理的安全生产方针；坚持从源头上防范化解重大安全风险的安全生产治理策略。

4. 答：《安全生产法》和《煤矿安全生产条例》都明确规定了安全生产方针，即安全第一、预防为主、综合治理。所谓“安全第一”，是指生命安全第一，不包括财产安全。当生产和安全发生冲突时，必须将生命安全放在第一位，而把生产效率、生产效益放在第二位。理解“预防为主”时，同样也有一个什么为“辅”的问题，那就是“救援”。在坚持预防事故为主的同时，不可忽视事故救援的事前准备和事中应对。所谓综合治理，是指主体的多元化和手段的多样性。主体的多元化，就是企业、政府和各个社会力量共同努力，形成安全生产的共治局面。所谓手段的多样性，包括法律手段、管理手段、技术手段、文化手段等，而这些都是企业可以运用的手段。

5. 答：根据《煤矿安全生产条例》第四条的规定，煤矿企业的主体责任可以概括如下：煤矿企业应当履行安全生产主体责任，加强安全生产管理，建立健全并落实全员安全生产责任制和安全生产规章制度，加大对安全生产资金、物资、技术、人员的投入保障力度，改善安全生产条件，加强安全生产标准化、信息化建设，构建安全风险分级管控和隐患排查治理双重预防机制，健全风险防范化解机制，提高安全生产水平，确保安全生产。

6. 答：根据《煤矿安全生产条例》第五条和第六条的规定，地方人民政府及其职能部门对煤矿安全生产负有三个方面的职责：第一，县级以上人民政府应当加强对煤矿安全生产工作的领导，建立健全工作协调机制，支持、督促各有关部门依法履行煤矿安全生产工作职责，及时协调、解决煤矿安全生产工作中的重大问题；第二，县级以上人民政府负有煤矿安全生产监督管理职责的部门对煤矿安全生产实施监督管理；第三，其他有关部门按照职责分工依法履行煤矿安全生产相关职责。另外，根据第四十条的规定，乡镇人民政府在所辖区域内发现未依法取得安全生产许可证等擅自进行煤矿生产的，应当采取有效措施制止，并向县级人民政府相关主管部门报告。

7. 答：根据《煤矿安全生产条例》第七条、第十一条、第五十条、第五十一条和第六十条的规定，矿山安全监察机构的煤矿安全生产职责包括如下四点：第一，国家矿山安全监察机构及其设在地方的矿山安全监察机构依法履行煤矿安全监察职责，对县级以上地方人民政府煤矿安全生产监督管理工作加强监督检查，并及时向有关地方人民政府通报监督检查的情况，提出改善和加强煤矿安全生产工作的监察意见和建议，督促开展重大事故隐患整改和复查。第二，设在地方的矿山安全监察机构应当对所辖区域内煤矿安全生产实施监察；对事故多发地区，应当实施重点监察。国家矿山安全监察机构根据实际情况，组织对全国煤矿安全生产的全面监察或者重点监察。第三，负责组织煤矿安全重大事故、较大事故、一般事故的调查处理工作。第四，在国务院应急管理部门的指导下，依法及时拟订煤矿安全生产国家标准或者行业标准，并负责煤矿安全生产强制性国家标准的项目提出、组织起草、征求意见、技术审查。

第二章 煤矿企业的安全生产责任

第一节 学 习 辅 导

一、法律法规与标准

《煤矿安全生产条例》第十三条规定:“煤矿企业应当遵守有关安全生产的法律法规以及煤矿安全规程,执行保障安全生产的国家标准或者行业标准。”读者在学习该条文时需要注意以下四个方面的问题。

(一)安全生产法律法规体系

安全生产法律法规体系由涉及安全生产工作的法律、法规和规章构成,其中法规包括行政法规和地方性法规,规章包括国务院部门规章和地方政府规章。

1. 法律

法律的制定主体为全国人大及其常委会。目前我国与煤矿安全生产有关的法律有《安全生产法》《煤炭法》《矿产资源法》《矿山安全法》等。《安全生产法》为安全生产领域的综合法、基础法,适用于全国各地、各行各业。《煤炭法》《矿产资源法》属于安全生产相关法,虽然并非专门的安全生产立法,但内容涉及安全生产工作。如《煤炭法》第三章标题即为“煤炭生产与煤矿安全”,对煤矿安全生产工作作出了一些原则性的规定。《矿山安全法》属于安全生产专项法,是专门针对矿山领域的安全生产立法，但该法颁布于1992年，始终未做实质性修改①，内容过于陈旧。虽然理论上该法仍然有效，但实际上已经无法适用。

2. 法规

法规包括行政法规和地方性法规。行政法规的制定主体为国务院。目前我国安全生产行政法规有十多部，其中适用于煤矿安全生产工作的有《安全生产许可证条例》《生产安全事故应急条例》《生产安全事故报告和调查处理条例》《矿山安全法实施条例》《煤矿安全监察条例》《国务院关于预防煤矿生产安全事故的特别规定》等。与《矿山安全法》一样，《矿山安全法实施条例》内容过于陈旧，基本上无法适用。《煤矿安全监察条例》《国务院关于预防煤矿生产安全事故的特别规定》两部专门针对煤矿安全生产的行政法规将于2024年5月1日《煤矿安全生产条例》开始施行时废止。《煤矿安全生产条例》虽然是专门针对煤矿安全生产工作的综合性行政法规，但并不需要包含煤矿安全生产工作的全部内容，其他安全生产行政法规已有规定的，可以直接适用。如关于煤矿安全生产许可证，直接适用《安全生产许可证条例》即可；关于煤矿生产安全事故应急管理和事故报告与调查处理，直接适用《生产安全事故应急条例》和《生产安全事故报告和调查处理条例》即可。当然，如果认为上述条例的内容不适合煤矿安全生产领域，《煤矿安全生产条例》也可以作出特别规定。

地方性法规的制定主体为设区的市以上的地方人民代表大会及其常务委员会，可分为省级地方性法规和设区的市级地方性法规。根据《立法法》的规定，设区的市级地方性法规可以对城乡建设与管理、生态文明建设、历史文化保护、基层治理等方面的事项制定地方性法规，并报省、自治区的人民代表大会常务委员会批准后施行。目前我国各省、自治区、直辖市和部分设区的市颁布了当地的安全生产综合立法——“安全生产条例”，对于产煤地区，当地的“安全生产条例”当然适用于煤矿安全生产工作。

---

① 所谓根据2009年8月27日中华人民共和国主席令第18号《全国人民代表大会常务委员会关于修改部分法律的决定》修正，并非实质内容的修改，只是将《矿山安全法》第四十六条、第四十七条“依照刑法第×条的规定”“比照刑法第×条的规定”修改为“依照刑法有关规定”，有关矿山安全生产工作的实质内容未作修改。

3. 规章

虽然《煤矿安全生产条例》第十三条的规定并未提及安全生产规章，但并不代表规章不适用于煤矿安全生产工作。规章分为国务院部门规章和市级以上地方政府规章。根据《立法法》的规定，“部门规章规定的事项应当属于执行法律或者国务院的行政法规、决定、命令的事项。没有法律或者国务院的行政法规、决定、命令的依据，部门规章不得设定减损公民、法人和其他组织权利或者增加其义务的规范，不得增加本部门的权力或者减少本部门的法定职责。”“地方政府规章可以就下列事项作出规定：①为执行法律、行政法规、地方性法规的规定需要制定规章的事项；②属于本行政区域的具体行政管理事项。没有法律、行政法规、地方性法规的依据，地方政府规章不得设定减损公民、法人和其他组织权利或者增加其义务的规范。”所谓法律法规的执行，就是法律法规设定的权利和义务（权力和职责）得到履行，规章并不创设新的权利和义务（权力和职责），只是对法律法规规定的相关主体权利和义务的细化，因此在立法中要求遵守法律法规即可，并不单独提及规章。

目前我国关于安全生产的部门规章数量非常庞大，凡不是专门针对某一非煤行业或领域的部门规章（如专门的危险化学品管理、特种设备管理等），一般都适用于煤矿安全生产领域。部门规章规定的事项属于执行法律或者国务院的行政法规、决定、命令的事项。如《安全生产法》和《煤矿安全生产条例》规定了安全生产教育培训制度，为了执行这一制度，便出台了《安全生产培训管理办法》《生产经营单位安全培训规定》《煤矿安全培训规定》《特种作业人员安全技术培训考核管理规定》等部门规章。煤矿企业、负有煤矿安全生产监督管理职责的部门、矿山安全监察机构便需要遵照上述部门规章的细化内容来执行，落实煤矿安全生产教育培训制度。

地方政府也出台了一些安全生产地方政府规章，同样适用于当地的煤矿安全生产领域，如《河南省安全生产风险管控与隐患治理办法》《山东省煤矿冲击地压防治办法》等。

（二）法律、法规、规章效力冲突解决

在整个煤矿安全生产法律法规体系中，法律的效力高于行政法规、地

方性法规、规章，行政法规的效力高于地方性法规、规章，地方性法规的效力高于本级和下级地方政府规章，省、自治区人大及其常委会制定的法规效力高于本行政区域内设区的市、自治州的地方性法规，省、自治区人民政府规章的效力高于本行政区域内设区的市、自治州的人民政府规章。

部门规章之间、部门规章与地方政府规章之间具有同等效力，在各自的权限范围内施行。地方性法规与部门规章之间不一致时，由有关机关依照下列规定的权限作出裁决：①地方性法规与部门规章之间对同一事项的规定不一致，不能确定如何适用时，由国务院提出意见，国务院认为应当适用地方性法规的，应当决定在该地方适用地方性法规的规定；认为应当适用部门规章的，应当提请全国人民代表大会常务委员会裁决。②部门规章之间、部门规章与地方政府规章之间对同一事项的规定不一致时，由国务院裁决。

同一机关制定的法律、行政法规、地方性法规、规章，特别规定与一般规定不一致的，适用特别规定；新的规定与旧的规定不一致的，适用新的规定。同一机关的立法之间对同一事项的新的一般规定与旧的特别规定不一致，不能确定如何适用时，由制定机关裁决。

（三）标准的执行

所谓标准是指农业、工业、服务业以及社会事业等领域需要统一的技术要求。标准包括国家标准、行业标准、地方标准和团体标准、企业标准。

《煤矿安全生产条例》第十三条规定，煤矿企业应当执行保障安全生产的国家标准或者行业标准。理解这一规定，需要注意如下几个问题：

第一，标准虽然不属于法的范畴，但是强制性标准因为法律的授权而获得强制执行力。如《标准化法》规定“强制性标准必须执行”，以及《安全生产法》规定“生产经营单位必须执行依法制定的保障安全生产的国家标准或者行业标准”。

第二，在行业标准的效力问题上，《安全生产法》《煤矿安全生产条例》与《标准化法》的规定存在冲突。《标准化法》规定：“国家标准分为强制性标准、推荐性标准，行业标准、地方标准是推荐性标准。强制性标准必须执行。国家鼓励采用推荐性标准。”因此根据《标准化法》的规定，行业标准均不属于强制性标准，不是必须执行，仅是鼓励采用。但《安全生产法》要求必须执行的包括行业标准。在安全生产领域，行业标准实际上也按照强制性标准与推荐性标准进行了分类。因此在安全生产工作中，建议按照安全生产立法的规定来执行。

第三，《安全生产法》《煤矿安全生产条例》没有使用“强制性标准”概念，而是使用了“保障安全生产的国家标准或者行业标准”概念，对此可以理解为对安全生产具有“保障”作用的国家标准与行业标准，都应该属于强制性标准。现实中存在的推荐性标准，均不具有“保障”功能。

需要注意，国际标准对我国企业并不具有强制力，但企业可以自愿采用并申请认证。

（四）煤矿安全规程

《煤矿安全生产条例》第十三条中的“煤矿安全规程”主要指应急管理部部门规章《煤矿安全规程》，因未加书名号，所以还可能包括其他以“规程”命名的相关规定。严格而言，“规程”并非法定的一类立法形式，比如《煤矿安全规程》属于部门规章的范畴，《选煤厂安全规程》（GB 43203）则属于国家标准。即使《煤矿安全生产条例》不提及煤矿安全规程概念，属于部门规章的规程归入法律法规体系，当然也要被遵守；属于标准的，归入标准体系，如果是强制性标准，也应该被执行。

二、煤矿建设项目安全设施保障制度

《煤矿安全生产条例》第十四条到第十六条规定的内容为煤矿建设项目安全设施保障制度。建设项目安全设施保障制度是《安全生产法》明确规定的一项安全保障制度，适用于矿山、金属冶炼的建设项目和用于生产、储存、装卸危险物品的建设项目，是贯彻“从源头上防范化解重大安全风险”理念的具体体现。为落实这一制度，原国家安全生产监督管理总局颁布了《煤矿建设项目安全设施监察规定》，这个规章虽然尚未宣布废止，但实际上已经不再适用。根据 2020 年 9 月出台的《国家矿山安全监察局职能配置、内设机构和人员编制规定》，国家煤矿安全监察局更名为国家矿山安全监察局后，“将煤矿安全生产许可、建设工程安全设施设计审查和竣工验收核查、检验检测机构认证、相关人员培训等事项移交给地方政府”。因此煤矿建设项目安全设施“监察”实际上变成了煤矿建设项目安全设施“监管”，所谓的“监察规定”自然也就无法适用了。

学习理解《煤矿安全生产条例》规定的煤矿建设项目安全设施保障制度，关键信息有如下几点：

（1）应与《安全生产法》的规定结合起来理解。首先，新建、改建、扩建工程项目（以下统称建设项目）的安全设施，必须与主体工程同时设计、同时施工、同时投入生产和使用。安全设施投资应当纳入建设项目概算。其次，煤矿建设项目，应当按照国家有关规定进行安全预评价。

（2）煤矿建设项目的建设单位应当对参与煤矿建设项目的设计、施工、监理等单位进行统一协调管理，对煤矿建设项目安全管理负总责。

（3）承担设计的单位应当具有建设工程设计企业资质；煤矿建设项目安全设施设计应当包括煤矿水、火、瓦斯、冲击地压、煤尘、顶板等主要灾害的防治措施，符合国家标准或者行业标准的要求；设计人、设计单位应当对安全设施设计负责。

（4）安全设施设计应当由建设单位报省、自治区、直辖市人民政府负有煤矿安全生产监督管理职责的部门审查，审查部门及其负责审查的人员对审查结果负责。

（5）施工单位应当按照批准的安全设施设计施工，不得擅自变更设计内容，并对安全设施的工程质量负责。

（6）安全设施设计需要作重大变更的，应当报原审查部门重新审查，不得先施工后报批、边施工边修改。但是何为“重大变更”还需国家矿山安全监察局出台具体范围。2023 年 11 月，国家矿山安全监察局已出台了《非煤矿山建设项目安全设施重大变更范围》，《煤矿建设项目安全设施重大变更范围》也应该尽快出台。

（7）煤矿建设项目竣工投入生产或者使用前，应当由建设单位负责组织对安全设施进行验收，并对验收结果负责；经验收合格后，方可投入生产和使用。在验收前是否需要联合试运转还有待于立法的进一步规定。

(8)《安全生产法》规定，“负有安全生产监督管理职责的部门应当加强对建设单位验收活动和验收结果的监督核查”。根据《煤矿安全生产条例》第四十一条的规定，省、自治区、直辖市人民政府负有煤矿安全生产监督管理职责的部门负责对建设单位安全设施验收活动和验收结果的监督核查。

三、煤矿企业安全生产机构设置、人员配备、资质要求与安全生产职责

（一）安全生产机构设置与人员配备

煤矿企业安全机构包括安全生产管理机构和安全生产技术机构。《安全生产法》第二十四条规定，“矿山、金属冶炼、建筑施工、运输单位和危险物品的生产、经营、储存、装卸单位，应当设置安全生产管理机构或者配备专职安全生产管理人员”。根据该法的规定，如果矿山企业规模较小，也可以不设置“安全生产管理机构”，只要“配备专职安全生产管理人员”就是合法的。但是《煤矿安全生产条例》则提出了更高的要求，明确规定“煤矿企业应当设置安全生产管理机构并配备专职安全生产管理人员”。也就是说，即使规模再小的煤矿企业，也应当设置安全生产管理机构，并配备专职的安全生产管理人员。不设置安全生产管理机构，或者设置了机构但没有配备专职人员都是违法的。

虽然《煤矿安全生产条例》比《安全生产法》规定得更为严格，但总体仍然比较笼统，对此，一般应按照各省区的“安全生产条例”，根据煤矿企业的规模配备足额的安全生产管理人员。如《山西省安全生产条例》规定，矿山企业从业人员超过一百人的，应当设置安全生产管理机构，配备不少于从业人员百分之一的专职安全生产管理人员，但最低不少于两名专职安全生产管理人员；从业人员在一百人以下的，应当至少配备一名专职安全生产管理人员。

除安全生产管理机构设置与安全生产管理人员配备外，《煤矿安全生产条例》还对煤矿企业的安全技术机构设置与人员配备提出了要求，规定“煤矿企业应当为煤矿分别配备专职矿长、总工程师，分管安全、生产、机电的副矿长以及专业技术人员”“对煤（岩）与瓦斯（二氧化碳）突

出、高瓦斯、冲击地压、煤层容易自燃、水文地质类型复杂和极复杂的煤矿，还应当设立相应的专门防治机构，配备专职副总工程师”。基于煤矿生产的高风险性和专业性，要求煤矿企业设置有关的技术机构和人员是煤矿安全有关立法的一贯做法，如《煤矿安全规程》对此已有明确规定。《煤矿安全生产条例》规定的“五职矿长”配备，即矿长、总工程师、安全副矿长、生产副矿长和机电副矿长的配备，也符合煤矿的一贯做法，具有很好的立法基础。

（二）煤矿从业人员知识与能力要求

从安全培训与安全知识能力考核的视角可以将煤矿从业人员分为“三项岗位人员”和其他从业人员，对“三项岗位人员”的安全知识和能力考核，一般由政府部门或者政府委托指定的机构负责，而对于其他从业人员的安全知识和能力考核，由企业负责组织。

安全知识和能力考核的前提是接受安全教育培训。《安全生产法》第二十八条规定，“生产经营单位应当对从业人员进行安全生产教育和培训，保证从业人员具备必要的安全生产知识，熟悉有关的安全生产规章制度和安全操作规程，掌握本岗位的安全操作技能，了解事故应急处理措施，知悉自身在安全生产方面的权利和义务。未经安全生产教育和培训合格的从业人员，不得上岗作业”。为了落实《安全生产法》规定的安全教育培训制度，国务院有关部门出台了多个与安全培训有关的部门规章。如原国家安全生产监督管理总局制定了《安全生产培训管理办法》《生产经营单位安全培训规定》《煤矿安全培训规定》《特种作业人员安全技术培训考核管理规定》四部规章，对安全培训与考核进行了细化。

《煤矿安全生产条例》未对从业人员安全教育培训问题进行重复规定，而是从考核的角度提出了要求，规定“煤矿企业主要负责人和安全生产管理人员应当通过安全生产知识和管理能力考核，并持续保持相应水平和能力；煤矿企业从业人员经安全生产教育和培训合格，方可上岗作业；煤矿企业特种作业人员应当按照国家有关规定经专门的安全技术培训和考核合格，并取得相应资格”。

理解这一法条时需要注意两个问题：第一，煤矿安全培训考核方面的立法扩大了煤矿企业安全生产管理人员的范围，《煤矿安全培训规定》界定的煤矿企业安全生产管理人员是指煤矿企业分管安全、采煤、掘进、通风、机电、运输、地测、防治水、调度等工作的副董事长、副总经理、副局长、副矿长，总工程师、副总工程师和技术负责人，安全生产管理机构负责人及其管理人员，采煤、掘进、通风、机电、运输、地测、防治水、调度等职能部门（含煤矿井、区、科、队）负责人。因此，不仅煤矿企业安全管理机构的安全生产管理人员需要接受指定的安全培训与考核，煤矿企业分管负责人、业务部门负责人、基层单位负责人都需要经培训考核合格。但是，《煤矿安全生产条例》第十九条规定的安全生产管理人员的职责，系指专门负责安全生产管理的人员的职责，生产、技术等方面的负责人和管理人员根据全员安全生产责任制和一岗双责的原则履行安全生产职责即可。第二，煤矿企业主要负责人和安全生产管理人员的安全生产知识和管理能力考核应当在什么时间进行？《安全生产法》2014 年修改之前，煤矿企业主要负责人、安全管理人员需要先取证、后上岗。2014 年，《安全生产法》修改后有所变化。根据《煤矿安全培训规定》第十七条的规定，“煤矿企业主要负责人和安全生产管理人员应当自任职之日起六个月内通过考核部门组织的安全生产知识和管理能力考核，并持续保持相应水平和能力”。煤矿企业主要负责人和安全生产管理人员考试不合格的，可以补考一次；经补考仍不合格的，一年内不得再次申请考核。考核部门应当告知其所在煤矿企业或其任免机关调整其工作岗位。

（三）主要负责人和安全生产管理机构、管理人员的职责

《安全生产法》分别规定了生产经营单位主要负责人的七项职责、安全生产管理机构和管理人员的七项职责。《煤矿安全生产条例》对煤矿企业主要负责人、煤矿企业安全生产管理机构和管理人员也规定了相应的职责，其中主要负责人的职责与《安全生产法》的规定基本重复，仅仅将“组织制定并实施本单位安全生产规章制度和操作规程”修改为“组织制定并实施安全生产规章制度和作业规程、操作规程”，即增加了“作业规程”。要求煤矿企业既要有操作规程，也要有作业规程。

对于安全生产管理机构和管理人员的职责，《煤矿安全生产条例》与《安全生产法》的规定相比有多处变化：

（1）增加了“组织或者参与拟订作业规程”。

（2）增加了“组织开展安全生产法律法规宣传教育”。

（3）将“组织开展危险源辨识和评估，督促落实本单位重大危险源的安全管理措施”修改为“组织开展安全风险辨识评估，督促落实重大安全风险管控措施”。

（4）将“制止和纠正违章指挥、强令冒险作业、违反操作规程的行为”改为“制止和纠正违章指挥、强令冒险作业、违反规程的行为”，即规程包含了“作业规程和操作规程”。

（5）增加了“发现威胁安全的紧急情况时，有权要求立即停止危险区域内的作业，撤出作业人员”。

（6）增加了“对事故隐患排查治理情况进行统计分析”。

现实中很多煤矿企业及其负责人对安全生产管理机构和管理人员的职责在认识上存在偏差，想当然地认为所有安全生产的事项都归本企业安全生产管理机构负责，希望安全生产管理机构能够“包打天下”，安排安全生产管理机构做了很多不属于他们应该“负责”的工作。仔细学习《安全生产法》和《煤矿安全生产条例》会发现，很多工作安全生产管理机构仅仅是“组织或者参与”，如“组织或者参与拟订安全生产规章制度、作业规程、操作规程和生产安全事故应急救援预案”“组织或者参与安全生产教育和培训，如实记录安全生产教育和培训情况”“组织或者参与应急救援演练”。所谓“组织”，即组织企业内部有关部门和车间、区队、班组，比如安全生产规章制度、作业规程、操作规程，立法并没有要求安全生产管理机构负责起草，而是组织有关部门共同分工起草。所谓“参与”，安全生产管理机构就不是牵头部门，可能由有关负责人牵头，他们只是参与。除组织或者参与外，另一类职责就是监督管理。煤矿企业负责人应该正确理解安全生产管理机构和管理人员的法定职责，充分用好他们的监督职能，避免将过多不属于他们工作范围的事情交给他们，使他们无暇真正履行法定职责。

在理解安全生产管理机构和管理人员的职责时还有两点需要注意：一是法条要求安全生产管理机构和管理人员“如实记录安全生产教育和培训情况”，这是不容易做到的。很多规模较大的煤矿企业有专门的安全生产培训机构，负责安全生产培训工作，在这种情况下由培训机构如实记录安全生产教育和培训情况即可。还有的煤矿企业将安全生产培训与职业技能培训全部交由人力资源部门负责，这个时候当然就应该由人力资源部门负责安全生产培训的记录。二是关于隐患排查治理，法条规定“检查安全生产状况，及时排查事故隐患，对事故隐患排查治理情况进行统计分析，提出改进安全生产管理的建议”，因此有的煤矿企业就认为排查事故隐患属于安全生产管理机构的职责，不是别的部门和基层单位的职责。这种理解是错误的。生产安全事故排查治理是煤矿企业预防事故的最为重要的手段，应该按照管业务必须管安全、管生产经营必须管安全和“一岗双责”的原则，全员参与，各负其责。在隐患排查治理工作中，安全生产管理机构和管理人员的职责应该包括以下几点：一是组织或者参与；二是监督检查，检查有关部门和基层单位是否履行了各自的隐患排查职责；三是统计分析；四是提出改进建议。

四、煤矿企业安全生产基础制度

（一）煤矿领导带班下井制度

《煤矿安全生产条例》第二十三条规定了煤矿领导带班下井制度，读者在学习该条文时应当注意，法条要求煤矿企业“建立健全”领导带班制度，并非简单地“执行”国家有关规定。

原国家安全生产监督管理总局已颁布了部门规章《煤矿领导带班下井及安全监督检查规定》，煤矿企业应该根据这一规定，结合本企业实际情况，对本企业领导带班下井人员的具体范围、带班频次、井下工作时间、带班期间在井下的工作职责、带班下井记录、带班下井的监督和考核奖惩等问题作出明确规定。

带班下井的领导是指主要负责人、领导班子成员和副总工程师。《煤矿安全生产条例》第二十三条第二款规定“井工煤矿企业的负责人和生产经营管理人员应当轮流带班下井”实际上是两类带班下井制度，“生产经营管理人员”轮流带班下井并不能替代“井工煤矿企业的负责人”带班下井制度。需要注意，凡是法律法规规章和有关国家政策对带班频次有规定的，煤矿企业的带班制度可以规定更多的次数，不能规定少于法律法规规章和有关国家政策规定的次数。《煤矿领导带班下井及安全监督检查规定》规定“煤矿的主要负责人每月带班下井不得少于5个”。那么煤矿企业的规定就不能低于5个，但可以多于5个。

（二）安全限员制度

安全限员制度是一项从源头上防控群死群伤事故风险的重要举措，这一制度同时也可以促进煤矿企业加强机械化、自动化、信息化、智能化建设，简化生产系统，优化劳动组织，提高煤矿生产效率。

2018年12月，国家煤矿安全监察局颁布了《煤矿井下单班作业人数限员规定（试行）》，经过近五年的试用，2023年9月，国家矿山安全监察局颁布了《煤矿单班入井（坑）作业人数限员规定》。《煤矿安全生产条例》第二十四条规定，“煤矿井下作业人员实行安全限员制度”，将“限员制度”从政策升格为法。但是《煤矿安全生产条例》仅要求煤矿井下作业人员实行安全限员制度，尚未将露天煤矿入坑作业人员限员制度纳入行政法规范畴，仍然停留在政策层面。

根据《煤矿单班入井（坑）作业人数限员规定》，井工煤矿单班入井作业人数应符合以下规定，见表2－1至表2－3。

表2－1　井工煤矿单班入井作业人数

生产能力 K（万吨/年）	灾害严重矿井（人）	其他矿井（人）
$K \leqslant 30$	≤100	≤80
$30 < K \leqslant 60$	≤200	≤100
$60 < K < 120$	≤300	≤180
$120 \leqslant K < 180$	≤400	≤200
$180 \leqslant K < 300$	≤600	≤280
$300 \leqslant K < 500$	≤800	≤400
$K \geqslant 500$	≤850	≤450

表2-2　井工煤矿采煤工作面单班作业人数　　人

矿井类型	机械化采煤工作面		炮采工作面
	检修班	生产班	
灾害严重矿井	≤40	≤25	≤25
其他矿井	≤30	≤20	≤25

表2-3　井工煤矿掘进工作面单班作业人数　　人

矿井类型	综掘工作面	炮掘工作面
灾害严重矿井	≤18	≤15
其他矿井	≤16	≤12

《煤矿重大事故隐患判定标准》和《煤矿安全生产条例》均将“超定员”组织生产规定为煤矿重大事故隐患。

（三）井下工作时间制度

《煤矿安全生产条例》第二十四条规定，“煤矿企业应当依法制定井下工作时间管理制度”。这一规定的关键词是“依法制定”。《安全生产法》并无关于劳动时间的规定，“依法制定”所依之法主要是《劳动法》。

我国现在的标准工时制度，是《劳动法》及《国务院关于修改〈国务院关于职工工作时间的规定〉的决定》（国务院令第174号）确定的，其核心内容是劳动者每天不超过8小时，每周不超过40小时，每周至少休息1天。《劳动法》第四十一条规定了用人单位延长劳动时间的标准，即一般每日延长工作时间不得超过1小时。因特殊原因需要延长工作时间的，在保障劳动者身体健康的条件下延长工作时间每日不得超过3小时，但是每月不得超过36小时。

2020年9月，国家煤矿安全监察局、人力资源和社会保障部、国家能源局、中华全国总工会联合出台了《关于进一步规范煤矿劳动用工，促进煤矿安全生产的指导意见》（简称《指导意见》），其第二条规定了两项指导意见：①煤矿企业应依法制定从业人员工作时间管理制度，严格遵守国家关于劳动者工作时间、延长工作时间的相关规定，其中，井下作业人员每日工作时间（包含从井口到作业地点往返时间等）不超过8小时，每周工作时间不超过40小时。确因生产经营需要，经与工会和从业人员协商后可以延长工作时间，一般每日不得超过1小时；因特殊原因需要延长工作时间的，在保障从业人员身体健康的条件下延长工作时间每日不得超过3小时，但是每月不得超过36小时。煤矿企业安排井下作业人员延长工作时间的，应依法安排补休或支付加班工资。②鼓励逐步取消夜班作业。各地区应鼓励有条件的煤矿企业通过优化采掘设计、改进劳动组织、升级装备技术等措施，减少夜班作业，逐步实现取消非智能化采掘工作面的夜班作业。对于夜班取消采煤、掘进作业的煤矿，按有关规定优先给予职业培训和技能鉴定补贴支持。该《指导意见》可以作为煤矿企业制定井下工作时间管理制度的重要参考依据。

五、煤矿企业的硬件建设

《煤矿安全生产条例》第二十五条至第二十八条为煤矿硬件建设的规定，包括设备、设施、场所的基础条件规定和管理规定。

（一）安全设备的全生命周期管理

煤矿企业要确保其使用的安全设备在整个生命周期的每一个环节都符合国家标准或者行业标准。设计、制造环节虽然不是煤矿企业可以控制的，但煤矿企业享有选择权，即在安全设备采购时，应通过查看相关设备的设计文件、产品鉴定文件、出厂合格证等来判断安全设备的设计、制造环节是否符合国家标准或者行业标准；不符合标准的，坚决不予采购。安装环节一般是供货方与煤矿企业合作的过程，煤矿企业应对供货方的安装活动进行监督，以保证安装过程符合国家标准或者行业标准。在使用和报废两个环节中，煤矿企业是完全独立的主体，应自觉按照国家标准或者行业标准进行使用，按照国家标准或者行业标准履行报废程序，确保报废后的安全设备不再具有设计的功能，以防止报废后的安全设备再次流入市场，形成安全隐患。有些安全设备的检测，可以由煤矿企业自行检测的，检测过程遵守国家标准或者行业标准自不待言；有些设备依法应由具有检测资质的社会第三方机构承担的，在机构的选择上应比较慎重，确保选择具有合法资质的机构。在安全设备的维修、改造环节，一般也是煤矿企业与其他主体进行合作的过程，煤矿企业有义务对维修、改造过程进行监督，对维修、改造后的安全设备依照国家标准或者行业标准进行验收。总体而言，在安全设备设计、制造、安装、使用、检测、维修、改造和报废的整个生命周期的每一个环节，煤矿企业要么享有选择权，要么享有监督权，要么直接负有遵守国家标准或者行业标准的义务。

在安全设备的全生命周期管理中，除应该遵守国家标准或者行业标准外，《煤矿安全生产条例》还要求煤矿企业建立安全设备台账和追溯制度、使用管理制度。台账和追溯制度要求对安全设备购置、入库、使用、维护、保养、检测、维修、改造、报废等进行全流程记录并存档，一旦发现安全设备问题，可以根据档案记录，追溯每一个环节，查找问题根源。使用管理制度要求在使用的过程中，对安全设备进行经常性维护、保养并定期检测，保证其正常运转。

（二）设备、工艺的淘汰制度

立法一般将设备淘汰与工艺淘汰合并规定在一个法条之中，但实际上设备属于硬件范畴，工艺则属于技术领域。在煤矿企业落实岗位安全责任制时，对设备的管理和对工艺的管理一般分别由机电负责人和总工程师分头负责。

关于设备、工艺的淘汰，《煤矿安全生产条例》第二十五条第三款规定，“煤矿企业不得使用应当淘汰的危及生产安全的设备、工艺，具体目录由国家矿山安全监察机构制定并公布”。《安全生产法》第三十八条规定，“国家对严重危及生产安全的工艺、设备实行淘汰制度，具体目录由国务院应急管理部门会同国务院有关部门制定并公布。法律、行政法规对目录的制定另有规定的，适用其规定”“省、自治区、直辖市人民政府可以根据本地区实际情况制定并公布具体目录，对前款规定以外的危及生产安全的工艺、设备予以淘汰”。由此可见，对煤矿设备、工艺淘汰目录，除国家矿山安全监察机构制定颁布外，省级人民政府可以对本辖区的煤矿企业提出更为严格的要求，增加规定国家矿山安全监察机构目录以外的设备和工艺。有关设备、工艺一旦被纳入淘汰目录，煤矿企业必须立即予以淘汰，继续使用属于重大事故隐患，是严重的违法行为。

（三）安全设施与系统建设

煤矿生产涉及诸多系统和设施，《煤矿安全生产条例》对其要求可以概括为两个方面：一是应有尽有；二是符合煤矿安全规程和国家标准或者行业标准。如《煤矿安全生产条例》第二十六条规定：煤矿的采煤、掘进、机电、运输、通风、排水、排土等主要生产系统和防瓦斯、防煤（岩）与瓦斯（二氧化碳）突出、防冲击地压、防火、防治水、防尘、防热害、防滑坡、监控与通讯等安全设施，应当符合煤矿安全规程和国家标准或者行业标准规定的管理和技术要求。第二十七条规定：井工煤矿应当有符合煤矿安全规程和国家标准或者行业标准规定的安全出口、独立通风系统、安全监控系统、防尘供水系统、防灭火系统、供配电系统、运送人员装置。

理解上述规定需要注意以下内容：第一，国家标准与行业标准之间是选择关系，凡是有国家标准的，就不再需要行业标准，只有未出台国家标准的，才适用行业标准。第二，煤矿安全规程与标准之间是并列关系，既要符合煤矿安全规程的要求，也要符合国家标准或者行业标准的要求。第三，“要求”既包括管理要求，也包括技术要求。如关于安全出口，《煤矿安全规程》作出如下技术性规定：矿井建设期间的安全出口应当符合下列要求：①开凿或者延深立井时，井筒内必须设有在提升设备发生故障时专供人员出井的安全设施和出口；井筒到底后，应当先短路贯通，形成至少2个通达地面的安全出口。②相邻的两条斜井或者平硐施工时，应当及时按设计要求贯通联络巷。矿井开采期间，每个生产矿井必须至少有2个能行人的通达地面的安全出口，各出口间距不得小于30米。采用中央式通风的新建和改扩建矿井，设计中应当规定井田边界的安全出口。新建、扩建矿井的回风井严禁兼作提升和行人通道，紧急情况下可作为安全出口。井下每一个水平到上一个水平和各个采（盘）区都必须至少有2个便于行人的安全出口，并与通达地面的安全出口相连。未建成2个安全出口的水平或者采（盘）区严禁回采。井巷交岔点，必须设置路标，标明所在地点，指明通往安全出口的方向。通达地面的安全出口和2个水平之间的安全出口，倾角不大于45°时，必须设置人行道，并根据倾角大小和实际需要设置扶手、台阶或者梯道。倾角大于45°时，必须设置梯道间或者梯子间，斜井梯道间必须分段错开设置，每段斜长不得大于 10 米；立井梯子间中的梯子角度不得大于 80°，相邻 2 个平台的垂直距离不得大于 8 米。安全出口应当经常清理、维护，保持畅通。再如，就瓦斯等级、冲击地压、煤层自燃倾向性和煤尘爆炸性鉴定问题，《煤矿安全规程》就鉴定频次等管理性问题提出了要求。

（四）禁止关闭、破坏安全设备、设施

2021 年修改的《安全生产法》增加了“生产经营单位不得关闭、破坏直接关系生产安全的监控、报警、防护、救生设备、设施，或者篡改、隐瞒、销毁其相关数据、信息”内容，但实际上很多情况下，上述违法行为并非生产经营单位的单位行为，而是有关人员的个人行为，因此《煤矿安全生产条例》在禁止主体上增加了“及其有关人员”，规定“煤矿企业及其有关人员不得关闭、破坏直接关系生产安全的监控、报警、防护、救生设备、设施，或者篡改、隐瞒、销毁其相关数据、信息，不得以任何方式影响其正常使用”。

值得注意的是，2021 年 3 月 1 日起施行的《刑法修正案（十一）》新增了“危险作业罪”，将“关闭、破坏直接关系生产安全的监控、报警、防护、救生设备、设施，或者篡改、隐瞒、销毁其相关数据、信息，具有发生重大伤亡事故或者其他严重后果的现实危险的”，规定为犯罪，处一年以下有期徒刑、拘役或者管制。因此再有这些违法行为，就不是单纯的行政违法了，即使不发生事故，也有可能构成犯罪，被追究刑事责任。

（五）露天煤矿边坡安全管理

边坡不稳定是露天煤矿的重大事故隐患。内蒙古阿拉善新井煤业有限公司露天煤矿“2・22”特别重大坍塌事故的直接原因就是：“未按初步设计施工，随意合并台阶，形成超高超陡边坡，在采场底部连续高强度剥离采煤，致使边坡稳定性持续降低，处于失稳状态，边帮岩体沿断层面和节理面滑落坍塌，加之应急处置不力，未能及时组织现场作业人员逃生，造成重大人员伤亡和财产损失。”①

---

① 参见“内蒙古阿拉善新井煤业有限公司露天煤矿‘2・22’特别重大坍塌事故案例”，https://www.chinamine-safety.gov.cn/zfxxgk/fdzdgknr/sgcc/sgalks/202309/t20230928_464580.shtml。

《煤矿安全生产条例》第二十八条规定：“露天煤矿的采场及排土场边坡与重要建筑物、构筑物之间应当留有足够的安全距离。煤矿企业应当定期对露天煤矿进行边坡稳定性评价，评价范围应当涵盖露天煤矿所有边坡。达不到边坡稳定要求时，应当修改采矿设计或者采取安全措施，同时加强边坡监测工作。”《煤矿安全规程》第四编第六章虽然专章规定了“边坡”问题，但是对“足够的”安全距离和“定期”稳定性评价尚不明确，有待于国家矿山安全监察局出台具体规范。

六、煤矿开采过程中的安全管理

《煤矿安全生产条例》规定的煤矿企业安全准入、安全机构设置与人员配备、不同岗位人员的安全资格和安全职责、煤矿安全生产基础管理制度建立、煤矿硬件建设等内容均属于煤矿生产前制度，即在开始生产之前，先需要满足上述各项法律制度要求。在此基础上，《煤矿安全生产条例》对煤炭开采过程还设定了诸多制度规范，煤矿企业在生产过程中应当遵守。

（一）不得超层越界开采、不得以危险方法开采

超越开采范围开采、使用危险方法开采是煤矿生产一直禁止的行为。1996 年颁布的《煤炭法》第三十一条[①]规定，“煤炭生产应当依法在批准的开采范围内进行，不得超越批准的开采范围越界、越层开采”“采矿作业不得擅自开采保安煤柱，不得采用可能危及相邻煤矿生产安全的决水、爆破、贯通巷道等危险方法”。《煤矿安全生产条例》第三十条的规定虽然措辞稍有区别，其实质内容与《煤炭法》完全一致。

“超层、越界开采”不仅是煤炭资源保护问题，也是安全生产问题。由于超层、越界开采涉嫌盗采，在盗采过程中，煤矿企业以追求效率和效益为主，往往忽略安全生产问题，导致巷井穿插交错，与上报的工程设计、生产调度等完全不符，形成“楼上楼”“矿中矿”的现象[②]，因此大量的煤矿安全事故都是发生在超层、越界开采的过程之中。如辽宁阜新弘

① 在 2016 年修改后的《煤炭法》中，该项内容规定在第二十四条。

② 昝昕，孔宁，郭丽娜，等. 煤矿超层越界监督管理研究［J］. 中国矿业，2019(5)。

霖矿业（集团）有限公司“6·27”较大煤与瓦斯突出事故的直接原因就是“弘霖煤矿违法超深越界开采至地质条件复杂区域，煤层具有突出危险性，防突措施不到位，综掘机割煤扰动引起煤体失稳，造成煤与瓦斯突出事故”①。2005年出台的《国务院关于预防煤矿生产安全事故的特别规定》就将超层越界开采规定为煤矿重大事故隐患。《煤矿重大事故隐患判定标准》则对“超层越界开采”重大事故隐患，进行了界定，规定“超层越界开采”是指：①超出采矿许可证载明的开采煤层层位或者标高进行开采的；②超出采矿许可证载明的坐标控制范围进行开采的；③擅自开采（破坏）安全煤柱的。

虽然《煤矿重大事故隐患判定标准》规定了“擅自开采（破坏）安全煤柱的”范畴，但是与其他超层越界开采行为相比，擅自开采安全煤柱的行为更是一个安全问题。“保安煤柱”，其功能在于保安。《煤矿安全规程》对煤柱的开采规定了严格的程序规范，不按程序，擅自开采是禁止的。

爆破、贯通巷道、正常的排水等方法并非煤矿开采中禁用的方法，《煤矿安全规程》对此也有具体的规定。如果爆破、贯通巷道以及决水有可能危及相邻煤矿生产安全的，则属于危险方法，应该被禁用。

（二）超能力、超强度、超定员组织生产

2005年9月，《国务院关于预防煤矿生产安全事故的特别规定》将“超能力、超强度或者超定员组织生产的”规定为煤矿重大事故隐患的第一种情形，《煤矿安全生产条例》沿用了这一规定。根据《煤矿重大事故隐患判定标准》的规定，“超能力、超强度或者超定员组织生产”是指有下列情形之一的：

（1）煤矿全年原煤产量超过核定（设计）生产能力幅度在10%以上，或者月原煤产量大于核定（设计）生产能力的10%的。

（2）煤矿或其上级公司超过煤矿核定（设计）生产能力下达生产计划或者经营指标的。

---

① 参见“辽宁阜新弘霖矿业（集团）有限公司‘6·27’较大煤与瓦斯突出事故案例”，https://www.chinamine-safety.gov.cn/zfxxgk/fdzdgknr/sgcc/sgalks/202310/t20231030_467079.shtml。

（3）煤矿开拓、准备、回采煤量可采期小于国家规定的最短时间，未主动采取限产或者停产措施，仍然组织生产的（衰老煤矿和地方人民政府计划停产关闭煤矿除外）。

（4）煤矿井下同时生产的水平超过2个，或者一个采（盘）区内同时作业的采煤、煤（半煤岩）巷掘进工作面个数超过《煤矿安全规程》规定的。

（5）瓦斯抽采不达标组织生产的。

（6）煤矿未制定或者未严格执行井下劳动定员制度，或者采掘作业地点单班作业人数超过国家有关限员规定20%以上的。

（三）危险作业

危险作业并无确切的法定概念，立法一般采用列举＋授权的模式，即在列举出最有代表性的危险作业的同时，授权有关政府职能部门对目录进行补充，以此来确定危险作业的全部范围。《安全生产法》第四十三条规定："生产经营单位进行爆破、吊装、动火、临时用电以及国务院应急管理部门会同国务院有关部门规定的其他危险作业，应当安排专门人员进行现场安全管理，确保操作规程的遵守和安全措施的落实。"《煤矿安全生产条例》第三十四条规定："在煤矿进行石门揭煤、探放水、巷道贯通、清理煤仓、强制放顶、火区密闭和启封、动火以及国家矿山安全监察机构规定的其他危险作业，应当采取专门安全技术措施，并安排专门人员进行现场安全管理。"从两部立法列举的内容看，仅有"动火"一处重叠，但并不代表《煤矿安全生产条例》否定了《安全生产法》列举的其他危险作业也属于煤矿的危险作业范围。虽然《煤矿安全生产条例》主要列举了煤矿生产过程中行业特色鲜明的危险作业，但如果煤矿作业中也有《安全生产法》规定的危险作业，同样应当按照危险作业的作业流程处理。

（四）安全生产风险分级管控与隐患排查治理

2002年《安全生产法》出台时，就明确将消除隐患作为预防事故的重要手段，要求生产经营单位主要负责人"及时消除生产安全事故隐患""从业人员发现事故隐患或者其他不安全因素，应当立即向现场安全生产管理人员或者本单位负责人报告"。但严格而言，上述制度尚不能称为隐患排查治理制度。2007年，国家安全生产监督管理总局颁布《安全生产事故[1]隐患排查治理暂行规定》，明确了“隐患排查治理”的概念。

风险分级管控是在传统的隐患排查治理的基础上，进一步将事故预防关口前移，在隐患排查治理的关口前设置的另一道事故预防关口，从而形成“风险分级管控和隐患排查治理”的双重预防机制。

2015 年 12 月 24 日，习近平总书记在第十八届中央政治局常委会第 127 次会议上讲话时指出：对易发重特大事故的行业领域，要采取风险等级管控、隐患排查治理双重防御性工作机制，推动安全生产关口前移。2016 年 4 月 28 日，国务院安委会办公室发布《标本兼治遏制重特大事故工作指南》（安委办〔2016〕3 号）明确提出着力构建安全风险分级管控和隐患排查治理双重预防性工作机制。2016 年 10 月 9 日，国务院安委会办公室发布了《关于实施遏制重特大事故工作指南构建双重预防机制的意见》（安委办〔2016〕11 号），对“双重预防机制”的建设提出进一步要求。2016 年 12 月 9 日，中共中央、国务院出台《关于推进安全生产领域改革发展的意见》，明确规定“构建风险分级管控和隐患排查治理双重预防工作机制，严防风险演变、隐患升级导致生产安全事故发生”。随后，全国很多地区以政府规章、地方标准、地方指南等形式，对生产经营单位开展“双重预防机制”建设进行了规范和指导。

2021 年修改的《安全生产法》，明确将“构建安全风险分级管控和隐患排查治理双重预防机制”作为生产经营单位的法定义务加以规定，正式形成了“双重预防机制”法律制度。

《煤矿安全生产条例》根据《安全生产法》第四条和第四十一条的规定，结合煤炭行业的特点和要求，规定“煤矿企业应当建立安全风险分级管控制度，开展安全风险辨识评估，按照安全风险分级采取相应的管控措施”“煤矿企业应当建立健全事故隐患排查治理制度，采取技术、管理措施，及时发现并消除事故隐患。事故隐患排查治理情况应当如实记录，并定期向从业人员通报。重大事故隐患排查治理情况的书面报告经煤矿企业负责人签字后，每季度报县级以上地方人民政府负有煤矿安全生产监督管

① 在安全生产法律体系中，一般称“生产安全事故”，不称“安全生产事故”，用词不够规范，有待修改。

理职责的部门和所在地矿山安全监察机构”。

虽然“双重预防机制”在煤矿企业推行了多年，但由于风险、隐患等概念的法律界定、风险与隐患之间的关系、风险分级管控与隐患排查治理之间的过渡与衔接等基本问题在安全管理和法律界尚未取得一致意见，煤矿企业更是存在不同的认识，所以“双重预防机制”在煤矿企业实施的效果似乎不甚理想。在履行《煤矿安全生产条例》规定的“双重预防机制”的法定义务时，本省出台的地方标准和有关行业标准、团体标准可作为重要参考。如山东省的《煤矿安全风险分级管控和隐患排查治理双重预防机制实施指南》（DB 37/T 3417）、山西省的《煤矿安全风险分级管控和隐患排查治理双重预防机制实施规范》（DB 14/T 2248）、《煤矿安全双重预防机制规范》（T/CNCA 006）、国家能源局的《煤矿安全双重预防机制规范》（NB/T 11123）等。另外，《安全生产事故隐患排查治理暂行规定》修订出台后将对煤矿企业的生产安全事故隐患排查治理工作具有规范作用。

与煤矿企业的生产安全事故隐患排查治理工作密切相关的另一个问题是重大隐患的判定标准，《煤矿安全生产条例》专门作出了规定。值得注意的是，与行政法规《国务院关于预防煤矿生产安全事故的特别规定》和部门规章《煤矿重大事故隐患判定标准》相比，《煤矿安全生产条例》对原“十五项”进行了补充，新增了两项内容，即第十一项“未按照规定建立监控与通讯系统，或者系统不能正常运行的”和第十二项“露天煤矿边坡角大于设计最大值或者边坡发生严重变形，未采取有效措施的”。

七、煤矿企业安全生产应急管理

与《安全生产法》一样，《煤矿安全生产条例》的首要目的是预防事故，这也是“预防为主”方针的具体落实。但是与“预防为主”相对应的，还必须存在一个“为辅”的内容，如果没有“辅”，也就无所谓“主”。这个“辅”，便是事故的应急救援，即在立足于事故预防的基础上，不能忽略事故救援的准备和事故发生后的救援和报告，也就是应急管理中的应急准备和应急响应工作。

（一）应急准备

应急准备包括应急预案、应急演练、应急队伍、应急物资和装备。《煤矿安全生产条例》第二十九条第一款规定，“煤矿企业应当依法制定生产安全事故应急救援预案，与所在地县级以上地方人民政府组织制定的生产安全事故应急救援预案相衔接，并定期组织演练”。

应急预案的编制应当遵循以人为本、依法依规、符合实际、注重实效的原则，以应急处置为核心，明确应急职责、规范应急程序、细化保障措施，预案内容和编制程序相当复杂，具体可遵照应急管理部部门规章《生产安全事故应急预案管理办法》执行。

对于预案的演练，《煤矿安全生产条例》仅仅规定“定期组织演练”，没有对演练频次进行规定。根据《生产安全事故应急条例》的规定，矿山企业应当至少每半年组织 1 次生产安全事故应急救援预案演练，并将演练情况报送所在地县级以上地方人民政府负有安全生产监督管理职责的部门。

对于矿山救护队，《煤矿安全生产条例》要求煤矿企业原则上应当设立专职救护队，不具备设立专职救护队条件的，应当设立兼职救护队，并与邻近的专职救护队签订救护协议。发生事故时，专职救护队应当在规定时间内到达煤矿开展救援。根据《煤矿安全规程》的规定，规定时间为矿山救护队到达服务煤矿的时间应当不超过 30 分钟。

对于救援物资和装备，《煤矿安全生产条例》没有规定，但并不代表没有立法要求。《安全生产法》规定：矿山企业应当配备必要的应急救援器材、设备和物资，并进行经常性维护、保养，保证正常运转。另外，《煤矿安全规程》第六百七十八条规定：“井工煤矿应当向矿山救护队提供采掘工程平面图、矿井通风系统图、井上下对照图、井下避灾路线图、灾害预防和处理计划，以及应急救援预案；露天煤矿应当向矿山救护队提供采剥、排土工程平面图和运输系统图、防排水系统图及排水设备布置图、井工老空区与露天矿平面对照图，以及应急救援预案。提供的上述图纸和资料应当真实、准确，且至少每季度为救护队更新一次。”

（二）应急响应

生产安全事故应急响应通常包括立即组织营救，同时向政府报告以获得更加强大的救援力量。《煤矿安全生产条例》第五十九条规定，“发生煤矿生产安全事故后，煤矿企业及其负责人应当迅速采取有效措施组织抢救，并依照《生产安全事故报告和调查处理条例》的规定立即如实向当地应急管理部门、负有煤矿安全生产监督管理职责的部门和所在地矿山安全监察机构报告”。

八、安全投入保障

《煤矿安全生产条例》第三十八条规定：“煤矿企业应当及时足额安排安全生产费用等资金，确保符合安全生产要求。煤矿企业的决策机构、主要负责人对由于安全生产所必需的资金投入不足导致的后果承担责任。”理解这一法条需注意如下几点。

第一，资金投入的数额。立法很难对安全投入的具体数额进行明确规定，因此《安全生产法》规定“生产经营单位应当具备的安全生产条件所必需的资金投入”，即以是否能够满足安全生产条件作为投入是否足额的衡量依据。安全生产条件很容易被误解为安全生产所需要的硬件，所以《煤矿安全生产条例》使用了“煤矿企业应当及时足额安排安全生产费用等资金，确保符合安全生产要求”的表述。“安全生产要求”其实就是综合性的安全生产条件，不仅包括保证安全生产的硬件设备设施，还包括安全管理方面的条件，如实施安全风险管控、事故隐患治理、安全生产教育和培训、应急救援演练等同样也属于安全生产条件。

第二，安全投入的资金来源。除法律与政策规定的专款专用资金外，煤矿企业当然可以使用自己拥有的任何资金进行安全投入，但为了保证安全投入的资金来源，《安全生产法》规定了安全费用提取制度。根据2022年修订的《企业安全生产费用提取和使用管理办法》，煤炭生产企业依据当月开采的原煤产量，于月末按如下标准提取企业安全生产费用：

（1）煤（岩）与瓦斯（二氧化碳）突出矿井、冲击地压矿井吨煤50元。

（2）高瓦斯矿井，水文地质类型复杂、极复杂矿井，容易自燃煤层矿井吨煤30元。

（3）其他井工矿吨煤15元。

（4）露天矿吨煤5元。

第三，安全投入的范围。哪些资金投入算是安全投入呢？这个问题在理解上也容易产生误区。比如一台生产设备带病工作，有可能导致事故，那么更换这套设备是不是安全资金投入呢？不是！因为这台设备的功能是生产，更换这台设备的资金算是生产投入，但不是安全投入。对于安全投入的范围，《企业安全生产费用提取和使用管理办法》（简称《办法》）规定的安全费用的使用范围可供煤矿企业遵照执行。该《办法》规定，煤炭生产企业安全生产费用应当用于以下支出：

（1）煤与瓦斯突出及高瓦斯矿井落实综合防突措施支出，包括瓦斯区域预抽、保护层开采区域防突措施、开展突出区域和局部预测、实施局部补充防突措施等两个“四位一体”综合防突措施，以及更新改造防突设备和设施、建立突出防治实验室等支出。

（2）冲击地压矿井落实防冲措施支出，包括开展冲击地压危险性预测、监测预警、防范治理、效果检验、安全防护等防治措施，更新改造防冲设备和设施，建立防冲实验室等支出。

（3）煤矿安全生产改造和重大事故隐患治理支出，包括通风、防瓦斯、防煤尘、防灭火、防治水、顶板、供电、运输等系统设备改造和灾害治理工程，实施煤矿机械化改造、智能化建设，实施矿压、热害、露天煤矿边坡治理等支出。

（4）完善煤矿井下监测监控、人员位置监测、紧急避险、压风自救、供水施救和通信联络等安全避险设施设备支出，应急救援技术装备、设施配置和维护保养支出，事故逃生和紧急避难设施设备的配置和应急救援队伍建设、应急预案制修订与应急演练支出。

（5）开展重大危险源检测、评估、监控支出，安全风险分级管控和事故隐患排查整改支出，安全生产信息化建设、运维和网络安全支出。

（6）安全生产检查、评估评价（不含新建、改建、扩建项目安全评价）、咨询、标准化建设支出。

（7）配备和更新现场作业人员安全防护用品支出。

（8）安全生产宣传、教育、培训和从业人员发现并报告事故隐患的奖励支出。

（9）安全生产适用新技术、新标准、新工艺、煤矿智能装备及煤矿机器人等新装备的推广应用支出。

（10）安全设施及特种设备检测检验、检定校准支出。

（11）安全生产责任保险支出。

（12）与安全生产直接相关的其他支出。

另外，根据《安全生产法》建设项目安全设施“三同时”中的“安全设施投资应当纳入建设项目概算”的规定，煤矿建设项目安全设施的资金投入应当纳入建设项目概算，不统计为安全投入；《企业安全生产费用提取和使用管理办法》还规定了新建、改建、扩建项目安全评价的费用不纳入安全评价费用，即不纳入安全资金投入范畴。

第四，安全投入的责任。生产经营单位的安全资金投入一般都是企业的最高决策层有权决定，因此《安全生产法》规定“由生产经营单位的决策机构、主要负责人或者个人经营的投资人予以保证，并对由于安全生产所必需的资金投入不足导致的后果承担责任。”《煤矿安全生产条例》对此作了类似的规定。另外，在煤矿企业主要负责人的安全职责中，将“保证安全生产投入的有效实施”作为其七项职责之一。一些地方性法规还增加规定了对安全生产投入进行监督的主体。如《山东省安全生产条例》规定，生产经营单位的安全生产管理机构和安全生产管理人员有责任监督安全生产资金投入的落实。这些规定对全国的煤矿企业具有借鉴意义。

第二节 习 题 集

一、辨析题

1. 新建、改建、扩建煤矿工程项目的建设单位应当委托施工单位进行安全设施设计。(　　)

2. 煤矿建设项目安全设施设计应当报相关的矿山安全监察机构审查。(　　)

3. 煤矿建设项目安全设施设计需要作出变更的，应当报原审查部门重新审查。(　　)

4. 施工单位施工中认为煤矿建设项目安全设施设计存在缺陷的，可以不按照批准的安全设施设计施工。(　　)

5. 煤矿建设单位应当对参与煤矿建设项目的设计、施工、监理等单位进行统一协调管理，对煤矿建设项目安全管理负总责。(　　)

6. 煤矿建设项目竣工投入生产或者使用前，应当由县级以上人民政府负有煤矿安全生产监督管理职责的部门负责组织对安全设施进行验收。(　　)

7. 煤矿企业应当设置安全生产管理机构或者配备专职安全生产管理人员。(　　)

8. 煤矿企业主要负责人应当组织制定并实施安全生产规章制度和作业规程或者操作规程。(　　)

9. 对违章指挥和强令冒险作业的行为，煤矿企业从业人员有权拒绝。(　　)

10. 煤矿企业主要负责人和安全生产管理人员应当通过安全生产知识和管理能力考核。(　　)

11. 煤矿企业应当为煤矿分别配备专职矿长、总工程师和副总工程师，分管安全、生产、机电的副矿长以及专业技术人员。(　　)

12. 煤矿企业对高瓦斯煤矿、有冲击地压的煤矿应当设立相应的专门防治机构，配备专职或者兼职的副总工程师，负责瓦斯防治、冲击地压的防治工作。(　　)

13. 煤矿企业应当按照国家有关规定建立健全领导带班制度。(　　)

14. 煤矿井下作业人员应当实行安全限员制度。(　　)

15. 煤矿应尽快停止使用国家明令禁止或者淘汰的不符合安全要求的设备和工艺。(　　)

16. 煤矿主要生产系统安全设施应当符合煤矿安全规程或者国家标准或者行业标准规定的管理和技术要求。(　　)

17. 所有煤矿企业都必须设立自己的专职救护队。(　　)

18. 煤矿企业不得自行组织超能力生产，但应县级以上地方人民政府要求可以超能力生产。(　　)

19. 煤矿企业的重大事故隐患应当每季度报县级以上地方人民政府负

有煤矿安全生产监督管理职责的部门和所在地矿山安全监察机构。（　　）

20. 煤矿企业由分管财务的负责人来保证安全生产投入的有效实施。（　　）

二、填空题

1. 煤矿企业应当遵守有关安全生产的法律法规以及（　　　　），执行保障安全生产的国家标准或者（　　　　）。

2. 新建、改建、扩建煤矿工程项目的（　　　　）应当委托具有建设工程设计企业（　　　　）的设计单位进行安全设施设计。

3. 煤矿建设项目安全设施设计应当包括煤矿水、火、（　　　　）、冲击地压、煤尘、（　　　　）等主要灾害的防治措施。

4. 煤矿建设项目（　　　　）应当报省、自治区、直辖市人民政府负有煤矿安全生产监督管理职责的部门（　　　　）。

5. 煤矿建设项目安全设施设计需要作（　　　　）的，应当报原审查部门重新审查，不得先施工后报批、（　　　　）边修改。

6. 煤矿建设项目的建设单位应当对参与煤矿建设项目的设计、（　　　　）、监理等单位进行统一协调管理，对煤矿建设项目安全管理（　　　　）。

7. 煤矿企业应当设置安全生产管理机构（　　　　）配备（　　　　）安全生产管理人员。

8. 煤矿企业安全生产管理机构和安全生产管理人员有权制止和纠正（　　　　）、强令冒险作业、（　　　　）的行为。

9. 煤矿企业安全生产管理人员发现威胁安全的紧急情况时，有权要求立即停止（　　　　）内的作业，撤出（　　　　）。

10. 煤矿企业从业人员应当遵守煤矿企业安全生产规章制度和（　　　　）、操作规程，严格落实（　　　　）。

11. 对违章指挥和强令冒险作业的行为，煤矿企业从业人员有权（　　　　）并向县级以上地方人民政府负有煤矿安全生产监督管理职责的部门、所在地（　　　　）报告。

12. 煤矿企业不得因从业人员拒绝违章指挥或者强令冒险作业而降低

其（　　　　）、福利等待遇，无正当理由调整工作岗位，或者解除与其订立的（　　　　）。

13. 煤矿企业主要负责人和安全生产管理人员应当通过安全生产知识和（　　　　）考核，并（　　　　）相应水平和能力。

14. 煤矿企业特种作业人员应当按照国家有关规定经（　　　　）安全技术培训和考核合格，并取得（　　　　）。

15. 煤矿企业应当为煤矿分别配备专职矿长、（　　　　），分管安全、（　　　　）、机电的副矿长以及专业技术人员。

16. 井工煤矿企业的（　　　　）和（　　　　）应当轮流带班下井，并建立下井登记档案。

17. 煤矿企业应当为从业人员提供符合（　　　　）或者行业标准的劳动防护用品，并监督、教育从业人员按照（　　　　）佩戴、使用。

18. 煤矿企业使用的安全设备的设计、制造、安装、（　　　　）、检测、维修、（　　　　）和报废，应当符合国家标准或者行业标准。

19. 煤矿企业应当建立安全设备台账和追溯制度，对安全设备购置、入库、使用、（　　　　）、保养、检测、（　　　　）、改造、报废等进行全流程记录并存档。

20. 煤矿企业及其有关人员不得关闭、破坏直接关系（　　　　）的监控、报警、防护、救生设备、设施，或者篡改、隐瞒、销毁其（　　　　）、信息，不得以任何方式影响其正常使用。

21. 井工煤矿应当有安全出口、独立通风系统、（　　　　）、防尘供水系统、（　　　　）、供配电系统、运送人员装置。

22. 井工煤矿的安全出口和运送人员装置，独立通风系统、防尘供水系统、供配电系统等保障系统应当符合煤矿安全规程（　　　　）国家标准（　　　　）行业标准的规定。

23. 井工煤矿应当按照规定进行（　　　　）、冲击地压、煤层自燃倾向性和（　　　　）鉴定。

24. 井工煤矿应当按矿井瓦斯等级选用相应的（　　　　）炸药和电雷管，爆破工作由（　　　　）承担。

25. 露天煤矿的采场及（　　　　）边坡与重要建筑物、构筑物之间应当留有足够的（　　　　）。

26. 煤矿企业应当定期对露天煤矿进行边坡（　　　　），达不到边坡稳定要求时，应当修改采矿设计或者采取（　　　　），同时加强边坡监测工作。

27. 煤矿企业应当依法制定生产安全事故应急救援预案，与（　　　　）县级以上地方人民政府组织制定的生产安全事故应急救援预案相衔接，并定期（　　　　）。

28. 煤矿企业应当设立专职救护队；不具备设立专职救护队条件的，应当设立（　　　　），并与邻近的（　　　　）签订救护协议。

29. 煤矿企业应当在依法确定的（　　　　）进行生产，不得超层、（　　　　）开采。

30. 采矿作业不得（　　　　）开采保安煤柱，不得采用可能危及（　　　　）生产安全的决水、爆破、贯通巷道等危险方法。

31. 正常生产煤矿因地质、（　　　　）、采煤方法或者工艺等发生变化导致（　　　　）发生较大变化的，应当依法重新核定其生产能力。

32. 煤矿企业应当按照煤矿灾害程度和（　　　　）实施灾害治理，编制年度（　　　　）和处理计划，并根据具体情况及时修改。

33. 煤矿企业开采需要保护的建筑物、水体、铁路（　　　　）或者主要井巷留设煤柱的，应当按照煤矿灾害程度和类型实施（　　　　），编制年度灾害预防和处理计划，并根据具体情况及时修改。

34. 在煤矿进行石门揭煤、探放水、巷道贯通、清理煤仓、强制放顶、火区密闭和启封、动火等危险作业，应当采取专门（　　　　），并安排（　　　　）进行现场安全管理。

35. 煤矿企业应当建立安全风险分级管控制度，开展安全风险（　　　　），按照安全风险分级采取相应的（　　　　）。

36. 煤矿企业应当建立（　　　　）事故隐患排查治理制度，采取技术、（　　　　）措施，及时发现并消除事故隐患。

37. 煤矿未（　　　　）建立监控与通讯系统，或者系统不能（　　　　）的属于重大事故隐患。

38. 实行整体承包生产经营后，未重新取得或者及时变更（　　　　）

而从事生产，或者承包方再次转包，以及将井下（ ）和井巷维修作业外包的属于重大事故隐患。

39. 新建煤矿边建设（ ），煤矿改扩建期间，在（ ）生产，或者在其他区域的生产超出设计规定的范围和规模的属于重大事故隐患。

40. 煤矿企业应当及时足额安排安全生产费用等资金，确保符合（ ）。煤矿企业的（ ）、主要负责人对由于安全生产所必需的资金投入不足导致的后果承担责任。

三、单选题

1. 煤矿企业应当遵守有关安全生产的法律法规以及煤矿安全规程，执行保障安全生产的国家标准或者（ ）。

A. 地方标准

B. 行业标准

C. 团体标准

D. 国际标准

2. 新建、改建、扩建煤矿工程项目的（ ）应当委托具有建设工程设计企业资质的设计单位进行安全设施设计。

A. 施工单位

B. 监理单位

C. 建设单位

D. 勘察单位

3. 负责安全设施设计审查的部门是（ ）。

A. 省级人民政府的负有煤矿安全生产监督管理职责的部门

B. 省级人民政府的煤炭行业主管部门

C. 国家矿山安全监察局

D. 国家矿山安全监察局的省级局

4. 关于煤矿建设项目安全设施设计的变更，下列说法正确的是（ ）。

A. 需要作重大变更的可以先施工后报批

B. 需要作重大变更的可以边施工边修改

C. 作出重大变更后，应当报原审查部门备案

D. 需要作重大变更的，应当报原审查部门重新审查

5. 下列单位中对煤矿建设项目安全管理负总责的单位是（　　）。

A. 建设单位

B. 设计单位

C. 施工单位

D. 监理单位

6. 在煤矿建设活动中负责对参与建设项目的设计、施工、监理等单位进行统一协调管理的单位是（　　）。

A. 煤炭行业主管部门

B. 负有煤矿安全生产监督管理职责的部门

C. 矿山安全监察机构

D. 煤矿建设单位

7. 关于煤矿建设项目的设计与建设，下列说法不正确的是（　　）。

A. 建设单位应当委托具有建设工程设计企业资质的设计单位进行安全设施设计

B. 建设单位可以自己进行安全设施的设计

C. 安全设施设计应当包括煤矿主要灾害的防治措施

D. 煤矿建设项目安全设施设计需要作重大变更的，应当经原审批部门重新审查

8. 煤矿建设项目竣工投入生产或者使用前，对煤矿建设项目的安全设施组织验收的单位应该是（　　）。

A. 矿山安全监察机构

B. 省级人民政府负责煤矿安全监管的部门

C. 建设单位

D. 建设项目的监理单位

9. 与《安全生产法》相比，《煤矿安全生产条例》增加的煤矿企业主要负责人的职责是（　　）。

A. 保证安全生产投入的有效实施

B. 加强安全生产标准化建设

C. 组织制定并实施安全生产作业规程

D. 发生生产安全事故时，主要负责人应当立即组织抢救

10. 关于煤矿企业安全生产管理机构和安全生产管理人员职责，下列说法错误的是（　　）。

A. 负责制定安全生产规章制度、操作规程，并按职责组织落实

B. 组织开展安全生产法律法规宣传教育

C. 组织开展安全风险辨识评估，督促落实重大安全风险管控措施

D. 组织或者参与拟订生产安全事故应急预案和应急预案演练

11. 关于煤矿企业从业人员的安全培训考核，下列说法错误的是（　　）。

A. 煤矿企业应当保证安全生产教育和培训经费投入

B. 煤矿企业主要负责人和安全生产管理人员应当通过安全生产知识和管理能力考核

C. 煤矿特种作业人员应当经专门的安全技术培训和考核合格

D. 煤矿企业从业人员经县级人民政府负有煤矿安全监管职责的部门组织考核合格，方可上岗作业

12. 下列哪一项不是所有煤矿都应当配备的管理和技术人员？（　　）

A. 分管安全的副矿长

B. 总工程师

C. 负责机电的专业技术人员

D. 负责冲击地压防治的专职副总工程师

13. 对涉及井工煤矿的煤矿企业，下列说法错误的是（　　）。

A. 井工煤矿企业的负责人和生产经营管理人员应当轮流带班下井

B. 煤矿企业应当依法制定井下工作时间管理制度

C. 煤矿井下工作岗位可以使用经培训合格的劳务派遣用工

D. 煤矿井下作业人员实行安全限员制度

14. 关于煤矿使用的安全设备，下列说法错误的是（　　）。

A. 煤矿企业使用的安全设备应当符合国家标准或者行业标准

B. 煤矿企业应当建立安全设备台账和追溯、管理制度

C. 煤矿企业不得关闭、破坏直接关系生产安全的监控、报警、防护、救生设备

D. 煤矿企业应当尽快淘汰危及生产安全的设备

15. 关于煤矿使用炸药和爆破作业问题，下列说法正确的是（　　）。

A. 井工煤矿不得使用爆破方法作业

B. 井工煤矿应当优先选用煤矿许用炸药和电雷管

C. 井工煤矿应当按矿井瓦斯等级选用相应的煤矿许用炸药和电雷管

D. 爆破工作由专职或者兼职的爆破工承担

16. 关于露天煤矿边坡安全问题，下列说法错误的是（　　）。

A. 露天煤矿的采场边坡与重要建筑物、构筑物之间应当留有足够的安全距离

B. 煤矿企业应当定期对露天煤矿进行边坡稳定性评价

C. 边坡稳定性评价范围应当涵盖露天煤矿所有边坡

D. 达不到边坡稳定要求时，必须修改采矿设计，同时加强边坡监测工作

17. 关于矿山救护队，下列说法错误的是（　　）。

A. 煤矿应当有专职救护队为其服务

B. 煤矿企业必须设立专职矿山救护队

C. 未按照规定设立救护队的，责令限期改正，处 10 万元以上 20 万元以下的罚款

D. 发生事故时，专职救护队应当在 30 分钟内到达煤矿开展救援

18. 下列说法错误的是（　　）。

A. 煤矿不得超层开采

B. 煤矿不得越界开采

C. 采矿作业不得擅自开采保安煤柱

D. 采矿作业不得采用爆破、贯通巷道等方法

19. 关于煤矿生产能力，下列说法错误的是（　　）。

A. 超能力组织生产的属于重大事故隐患

B. 煤矿企业不得超能力组织生产

C. 因生产技术条件提高导致生产能力大大提升的，可以自行提高产量，无须重新核定其生产能力

D. 因地质条件变化导致生产能力发生较大降低的，应当依法重新核定其生产能力

20. 关于煤矿事故隐患排查治理制度，下列说法不正确的是（　　）。

A. 煤矿企业应当定期对所属煤矿进行安全检查

B. 煤矿企业应当建立健全事故隐患排查治理制度

C. 事故隐患排查治理情况应当定期向从业人员通报

D. 事故隐患排查情况应当每季度书面报告给县级以上人民政府负有煤矿安全生产监督管理职责的部门和所在地的矿山安全监察机构

四、多选题

1. 煤矿企业在生产活动中应该遵守的法规和标准包括（　　）。

A. 有关安全生产的法律法规

B.《煤矿安全规程》

C. 所有与安全生产有关的国家标准

D. 保障安全生产的行业标准

2. 关于煤矿建设项目，下列各个主体的职责说法正确的是（　　）。

A. 设计单位负责将其安全设施设计报省级人民政府负有煤矿安全生产监督管理职责的部门审查

B. 建设单位对煤矿建设项目安全管理负总责

C. 建设单位应当对参与煤矿建设项目的设计、施工、监理等单位进行统一协调管理

D. 施工单位应当按照批准的安全设施设计施工，不得擅自变更设计内容

3. 关于煤矿建设项目安全设施的设计，下列说法正确的是（　　）。

A. 建设单位应当委托具有建设工程设计企业资质的设计单位进行安全设施设计

B. 安全设施设计应当包括煤矿瓦斯、冲击地压、煤尘、顶板等主要灾害的防治措施

C. 煤矿建设项目的安全设施设计应当符合国家标准或者行业标准的要求

D. 煤矿建设项目需要对安全设施设计进行修改的，应当经原审批部门重新审查

4. 煤矿建设项目安全设施设计应当包括的主要灾害防治措施有（　　）。

A. 煤矿水、火灾害防治措施

B. 煤矿瓦斯灾害防治措施

C. 煤矿冲击地压防治措施

D. 煤矿顶板防治措施

5. 关于煤矿建设项目安全设施验收，下列说法错误的是（　　）。

A. 煤矿建设项目竣工投入生产或者使用前，应当由施工单位组织对安全设施进行验收

B. 煤矿建设项目竣工投入生产或者使用前，应当由煤矿组织对安全设施进行验收

C. 煤矿建设项目竣工投入生产或者使用前，由建设单位组织对安全设施进行验收

D. 煤矿建设项目安全设施可以等主体工程验收合格投入生产和使用后再进行验收

6. 下列主体中应当取得煤矿安全生产许可证的包括（　　）。

A. 煤矿

B. 煤矿企业

C. 煤矿企业的上级公司

D. 拥有下属煤矿的电力公司

7. 与《安全生产法》相比，《煤矿安全生产条例》针对煤矿企业安全生产管理机构和安全生产管理人员的职责增加的内容有（　　）。

A. 组织或者参与拟订作业规程

B. 组织开展安全生产法律法规宣传教育

C. 组织开展安全风险辨识评估

D. 发现威胁安全的紧急情况时，有权要求立即停止危险区域内的作业，撤出作业人员

8. 下列选项中不属于煤矿企业安全生产管理机构和安全生产管理人

员的职责的是（　　）。

A. 组织制定安全生产教育和培训计划

B. 组织开展安全生产法律法规宣传教育

C. 组织开展安全风险辨识评估，督促落实重大安全风险管控措施

D. 组织制定生产安全事故应急救援预案

9. 关于煤矿企业从业人员的权利，下列说法正确的是（　　）。

A. 煤矿企业从业人员有权拒绝违章指挥或者强令冒险作业

B. 煤矿企业不得因从业人员拒绝违章指挥而降低其工资、福利待遇

C. 对违章指挥和强令冒险作业的行为，煤矿企业从业人员有权向当地负有煤矿安全生产监督管理职责的部门和所在地矿山安全监察机构报告

D. 煤矿被政府决定关闭的，从业人员有权获得煤矿企业的经济补偿

10. 关于煤矿从业人员的安全生产职责，下列说法正确的是（　　）。

A. 严格落实岗位安全责任

B. 遵守煤矿企业安全生产规章制度和作业规程、操作规程

C. 参加安全生产教育和培训，掌握本职工作所需的安全生产知识，提高安全生产技能

D. 绝对服从煤矿矿长或者其他主管人员的一切指挥

11. 关于煤矿从业人员的安全培训与考核，下列说法错误的是（　　）。

A. 煤矿企业主要负责人应当通过安全生产知识和管理能力考核，考核合格方可上岗作业

B. 煤矿企业应当组织特种作业人员进行培训和考核，考核合格方可上岗作业

C. 煤矿劳务派遣工经安全生产教育和培训合格，方可下井作业

D. 煤矿企业从业人员经安全生产教育和培训合格，方可上岗作业

12.《煤矿安全生产条例》要求为煤矿配备“五职矿长”，“五职矿长”包括（　　）。

A. 专职矿长

B. 安全副矿长

C. 生产副矿长

D. 总工程师

13. 煤矿企业应当在下列哪些类型的煤矿设立相应的专门防治机构，配备专职副总工程师？（　　）

A. 煤（岩）与瓦斯（二氧化碳）突出煤矿

B. 低瓦斯煤矿与冲击地压煤矿

C. 煤层容易自燃的煤矿

D. 水文地质类型复杂和极复杂的煤矿

14. 煤矿企业应当建立健全领导带班下井制度，下列哪些人员属于规定的带班下井领导？（　　）

A. 矿长

B. 生产副矿长

C. 总工程师

D. 副总工程师

15. 关于劳动防护用品，下列说法正确的是（　　）。

A. 煤矿企业应当安排用于配备劳动防护用品的经费

B. 煤矿企业可以将购买劳动防护用品的费用发放给从业人员，由从业人员自己选购劳动防护用品

C. 劳动防护用品应当符合国家标准或者行业标准

D. 煤矿企业应当教育、监督从业人员正确佩戴和使用劳动防护用品

16. 关于煤矿从业人员的劳动保护，下列说法正确的是（　　）。

A. 煤矿企业应当为从业人员提供符合国家标准或者行业标准的劳动防护用品

B. 煤矿企业应当依法制定井下工作时间管理制度

C. 煤矿井下作业人员实行安全限员制度

D. 煤矿不得使用劳务派遣用工

17. 煤矿安全设备的全生命周期的每一个步骤，都应当符合国家标准或者行业标准，其中包括（　　）。

A. 设计、制造

B. 安装、使用

C. 检测、维修

D. 改造、报废

18. 关于煤矿安全设备，下列说法正确的是（　　）。

A. 煤矿安全设备从设计制造到报废全生命周期的每一个步骤都应当符合国家标准

B. 煤矿应当对设备设计、生产、购置、入库、使用、维护、保养、改造、报废等进行全流程记录并存档

C. 煤矿企业应当建立安全设备管理制度，对安全设备进行经常性维护、保养并定期检测，保证正常运转

D. 煤矿不得使用应当淘汰的危及生产安全的设备

19.《煤矿安全生产条例》要求煤矿企业建立安全设备管理的一系列制度，其中包括（　　）。

A. 安全设备采购制度

B. 安全设备台账和追溯制度

C. 安全设备管理制度

D. 安全设备淘汰制度

20. 关于煤矿安全设备、设施，下列被禁止的行为包括（　　）。

A. 煤矿企业不得关闭、破坏直接关系生产安全的监控、报警、防护、救生设备、设施

B. 煤矿企业不得篡改、隐瞒、销毁关系生产安全的监控、报警、防护、救生设备、设施的相关数据、信息

C. 煤矿企业不得以任何方式影响关系生产安全的监控、报警、防护、救生设备、设施的正常使用

D. 煤矿企业不得使用应当淘汰的危及生产安全的设备

21. 关于井工煤矿的安全生产条件要求，下列说法正确的是（　　）。

A. 应当有符合煤矿安全规程和国家标准或者行业标准规定的安全出口和运送人员装置

B. 应当有符合煤矿安全规程和国家标准或者行业标准规定的独立通风系统、安全监控系统、防尘供水系统、防灭火系统、供配电系统

C. 应当有反映煤矿实际情况的图纸

D. 应当按照规定进行瓦斯等级、冲击地压、煤层自燃倾向性和煤尘爆炸性鉴定

22.《煤矿安全生产条例》规定井工煤矿应当进行鉴定的项目包括（　　）。

A. 瓦斯等级

B. 冲击地压、煤层自燃倾向性

C. 煤（岩）与瓦斯（二氧化碳）突出的等级

D. 煤尘爆炸性

23. 关于井工煤矿的爆破作业，下列说法正确的是（　　）。

A. 应当使用煤矿许用炸药

B. 应当使用煤矿许用电雷管

C. 使用的炸药和电雷管应当与矿井瓦斯等级相适应

D. 爆破工作由专职或者兼职爆破工担任

24. 关于露天煤矿边坡问题的规定，下列说法正确的是（　　）。

A. 露天煤矿的采场边坡与重要建筑物、构筑物之间应当留有足够的安全距离

B. 露天煤矿的排土场边坡与重要建筑物、构筑物之间无安全距离要求

C. 煤矿企业应当定期对露天煤矿进行边坡稳定性评价

D. 达不到边坡稳定要求时，应当修改采矿设计或者采取安全措施，或者加强边坡监测工作

25. 关于煤矿企业的事故应急预案，下列说法正确的是（　　）。

A. 煤矿企业应当依法制定生产安全事故应急救援预案

B. 煤矿企业应急救援预案应当与所在地县级以上地方人民政府的突发事件应急预案相衔接

C. 煤矿企业生产安全事故应急救援预案应当由分管安全的负责人组织制定

D. 煤矿企业应当至少每半年组织 1 次生产安全事故应急救援预案演练

26. 煤矿开采过程中，下列哪些行为是被禁止的？（　　）

A. 超层开采

B. 越界开采

C. 开采保安煤柱

D. 采用可能危及相邻煤矿生产安全的决水、爆破、贯通巷道等危险方法

27. 煤矿开采有下列哪些情形之一的，应当编制专项设计？（　　）

A. 有煤（岩）与瓦斯（二氧化碳）突出的

B. 有冲击地压危险的

C. 在湖面下面开采煤矿的

D. 开采容易自燃和自燃煤层的

28.《煤矿安全生产条例》明确列举的危险作业包括（　　）。

A. 石门揭煤、探放水

B. 巷道贯通、清理煤仓

C. 强制放顶、火区密闭和启封

D. 动火以及爆破

29. 关于煤矿企业的安全风险分级管控制度，下列说法正确的是（　　）。

A. 煤矿企业应当开展安全风险辨识评估

B. 煤矿企业应当按照安全风险分级采取相应的管控措施

C. 组织建立并落实安全风险分级管控是主要负责人的职责之一

D. 煤矿企业安全管理机构在风险分级管控机制建设中的职责是“组织开展危险源辨识和评估，督促落实本单位重大危险源的安全管理措施”

30. 煤矿安全风险分级管控机制包括哪些内容？（　　）

A. 开展安全风险辨识评估

B. 按照安全风险分级采取相应的管控措施

C. 运用风险管控措施根除安全风险

D. 对风险管控措施落实的有效性进行监测、检查、评价和分析

31. 煤矿企业应当建立健全事故隐患排查治理制度，关于事故隐患排查治理制度，下列说法正确的是（　　）。

A. 排查并及时发现隐患
B. 管控隐患或者消除隐患
C. 向从业人员通报隐患排查治理情况
D. 向地方人民政府负有煤矿安全生产监督管理职责的部门报告隐患排查治理情况

32. 关于重大事故隐患报告制度，下列做法错误的是（　　）。
A. 煤矿企业将重大事故隐患排查治理情况电话向所在地矿山安全监察机构报告
B. 重大事故隐患排查治理情况的书面报告经分管安全的负责人签字后上报
C. 重大事故隐患排查治理情况的书面报告报县级以上负有煤矿安全生产监督管理职责的部门或者所在地矿山安全监察机构
D. 重大事故隐患排查治理情况每半年书面报告一次

33. 与《煤矿重大事故隐患判定标准》相比，《煤矿安全生产条例》在煤矿重大事故隐患判定标准方面新增了一些内容，下列哪些选项是新增内容？（　　）
A. 未按照规定采用双回路供电系统的
B. 未按照规定建立监控与通讯系统，或者系统不能正常运行的
C. 露天煤矿边坡角大于设计最大值或者边坡发生严重变形，未采取有效措施的
D. 有冲击地压危险，未采取有效措施的

34. 关于煤矿企业配合执法方面，下列说法错误的是（　　）。
A. 对于县级以上负有煤矿安全生产监督管理职责的部门的执法检查予以配合
B. 以影响生产为由拒绝矿山安全监察机构的监察执法
C. 按照要求如实提供有关情况
D. 对于负有煤矿安全生产监督管理职责的部门和矿山安全监察机构查处的事故隐患，煤矿企业应当尽快进行整改

35. 关于煤矿安全投入，下列说法正确的是（　　）。
A. 煤矿企业应当及时足额安排安全生产费用等资金

B. 煤矿企业主要负责人应当保证安全生产投入的有效实施

C. 煤矿企业的决策机构、主要负责人对安全生产资金投入不足导致的后果承担责任

D. 煤矿企业应当按照国家有关规定提取安全费用用于安全投入

五、简答题

1. 简述煤矿建设项目安全设施建设的规定。

2. 简述煤矿企业负责人的安全生产职责。

3. 简述《煤矿安全生产条例》对安全生产管理机构和管理人员职责的规定与《安全生产法》规定的不同。

4. 简述《煤矿安全生产条例》规定的煤矿从业人员的安全生产权利和义务。

5. 煤矿应该配备哪些负责人和专业技术人员？

6. 简述《煤矿安全生产条例》对煤矿企业设立矿山救护队的规定。

7. 简述需要编制专项设计的情形。

8.《煤矿安全生产条例》将哪些煤矿作业明确规定为煤矿危险作业？

9. 简述《煤矿安全生产条例》规定的重大事故隐患。

10. 简述煤矿企业主要负责人、安全生产管理机构和管理人员、从业人员在隐患排查治理中的职责。

第三节　习题答案及解析

一、辨析题答案及解析

1. 错。解析：根据《煤矿安全生产条例》第十四条的规定，“新建、改建、扩建煤矿工程项目（以下统称煤矿建设项目）的建设单位应当委托具有建设工程设计企业资质的设计单位进行安全设施设计”。设计经省级人民政府负有煤矿安全生产监督管理职责的部门审查批准后，方可委托施工单位施工，而不是委托施工单位进行设计。

2. 错。解析：根据《煤矿安全生产条例》第十四条的规定，安全设

施设计应当“报省、自治区、直辖市人民政府负有煤矿安全生产监督管理职责的部门审查”，不是报矿山安全监察机构审查。历史上煤矿建设项目安全设施设计确实由煤矿安全监察机构负责审查批准，但根据《国家矿山安全监察局职能配置、内设机构和人员编制规定》第四条第八项的规定，国家煤矿安全监察局更名为国家矿山安全监察局以后，煤矿建设项目安全设施设计审查的职责便移交给地方政府了。

3. 错。解析：根据《煤矿安全生产条例》第十四条的规定，“安全设施设计需要作重大变更的，应当报原审查部门重新审查，不得先施工后报批、边施工边修改”。所以只有“重大变更”才需要重新审查，如果仅仅是细枝末节的微小变更，则不需要报原审查部门重新审查。但是何为“重大变更”还需国家矿山安全监察局出台具体范围。2023 年 11 月，国家矿山安全监察局已出台了《非煤矿山建设项目安全设施重大变更范围》，《煤矿建设项目安全设施重大变更范围》也应该尽快出台。

4. 错。解析：根据《煤矿安全生产条例》第十五条的规定，“施工单位应当按照批准的安全设施设计施工，不得擅自变更设计内容”。即使负有煤矿建设经验的施工单位在施工中发现安全设施设计确实存在问题，也不能自行变更设计，而是应该向建设单位报告，由建设单位与设计单位协商处理。如果确需变更，应由设计单位变更设计；如果是重大变更，还需要报原审查部门重新审查。

5. 对。解析：虽然煤矿建设项目中设计、施工、监理等单位均负有安全职责，但是设计、施工、监理单位均是受建设单位委托承担某项任务的单位，因此《煤矿安全生产条例》第十五条规定，“煤矿建设项目的建设单位应当对参与煤矿建设项目的设计、施工、监理等单位进行统一协调管理，对煤矿建设项目安全管理负总责”。

6. 错。解析：根据《煤矿安全生产条例》第十六条的规定，“煤矿建设项目竣工投入生产或者使用前，应当由建设单位负责组织对安全设施进行验收，并对验收结果负责”。2014 年《安全生产法》修订前，高危建设项目安全设施的竣工验收确实由政府部门负责，但 2014 年《安全生产法》修订后，将高危建设项目安全设施的竣工验收修改为“矿山、金属冶炼建设项目和用于生产、储存危险物品的建设项目竣工投入生产或者使用前，应当由建设单位负责组织对安全设施进行验收；验收合格后，方可投入生产和使用。安全生产监督管理部门应当加强对建设单位验收活动和验收结果的监督核查”。《煤矿安全生产条例》的规定与《安全生产法》的规定保持一致。

7. 错。解析：《煤矿安全生产条例》第十九条规定，“煤矿企业应当设置安全生产管理机构并配备专职安全生产管理人员”。需要注意的是，其对于安全生产管理机构的设置和安全生产管理人员的配备比《安全生产法》作出了更加严格的要求。《安全生产法》第二十四条规定，“矿山、金属冶炼、建筑施工、运输单位和危险物品的生产、经营、储存、装卸单位，应当设置安全生产管理机构或者配备专职安全生产管理人员”。根据该法，配备专职安全生产管理人员但不设置安全生产管理机构也是合法的。但根据《煤矿安全生产条例》的规定，煤矿企业则应当设置安全生产管理机构，同时配备专职安全生产管理人员。

8. 错。解析：根据《煤矿安全生产条例》第十八条第二项的规定，煤矿企业主要负责人应当“组织制定并实施安全生产规章制度和作业规程、操作规程”。作业规程和操作规程是两个目的和内容不同的规程，没有替代关系，所以不是制定和实施“作业规程或者操作规程”。

9. 对。解析：根据《煤矿安全生产条例》第二十条第二款的规定，“对违章指挥和强令冒险作业的行为，煤矿企业从业人员有权拒绝并向县级以上地方人民政府负有煤矿安全生产监督管理职责的部门、所在地矿山安全监察机构报告”。虽然煤矿从业人员有服从管理的义务，但是煤矿企业的管理行为必须合法，对不合法的管理行为，从业人员有权拒绝。对此《劳动法》规定，“劳动者对用人单位管理人员违章指挥、强令冒险作业，有权拒绝执行”。《安全生产法》规定，“从业人员有权对本单位安全生产工作中存在的问题提出批评、检举、控告；有权拒绝违章指挥和强令冒险作业”。拒绝违章指挥、强令冒险作业是从业人员的重要权利。煤矿企业不得因从业人员拒绝违章指挥或者强令冒险作业而降低其工资、福利等待遇，无正当理由调整工作岗位，或者解除与其订立的劳动合同。

10. 对。解析：根据《煤矿安全生产条例》第二十一条的规定，“煤矿企业主要负责人和安全生产管理人员应当通过安全生产知识和管理能力考核，并持续保持相应水平和能力”。需要注意的是有关煤矿安全培训的部门规章中，将“安全生产管理人员”作了扩大解释。如根据《煤矿安全培训规定》第十条的规定，煤矿企业安全生产管理人员，是指煤矿企业分管安全、采煤、掘进、通风、机电、运输、地测、防治水、调度等工作的副董事长、副总经理、副局长、副矿长，总工程师、副总工程师和技术负责人，安全生产管理机构负责人及其管理人员，采煤、掘进、通风、机电、运输、地测、防治水、调度等职能部门（含煤矿井、区、科、队）负责人。这一规定将煤矿企业其他负责人和其他职能部门的负责人都归入了安全生产管理人员范畴。

11. 错。解析：根据《煤矿安全生产条例》第二十二条的规定，“煤矿企业应当为煤矿分别配备专职矿长、总工程师，分管安全、生产、机电的副矿长以及专业技术人员”，并未要求全部煤矿企业配备副总工程师，只要求“对煤（岩）与瓦斯（二氧化碳）突出、高瓦斯、冲击地压、煤层容易自燃、水文地质类型复杂和极复杂的煤矿，还应当设立相应的专门防治机构，配备专职副总工程师”。

12. 错。解析：《煤矿安全生产条例》第二十二条要求“对煤（岩）与瓦斯（二氧化碳）突出、高瓦斯、冲击地压、煤层容易自燃、水文地质类型复杂和极复杂的煤矿，还应当设立相应的专门防治机构，配备专职副总工程师”。因此副总工程师应当是“专职”的，不是“兼职”的。

13. 对。解析：根据《煤矿安全生产条例》第二十三条的规定，“煤矿企业应当按照国家有关规定建立健全领导带班制度并严格考核”。理解这一条款时需要注意两个问题：第一，何为“国家有关规定”？参照《煤矿重大事故隐患判定标准》第十九条，国家规定是指“有关法律、行政法规、部门规章、国家标准、行业标准，以及国务院及其应急管理部门、国家矿山安全监察机构依法制定的行政规范性文件”。关于煤矿领导带班下井问题，原国家安全生产监督管理总局颁布的《煤矿领导带班下井及安全监督检查规定》，属于国家有关规定。第二，本条款要求煤矿企业应当按照国家有关规定建立健全本企业的领导带班制度，将《煤矿领导带班下井及安全监督检查规定》的内容结合本企业实际情况加以具体化。

14. 对。解析：根据《煤矿安全生产条例》第二十四条的规定，“煤矿井下作业人员实行安全限员制度”。2018 年 12 月，国家煤矿安全监察局出台了《煤矿井下单班作业人数限员规定（试行）》，2023 年 9 月，国家矿山安全监察局颁布了新的《煤矿单班入井（坑）作业人数限员规定》，这是煤矿企业执行安全限员制度的重要依据。

15. 错。解析：根据《煤矿安全生产条例》第二十五条第三款的规定，“煤矿企业不得使用应当淘汰的危及生产安全的设备、工艺，具体目录由国家矿山安全监察机构制定并公布”。根据第三十六条的规定，“使用应当淘汰的危及生产安全的设备、工艺的”属于重大事故隐患。因此不是“尽快停用”，而是不得使用。

16. 错。解析：《煤矿安全生产条例》第二十六条规定，“煤矿的采煤、掘进、机电、运输、通风、排水、排土等主要生产系统和防瓦斯、防煤（岩）与瓦斯（二氧化碳）突出、防冲击地压、防火、防治水、防尘、防热害、防滑坡、监控与通讯等安全设施，应当符合煤矿安全规程和国家标准或者行业标准规定的管理和技术要求”。理解该条规定需要注意三点：第一，国家标准与行业标准之间是选择关系，凡是有国家标准的，就不再需要行业标准，只有未出台国家标准的，才适用行业标准；第二，煤矿安全规程与标准之间是并列关系，既要符合煤矿安全规程的要求，也要符合国家标准或者行业标准的要求；第三，“要求”，既包括管理要求，也包括技术要求。

17. 错。解析：根据《煤矿安全生产条例》第二十九条的规定，“煤矿企业应当设立专职救护队；不具备设立专职救护队条件的，应当设立兼职救护队，并与邻近的专职救护队签订救护协议。发生事故时，专职救护队应当在规定时间内到达煤矿开展救援”。法律用语的“应当”与“必须”有一定的区别，“应当”允许有例外。所以《煤矿安全生产条例》要求的“煤矿企业应当设立专职救护队”不等于“必须”。《煤矿安全生产条例》允许不具备设立专职救护队条件的，可以设立兼职救护队，并与邻近的专职救护队签订救护协议。

18. 错。解析：《煤矿安全生产条例》第三十一条规定，“煤矿企业不得超能力、超强度或者超定员组织生产”。根据第三十六条的规定，“超能力、超强度或者超定员组织生产的”属于重大事故隐患。地方政府不得为了经济目的，要求煤矿企业超能力、超强度或者超定员组织生产。即使有些地方政府逾越了“发展决不能以牺牲安全为代价”这条红线向煤矿企业下达超能力生产的指标，煤矿企业也应当拒绝。

19. 错。解析：《煤矿安全生产条例》第三十五条规定，“重大事故隐患排查治理情况的书面报告经煤矿企业负责人签字后，每季度报县级以上地方人民政府负有煤矿安全生产监督管理职责的部门和所在地矿山安全监察机构”。由此可知，要求煤矿企业报送的是“重大事故隐患排查治理情况”，而不是“重大事故隐患”。

20. 错。解析：《煤矿安全生产条例》第三十八条规定：“煤矿企业应当及时足额安排安全生产费用等资金，确保符合安全生产要求。煤矿企业的决策机构、主要负责人对由于安全生产所必需的资金投入不足导致的后果承担责任。”第十八条规定“保证安全生产投入的有效实施”为煤矿企业主要负责人的职责。所以保证安全生产投入的有效实施的责任人是主要负责人而不是分管财务的负责人。

二、填空题答案及依据

1. 煤矿安全规程、行业标准，答案依据：《煤矿安全生产条例》第十三条。

2. 建设单位、资质，答案依据：《煤矿安全生产条例》第十四条。

3. 瓦斯、顶板，答案依据：《煤矿安全生产条例》第十四条。

4. 安全设施设计、审查，答案依据：《煤矿安全生产条例》第十四条。

5. 重大变更、边施工，答案依据：《煤矿安全生产条例》第十四条。

6. 施工、负总责，答案依据：《煤矿安全生产条例》第十五条。

7. 并、专职，答案依据：《煤矿安全生产条例》第十九条。

8. 违章指挥、违反规程，答案依据：《煤矿安全生产条例》第十九条。

9. 危险区域、作业人员，答案依据：《煤矿安全生产条例》第十九条。

10. 作业规程、岗位安全责任，答案依据：《煤矿安全生产条例》第二十条。

11. 拒绝、矿山安全监察机构，答案依据：《煤矿安全生产条例》第二十条。

12. 工资、劳动合同，答案依据：《煤矿安全生产条例》第二十条。

13. 管理能力、持续保持，答案依据：《煤矿安全生产条例》第二十一条。

14. 专门的、相应资格，答案依据：《煤矿安全生产条例》第二十一条。

15. 总工程师、生产，答案依据：《煤矿安全生产条例》第二十二条。

16. 负责人、生产经营管理人员，答案依据：《煤矿安全生产条例》第二十三条。

17. 国家标准、使用规则，答案依据：《煤矿安全生产条例》第二十四条。

18. 使用、改造，答案依据：《煤矿安全生产条例》第二十五条。

19. 维护、维修，答案依据：《煤矿安全生产条例》第二十五条。

20. 生产安全、相关数据，答案依据：《煤矿安全生产条例》第二十六条。

21. 安全监控系统、防灭火系统，答案依据：《煤矿安全生产条例》第二十七条。

22. 和、或者，答案依据：《煤矿安全生产条例》第二十七条。

23. 瓦斯等级、煤尘爆炸性，答案依据：《煤矿安全生产条例》第二十七条。

24. 煤矿许用、专职爆破工，答案依据：《煤矿安全生产条例》第二十七条。

25. 排土场、安全距离，答案依据：《煤矿安全生产条例》第二十八条。

26. 稳定性评价、安全措施，答案依据：《煤矿安全生产条例》第二十八条。

27. 所在地、组织演练，答案依据：《煤矿安全生产条例》第二十九条。

28. 兼职救护队、专职救护队，答案依据：《煤矿安全生产条例》第二十九条。

29. 开采范围内、越界，答案依据：《煤矿安全生产条例》第三十条。

30. 擅自、相邻煤矿，答案依据：《煤矿安全生产条例》第三十条。

31. 生产技术条件、生产能力，答案依据：《煤矿安全生产条例》第三十一条。

32. 类型、灾害预防，答案依据：《煤矿安全生产条例》第三十二条。

33. 下压煤、灾害治理，答案依据：《煤矿安全生产条例》第三十三条。

34. 安全技术措施、专门人员，答案依据：《煤矿安全生产条例》第三十四条。

35. 辨识评估、管控措施，答案依据：《煤矿安全生产条例》第三十五条。

36. 健全、管理，答案依据：《煤矿安全生产条例》第三十五条。

37. 按照规定、正常运行，答案依据：《煤矿安全生产条例》第三十六条。

38. 安全生产许可证、采掘工作面，答案依据：《煤矿安全生产条例》第三十六条。

39. 边生产、改扩建的区域，答案依据：《煤矿安全生产条例》第三十六条。

40. 安全生产要求、决策机构，答案依据：《煤矿安全生产条例》第三十八条。

三、单选题答案及解析

1. B。解析：《煤矿安全生产条例》第十三条规定：“煤矿企业应当遵守有关安全生产的法律法规以及煤矿安全规程，执行保障安全生产的国家标准或者行业标准。”故B选项正确。

《标准化法》第二条规定，“本法所称标准（含标准样品），是指农业、工业、服务业以及社会事业等领域需要统一的技术要求”“标准包括国家标准、行业标准、地方标准和团体标准、企业标准”“国家标准分为强制性标准、推荐性标准，行业标准、地方标准是推荐性标准”“强制性标准必须执行。国家鼓励采用推荐性标准”。

理解《煤矿安全生产条例》第十三条时需要注意两点：第一，《安全生产法》和《煤矿安全生产条例》与《标准化法》的规定并不一致。《标准化法》规定行业标准属于推荐性标准，但在安全生产领域，行业标准又分为强制性行业标准和推荐性行业标准，不是将所有的行业标准都归入推荐性标准范畴。第二，《安全生产法》和《煤矿安全生产条例》没有使用“强制性标准”概念，而是使用了“保障安全生产的国家标准或者行业标准”概念，可以理解为具有“保障安全生产”功能的国家标准或者行业标准均属于强制性标准，现实中存在的推荐性标准，均不具有“保障”功能。需要注意，国际标准对我国企业并不具有强制力，但企业可以自愿采用并申请认证。

2. C。解析：《煤矿安全生产条例》第十四条第一款规定，“新建、改建、扩建煤矿工程项目（以下统称煤矿建设项目）的建设单位应当委托具有建设工程设计企业资质的设计单位进行安全设施设计”。故 C 选项正确。

煤矿建设活动往往牵扯多个主体，如建设单位、勘察单位、设计单位、施工单位、监理单位，但建设单位是中心，其他单位都是接受建设单位的委托为建设单位服务的，因此建设单位才是委托方，设计单位、施工单位、监理单位、勘察单位都是被委托方。故 A、B、D 选项错误。

3. A。解析：《煤矿安全生产条例》第十四条第二款规定，“安全设施设计应当包括煤矿水、火、瓦斯、冲击地压、煤尘、顶板等主要灾害的防治措施，符合国家标准或者行业标准的要求，并报省、自治区、直辖市人民政府负有煤矿安全生产监督管理职责的部门审查”。故 A 选项正确。

省级人民政府的煤炭行业主管部门，即能源部门。根据《国家矿山安全监察局职能配置、内设机构和人员编制规定》，“能源部门从行业规划、产业政策、法规标准、行政许可等方面加强煤矿安全生产工作，负责指导和组织拟订煤炭行业规范和标准”。所以能源部门不负责安全设施设计审查。B 选项错误。

根据《国家矿山安全监察局职能配置、内设机构和人员编制规定》，国家煤矿安全监察局更名为国家矿山安全监察局后，“将煤矿安全生产许可、建设工程安全设施设计审查和竣工验收核查、检验检测机构认证、相关人员培训等事项移交给地方政府”。因此 C、D 选项错误。

4. D。解析：《煤矿安全生产条例》第十四条第二款规定，“安全设施设计需要作重大变更的，应当报原审查部门重新审查，不得先施工后报批、边施工边修改”。故 D 选项正确，A、B、C 选项错误。

5. A。解析：根据《煤矿安全生产条例》第十五条的规定，“煤矿建设项目的建设单位应当对参与煤矿建设项目的设计、施工、监理等单位进行统一协调管理，对煤矿建设项目安全管理负总责”。故 A 选项正确。

工程建设活动往往牵扯建设单位、设计单位、施工单位、监理单位等多个主体，但建设单位是中心，其他单位都是接受建设单位的委托为建设单位服务的，各自对自己受委托的工作负责，因此只有建设单位才对煤矿建设项目安全管理负总责，其他单位都不需要对煤矿建设项目安全管理负总责。故 B、C、D 选项错误。

6. D。解析：根据《煤矿安全生产条例》第十五条的规定，“煤矿建设项目的建设单位应当对参与煤矿建设项目的设计、施工、监理等单位进行统一协调管理，对煤矿建设项目安全管理负总责”。因此 D 选项正确。

在煤矿建设活动中，设计、施工、监理等单位均是接受煤矿建设单位的委托而参与煤矿建设活动的，因此作为委托单位，煤矿建设单位应当对被委托方进行统一协调管理。A、B、C 选项均属于政府部门，在煤矿建设项目中，对设计、施工、监理等单位具有相应的监督管理职权，但并非是统一协调管理，因此这三个选项均不正确。

7. B。解析：根据《煤矿安全生产条例》第十四条第一款的规定，“新建、改建、扩建煤矿工程项目（以下统称煤矿建设项目）的建设单位应当委托具有建设工程设计企业资质的设计单位进行安全设施设计”。因此 A 选项正确，B 选项错误。根据第十四条第二款的规定，“安全设施设计应当包括煤矿水、火、瓦斯、冲击地压、煤尘、顶板等主要灾害的防治措施”“安全设施设计需要作重大变更的，应当报原审查部门重新审查，不得先施工后报批、边施工边修改”。因此 C、D 选项正确。故 B 选项符合题意。

8. C。解析：根据《煤矿安全生产条例》第十六条的规定，“煤矿建设项目竣工投入生产或者使用前，应当由建设单位负责组织对安全设施进行验收，并对验收结果负责”。故 C 选项正确。

《煤矿安全监察条例》规定，“煤矿建设工程竣工后或者投产前，应当经煤矿安全监察机构对其安全设施和条件进行验收；未经验收或者验收不合格的，不得投入生产”。但是 2014 年修改的《安全生产法》，明确规定“矿山、金属冶炼建设项目和用于生产、储存危险物品的建设项目竣工投入生产或者使用前，应当由建设单位负责组织对安全设施进行验收；验收合格后，方可投入生产和使用”。根据上位法优于下位法的原则，《煤矿安全监察条例》的该项规定便失去了效力。故 A 选项错误。

根据《煤矿安全生产条例》第四十一条第二款的规定，“省、自治区、直辖市人民政府负有煤矿安全生产监督管理职责的部门应当加强对建设单位安全设施验收活动和验收结果的监督核查”。故省级人民政府负责煤矿安全监管的部门的职责是对验收活动和验收结果进行监督核查，而非直接组织验收活动。故 B 选项错误。

监理单位只是受建设单位委托负责工程监理的单位，并非建设项目的产权单位，也不是验收活动的组织单位。故 D 选项错误。

9. C。解析：《煤矿安全生产条例》第十八条规定的煤矿企业主要负责人的七项职责与《安全生产法》规定的生产经营单位主要负责人的七项职责基本一致，仅在第二项中增加了“作业规程”故 C 选项正确。D 选项虽然没有规定在七项职责中，但《安全生产法》第五十条规定“生产经营单位发生生产安全事故时，单位的主要负责人应当立即组织抢救”；《煤矿安全生产条例》第五十九条规定：“发生煤矿生产安全事故后，煤矿企业及其负责人应当迅速采取有效措施组织抢救”，因此 D 选项并非增加的职责。

10. A。解析：根据《煤矿安全生产条例》第十九条的规定，煤矿企业安全生产管理机构和安全生产管理人员共有八项职责，在有关制度、规程、方案的制定方面，其职责为“组织或者参与拟订”，其身份是“组织者”或者“参与者”，而非“负责制定”。这样的制度规定，可以起到“多元参与”甚至“全员参与”的效果，避免产生“安全的事都归安全管理机构负责”的错误理念。因此 A 选项错误，符合题意。B、C、D 均属于八项职责，但不符合题意。

11. D。解析：根据《煤矿安全生产条例》第二十一条的规定，“煤矿企业主要负责人和安全生产管理人员应当通过安全生产知识和管理能力考核，并持续保持相应水平和能力”“煤矿企业从业人员经安全生产教育和培训合格，方可上岗作业。煤矿企业特种作业人员应当按照国家有关规定经专门的安全技术培训和考核合格，并取得相应资格”。因此 B、C 两个选项正确。第二十一条虽然没有 A 选项的直接规定，但是《安全生产法》有“生产经营单位应当安排用于配备劳动防护用品、进行安全生产培训的经费”的规定，《安全生产法》和《煤矿安全生产条例》规定的主要负责人职责都有“保证安全生产投入的有效实施”，其中的“安全生产投入”就包括“安全生产教育和培训经费投入”，因此 A 选项也是正确的。对于“三项岗位”以外人员的考核，《煤矿安全生产条例》仅规定“煤矿企业从业人员经安全生产教育和培训合格，方可上岗作业”“培训合格”一般都是煤矿企业对培训进行考核，或者如果煤矿企业委托其他机构进行培训时，也可以委托培训机构负责考核，总之没有政府部门负责考核的要求。故 D 选项错误，符合题意。

12. D。解析：根据《煤矿安全生产条例》第二十二条第一款的规定，“煤矿企业应当为煤矿分别配备专职矿长、总工程师，分管安全、生产、机电的副矿长以及专业技术人员”。故 A、B、C 选项均符合法条规定，是所有煤矿都应当配备的分管负责人和技术人员。根据第二十二条第二款的规定，“对煤（岩）与瓦斯（二氧化碳）突出、高瓦斯、冲击地压、煤层容易自燃、水文地质类型复杂和极复杂的煤矿，还应当设立相应的专门防治机构，配备专职副总工程师”。所以“负责冲击地压防治的专职副总工程师”只有存在冲击地压的煤矿才需要配备专职副总工程师，并非所有煤矿都要配备。故 D 选项符合题意。

13. C。解析：根据《煤矿安全生产条例》第二十三条第二款的规定，“井工煤矿企业的负责人和生产经营管理人员应当轮流带班下井，并建立下井登记档案”。故 A 选项正确。根据第二十四条第二款的规定，“煤矿井下作业人员实行安全限员制度。煤矿企业应当依法制定井下工作时间管理制度。煤矿井下工作岗位不得使用劳务派遣用工”。故 B、D 选项正确。

该款明确规定“煤矿井下工作岗位不得使用劳务派遣用工”，所以即使培训后具备了相关的安全生产知识和安全操作技能，只要是劳务派遣工身份，就不能使用。故 C 选项错误，符合题意。

14. D。解析：根据《煤矿安全生产条例》第二十五条第一款和第二款的规定，“煤矿企业使用的安全设备的设计、制造、安装、使用、检测、维修、改造和报废，应当符合国家标准或者行业标准”“煤矿企业应当建立安全设备台账和追溯、管理制度，对安全设备进行经常性维护、保养并定期检测，保证正常运转，对安全设备购置、入库、使用、维护、保养、检测、维修、改造、报废等进行全流程记录并存档”。故 A、B 选项正确。根据第二十六条第二款的规定，“煤矿企业及其有关人员不得关闭、破坏直接关系生产安全的监控、报警、防护、救生设备、设施，或者篡改、隐瞒、销毁其相关数据、信息，不得以任何方式影响其正常使用”。故 C 选项正确。根据第二十五条第三款的规定，“煤矿企业不得使用应当淘汰的危及生产安全的设备、工艺，具体目录由国家矿山安全监察机构制定并公布”。因此不是尽快淘汰危及生产安全的设备，而是不得使用。根据第三十六条的规定，使用应当淘汰的危及生产安全的设备属于重大事故隐患。因此 D 选项错误，符合题意。

15. C。解析：根据《煤矿安全生产条例》第二十七条第二款的规定，“井工煤矿应当按矿井瓦斯等级选用相应的煤矿许用炸药和电雷管，爆破工作由专职爆破工承担”。因此井工煤矿选用炸药和实施爆破作业都有严格规定，但并不禁止使用爆破方法作业。A、B、D 选项都是错误的，只有 C 选项正确。

16. D。解析：《煤矿安全生产条例》第二十八条规定“露天煤矿的采场及排土场边坡与重要建筑物、构筑物之间应当留有足够的安全距离”“煤矿企业应当定期对露天煤矿进行边坡稳定性评价，评价范围应当涵盖露天煤矿所有边坡。达不到边坡稳定要求时，应当修改采矿设计或者采取安全措施，同时加强边坡监测工作”。因此 A、B、C 三个选项符合法条规定，是正确的。当达不到边坡稳定要求时，《煤矿安全生产条例》规定两种应对措施，煤矿企业可以选择“修改采矿设计”或者“采取安全措施”，都是合法的，因此 D 选项错误，符合题意。

17. B。解析：根据《煤矿安全生产条例》第二十九条的规定，“煤矿企业应当设立专职救护队；不具备设立专职救护队条件的，应当设立兼职救护队，并与邻近的专职救护队签订救护协议。发生事故时，专职救护队应当在规定时间内到达煤矿开展救援”。根据上述规定，煤矿企业原则上应当设立专职救护队，不具备条件的，应当与邻近的专职救护队签订救护协议。只要保证有专职矿山救护队为其服务，就是合法的，故A选项正确。《煤矿安全生产条例》允许不具备设立专职救护队条件的，通过与邻近的专职救护队签订救护协议获得救护服务，但同时应该设立兼职救护队，并不要求必须设立专职救护队。故B选项错误，符合题意。需要注意的是，立法中“应当”与“必须”的含义是有区别的。《煤矿安全规程》第七百二十一条对“必须”和“应当”的解释可供我们理解法条时参考。表示很严格，非这样做不可的，用“必须”；表示严格，在正常情况下均应这样做的，用“应当”。换言之，“应当”是允许有例外的情况，但“必须”不允许有例外情况。

根据《煤矿安全生产条例》第六十三条的规定，煤矿企业未按照规定设立救护队的，责令限期改正，处10万元以上20万元以下的罚款；逾期未改正的，责令停产整顿，并处20万元以上50万元以下的罚款，对其直接负责的主管人员和其他直接责任人员处3万元以上5万元以下的罚款。故C选项正确。注意该条的用词是“未按照规定设立救护队”，理解时注意两点：一是救护队包括专职和兼职两种，如果不具备设立专职救护队条件的，也应当设立兼职救护队，二者都没有，一定是违法的，应受到处罚；二是设立救护队要“按照规定”，除《煤矿安全生产条例》的规定外，还包括其他规定。如按照相关规定具备设立专职救护队的，只设立了兼职救护队也是违法的，也应该受到处罚。

根据《煤矿安全生产条例》第二十九条第二款的规定，“发生事故时，专职救护队应当在规定时间内到达煤矿开展救援”。根据《煤矿安全规程》第六百七十六条的规定，矿山救护队到达服务煤矿的时间应当不超过30分钟。故D选项正确。

18. D。解析：《煤矿安全生产条例》第三十条规定：“煤矿企业应当在依法确定的开采范围内进行生产，不得超层、越界开采。采矿作业不得擅自开采保安煤柱，不得采用可能危及相邻煤矿生产安全的决水、爆破、贯通巷道等危险方法。”由此可知，A、B、C 选项正确，D 选项错误。根据该条，当爆破、贯通巷道等方法可能危及相邻煤矿生产安全时，才被禁止。如果不会危及相邻煤矿生产安全，则可以按照《煤矿安全规程》的规定使用这些方法。因此 D 选项符合题意。

19. C。解析：《煤矿安全生产条例》第三十六条规定，超能力、超强度或者超定员组织生产的属于重大事故隐患，故 A 选项正确。根据第三十一条的规定，“煤矿企业不得超能力、超强度或者超定员组织生产。正常生产煤矿因地质、生产技术条件、采煤方法或者工艺等发生变化导致生产能力发生较大变化的，应当依法重新核定其生产能力”。故 B 选项正确。本条中“生产能力发生较大变化”既包括生产能力较大下降，也包括较大提升，都应该依法重新核定其生产能力，故 C 选项错误，D 选项正确，C 选项符合题意。另外，应急管理部、国家矿山安全监察局、国家发展改革委、国家能源局于 2021 年 4 月修订了《煤矿生产能力管理办法》和《煤矿生产能力核定标准》，可以供学习者参考。

20. D。解析：《煤矿安全生产条例》第三十五条的规定，“煤矿企业应当建立健全事故隐患排查治理制度，采取技术、管理措施，及时发现并消除事故隐患。事故隐患排查治理情况应当如实记录，并定期向从业人员通报。重大事故隐患排查治理情况的书面报告经煤矿企业负责人签字后，每季度报县级以上地方人民政府负有煤矿安全生产监督管理职责的部门和所在地矿山安全监察机构”“煤矿企业应当加强对所属煤矿的安全管理，定期对所属煤矿进行安全检查”。根据该条规定，A、B、C 选项正确，但 D 选项扩大了事故排查治理情况的报告范围。事故隐患分为一般事故隐患和重大事故隐患，法条仅要求向县级以上人民政府负有煤矿安全生产监督管理职责的部门和所在地的矿山安全监察机构报告重大事故隐患的排查治理情况，并非全部事故隐患的排查治理情况，因此 D 选项错误，符合题意。

四、多选题答案及解析

1. ABD。解析：《煤矿安全生产条例》第十三条规定：“煤矿企业应当遵守有关安全生产的法律法规以及煤矿安全规程，执行保障安全生产的国家标准或者行业标准。”其中“煤矿安全规程”未加书名号，可以作广义理解，但必然包括《煤矿安全规程》。故 A、B、D 选项正确。C 选项中“所有的与安全生产有关的国家标准”与法条规定不一致。国家标准分为强制性标准和推荐性标准，推荐性标准不具有强制性。《煤矿安全生产条例》虽然没有使用上述两个概念，但可以认为具有“保障安全生产”功能的标准为强制性标准。故 C 选项错误。

2. BCD。解析：《煤矿安全生产条例》第十四条规定：“新建、改建、扩建煤矿工程项目（以下统称煤矿建设项目）的建设单位应当委托具有建设工程设计企业资质的设计单位进行安全设施设计。安全设施设计应当包括煤矿水、火、瓦斯、冲击地压、煤尘、顶板等主要灾害的防治措施，符合国家标准或者行业标准的要求，并报省、自治区、直辖市人民政府负有煤矿安全生产监督管理职责的部门审查。安全设施设计需要作重大变更的，应当报原审查部门重新审查，不得先施工后报批、边施工边修改。”由此可知，设计单位仅是受建设单位的委托提供设计方案的单位，其设计的方案须经建设单位，即煤矿企业报政府批准，而非设计单位负责报送批准。故 A 选项错误。《煤矿安全生产条例》第十五条规定：“煤矿建设项目的建设单位应当对参与煤矿建设项目的设计、施工、监理等单位进行统一协调管理，对煤矿建设项目安全管理负总责。施工单位应当按照批准的安全设施设计施工，不得擅自变更设计内容。”故 B、C、D 选项正确。

3. ABC。解析：根据《煤矿安全生产条例》第十四条第一款的规定，“新建、改建、扩建煤矿工程项目（以下统称煤矿建设项目）的建设单位应当委托具有建设工程设计企业资质的设计单位进行安全设施设计”。故 A 选项正确。根据第十四条第二款的规定，“安全设施设计应当包括煤矿水、火、瓦斯、冲击地压、煤尘、顶板等主要灾害的防治措施，符合国家标准或者行业标准的要求，并报省、自治区、直辖市人民政府负有煤矿安全生产监督管理职责的部门审查。安全设施设计需要作重大变更的，应当报原审查部门重新审查，不得先施工后报批、边施工边修改”。由此可知 B、C 选项正确，但 D 选项不正确。立法仅要求“安全设施设计需要作重大变更的”，才需要履行重新审查的程序，对细枝末节的修改则不需要经原审批部门重新审查，因此D选项错误。

4. ABCD。解析：根据《煤矿安全生产条例》第十四条第二款的规定，“安全设施设计应当包括煤矿水、火、瓦斯、冲击地压、煤尘、顶板等主要灾害的防治措施”。故A、B、C、D选项全部属于法定的主要灾害防治措施。

5. ABD。解析：《煤矿安全生产条例》第十六条规定：“煤矿建设项目竣工投入生产或者使用前，应当由建设单位负责组织对安全设施进行验收，并对验收结果负责；经验收合格后，方可投入生产和使用。”A、B选项错误。施工单位不能自己施工，自己验收，施工单位受委托为建设单位建设，主体工程及安全设施建设是否合格，应由建设单位进行验收。煤矿作为煤矿企业的内部单元，不是法律上独立的主体，也不是《煤矿安全生产条例》的建设单位，所以煤矿负责验收也是错误的。C选项符合法条规定，是正确的。《煤矿安全生产条例》虽然没有对主体工程验收与安全设施验收程序作出规定，但根据《安全生产法》第三十一条的规定，“生产经营单位新建、改建、扩建工程项目（以下统称建设项目）的安全设施，必须与主体工程同时设计、同时施工、同时投入生产和使用”。所以D选项是错误的。故A、B、D选项符合题意。

6. ABCD。解析：《煤矿安全生产条例》第十七条规定：“煤矿企业进行生产，应当依照《安全生产许可证条例》的规定取得安全生产许可证。未取得安全生产许可证的，不得生产。”因此需要结合《安全生产许可证条例》的规定理解本条规定。根据《安全生产许可证条例》第七条的规定，“煤矿企业应当以矿（井）为单位，依照本条例的规定取得安全生产许可证”。因此煤矿企业和煤矿都应当取得安全生产许可证，A、B选项正确。根据《煤矿企业安全生产许可证实施办法》第三条的规定，煤矿企业除本企业申请办理安全生产许可证外，其所属矿（井、露天坑）也应当申请办理安全生产许可证，一矿（井、露天坑）一证。煤矿企业实行多级管理的，其上级煤矿企业也应当申请办理安全生产许可证。因此C选项正确。另外，对煤矿企业的理解应该关注其实质，而非表面。电力公司一旦拥有自己的煤矿，这样的电力公司就成了煤矿企业，也应该申请办理煤矿安全生产许可证。因此D选项也是正确的。

7. ABD。解析：通过比对《安全生产法》与《煤矿安全生产条例》，后者规定的煤矿企业安全生产管理机构和安全生产管理人员的职责有如下变化：①增加了“组织或者参与拟订作业规程”；②增加了“组织开展安全生产法律法规宣传教育”；③将“督促落实本单位重大危险源的安全管理措施”修改为“督促落实重大安全风险管控措施”；④将“制止和纠正违章指挥、强令冒险作业、违反操作规程的行为”改为“制止和纠正违章指挥、强令冒险作业、违反规程的行为”，即规程包含了“作业规程和操作规程”；⑤增加了“发现威胁安全的紧急情况时，有权要求立即停止危险区域内的作业，撤出作业人员”；⑥增加了“对事故隐患排查治理情况进行统计分析”。故 A、B、D 选项正确。C 选项在《安全生产法》和《煤矿安全生产条例》都有规定，不是新增内容，故 C 选项错误。

8. AD。解析：根据《煤矿安全生产条例》第十九条的规定，“组织开展安全生产法律法规宣传教育”“组织开展安全风险辨识评估，督促落实重大安全风险管控措施”分别是煤矿企业安全生产管理机构和安全生产管理人员八项职责中的第三项和第四项职责。根据《煤矿安全生产条例》第十八条的规定，A、D 选项属于煤矿企业主要负责人的职责。故 A、D 选项符合题意。

9. ABCD。解析：根据《煤矿安全生产条例》第二十条的规定，“对违章指挥和强令冒险作业的行为，煤矿企业从业人员有权拒绝并向县级以上地方人民政府负有煤矿安全生产监督管理职责的部门、所在地矿山安全监察机构报告”“煤矿企业不得因从业人员拒绝违章指挥或者强令冒险作业而降低其工资、福利等待遇，无正当理由调整工作岗位，或者解除与其订立的劳动合同”。故 A、B、C 选项都是正确的。另外，第七十条规定，有关地方人民政府对煤矿作出予以关闭的决定，应当“妥善处理劳动关系，依法依规支付经济补偿、工伤保险待遇，组织离岗时职业健康检查，偿还拖欠工资，补缴欠缴的社会保险费”。另外，根据《劳动合同法》的规定，用人单位被吊销营业执照、责令关闭、撤销或者用人单位决定提前解散的劳动合同终止，用人单位应当向劳动者支付经济补偿。因此 D 选项也是正确的。

10. ABC。解析：《煤矿安全生产条例》第二十条规定了煤矿从业人员的三项安全生产职责，包括：①遵守煤矿企业安全生产规章制度和作业规程、操作规程，严格落实岗位安全责任；②参加安全生产教育和培训，掌握本职工作所需的安全生产知识，提高安全生产技能，增强事故预防和应急处理能力；③及时报告发现的事故隐患或者其他不安全因素。故 A、B、C 选项均属于安全生产职责范围，是正确的。第二十条在规定了煤矿从业人员的三项安全生产职责的同时，还规定了“对违章指挥和强令冒险作业的行为，煤矿企业从业人员有权拒绝并向县级以上地方人民政府负有煤矿安全生产监督管理职责的部门、所在地矿山安全监察机构报告”。因此，如果出现煤矿矿长或者其他主管人员违章指挥或者强令冒险作业的情形时，煤矿从业人员是有权利拒绝的，并非“绝对服从煤矿矿长或者其他主管人员的一切指挥”，故 D 选项错误。

11. ABC。解析：《煤矿安全生产条例》第二十一条规定：“煤矿企业主要负责人和安全生产管理人员应当通过安全生产知识和管理能力考核，并持续保持相应水平和能力。煤矿企业从业人员经安全生产教育和培训合格，方可上岗作业。煤矿企业特种作业人员应当按照国家有关规定经专门的安全技术培训和考核合格，并取得相应资格。”由此可知，仅有 D 选项符合法条规定，内容正确。

虽然对煤矿企业主要负责人要求“应当通过安全生产知识和管理能力考核”，但并无“考核合格方可上岗”的规定。2014 年修改《安全生产法》之前，煤矿企业主要负责人、安全管理人员确实需要先取证、后上岗。2014 年修改《安全生产法》以后有所变化。根据《煤矿安全培训规定》第十七条的规定，“煤矿企业主要负责人和安全生产管理人员应当自任职之日起六个月内通过考核部门组织的安全生产知识和管理能力考核，并持续保持相应水平和能力”。因此 A 选项错误。煤矿企业特种作业人员应当按照国家有关规定经专门的安全技术培训和考核合格，并取得相应资格，并非煤矿企业内部组织培训，因此 B 选项错误。根据第二十四条的规定，“煤矿井下工作岗位不得使用劳务派遣用工”。所以劳务派遣工即使与本企业其他从业人员一起培训合格，也不能“下井作业”，只能从事地面工作。因此 C 选项错误。故 A、B、C 选项错误，符合题意。学习理解本条规定时，可以参考《安全生产培训管理办法》《生产经营单位安全培训规定》《煤矿安全培训规定》和《特种作业人员安全技术培训考核管理规定》四个部门规章。另外，《矿山安全培训规定》出台后，将会替代《煤矿安全培训规定》。

12. ABCD。解析：《煤矿安全生产条例》第二十二条第一款规定，“煤矿企业应当为煤矿分别配备专职矿长、总工程师，分管安全、生产、机电的副矿长以及专业技术人员”。因此A、B、C、D选项全部正确。本题四个选项中“总工程师”容易被误解为不属于“五职矿长”之列。关于“五职矿长”，有的文件规定“五职矿长”是指矿长和分管安全、生产、机电和技术的副矿长，《煤矿安全生产条例》明确要求配备总工程师，未规定技术副矿长，总工程师实际上就是煤矿的技术负责人，相当于有关文件中的技术副矿长。

13. ACD。解析：《煤矿安全生产条例》第二十二条第二款规定，“对煤（岩）与瓦斯（二氧化碳）突出、高瓦斯、冲击地压、煤层容易自燃、水文地质类型复杂和极复杂的煤矿，还应当设立相应的专门防治机构，配备专职副总工程师”。因此A、C、D选项符合规定，是正确的。对于低瓦斯煤矿，《煤矿安全生产条例》并未要求设立相应的专门防治机构，配备专职副总工程师，故B选项错误。

14. ABCD。解析：《煤矿安全生产条例》第二十三条第一款规定，“煤矿企业应当按照国家有关规定建立健全领导带班制度并严格考核”。要准确理解本条规定，就需要了解“国家有关规定”。原国家安全生产监督管理总局出台的部门规章《煤矿领导带班下井及安全监督检查规定》即为“国家有关规定”。根据该规定，煤矿领导是指煤矿的主要负责人、领导班子成员和副总工程师。A、D选项属于法条明确规定的选项，内容正确。B、C选项虽然不是法条明确列举出来的岗位，但属于“领导班子成员”，因此生产副矿长、总工程师属于带班下井领导之列，也是正确的。

15. ACD。解析：《煤矿安全生产条例》第二十四条规定，“煤矿企业应当为从业人员提供符合国家标准或者行业标准的劳动防护用品，并监督、教育从业人员按照使用规则佩戴、使用”。因此C、D选项符合法条规定，内容正确。《煤矿安全生产条例》未直接规定A、B选项，可结合别的立法和规范性文件予以判断。《安全生产法》第四十七条规定：“生产经营单位应当安排用于配备劳动防护用品、进行安全生产培训的经费。”因此A选项正确。《用人单位劳动防护用品管理规范》第六条规定：“用人单位应当安排专项经费用于配备劳动防护用品，不得以货币或者其他物品替代。该项经费计入生产成本，据实列支。”因此B选项错误。

16. ABC。解析：《煤矿安全生产条例》第二十四条第一款规定，“煤矿企业应当为从业人员提供符合国家标准或者行业标准的劳动防护用品”，A选项正确。根据该条第二款规定，“煤矿井下作业人员实行安全限员制度。煤矿企业应当依法制定井下工作时间管理制度。煤矿井下工作岗位不得使用劳务派遣用工”，B、C选项正确，但D选项不符合法条规定。禁止使用劳务派遣工也仅限于煤矿井下岗位，不是所有岗位。

关于井下作业人员实行安全限员制度，2023年9月，国家矿山安全监察局颁布的《煤矿单班入井（坑）作业人数限员规定》是煤矿企业执行安全限员制度的重要依据。关于井下工作时间管理制度，煤矿企业制定时应严格遵守劳动法律法规和规范性文件。

17. ABCD。解析：《煤矿安全生产条例》第二十五条第一款规定，“煤矿企业使用的安全设备的设计、制造、安装、使用、检测、维修、改造和报废，应当符合国家标准或者行业标准”。因此A、B、C、D选项全部正确。

18. CD。解析：根据《煤矿安全生产条例》第二十五条第一款的规定，煤矿企业使用的安全设备从设计制造到报废全生命周期的每一个步骤都应当符合国家标准或者行业标准，并非仅仅“国家标准”，故A选项错误。根据第二十五条第二款、第三款的规定，“煤矿企业应当建立安全设备台账和追溯、管理制度，对安全设备进行经常性维护、保养并定期检测，保证正常运转，对安全设备购置、入库、使用、维护、保养、检测、维修、改造、报废等进行全流程记录并存档”“煤矿企业不得使用应当淘汰的危及生产安全的设备、工艺，具体目录由国家矿山安全监察机构制定并公布”。由此可知，煤矿企业的安全设备档案应从购置开始，购置前的设计、生产环节不属于煤矿企业的安全设备档案的内容，故B选项错误。C、D选项符合法条规定，是正确的。

19. BC。解析：根据《煤矿安全生产条例》第二十五条第二款的规定，“煤矿企业应当建立安全设备台账和追溯、管理制度”，并不包括采购制度和淘汰制度。故 B、C 选项正确。煤矿企业当然可以建立安全设备采购制度和淘汰制度，但并非《煤矿安全生产条例》规定的应当建立的安全设备制度，即使不建立这两项制度，也不违法。因此 A、D 选项错误。

关于安全设备的淘汰，应该由国家矿山安全监察机构制定并公布目录，凡纳入目录的，必须淘汰，继续使用属于重大事故隐患，是严重的违法行为。根据《安全生产法》第三十八条的规定，“国家对严重危及生产安全的工艺、设备实行淘汰制度，具体目录由国务院应急管理部门会同国务院有关部门制定并公布。法律、行政法规对目录的制定另有规定的，适用其规定”“省、自治区、直辖市人民政府可以根据本地区实际情况制定并公布具体目录，对前款规定以外的危及生产安全的工艺、设备予以淘汰”。由此可见，在国家有关部门（比如应急管理部、国家矿山安全监察局）颁布淘汰目录的基础上，省级人民政府可以将国家目录以外的设备、工艺规定为本省域的淘汰目录，也就是说，省级目录严于国家目录。同理，煤矿企业如果制定本企业的设备淘汰制度，也必然要严于国家目录和本省（自治区、直辖市）目录，否则属于违法。

20. ABCD。解析：根据《煤矿安全生产条例》第二十六条第二款的规定，“煤矿企业及其有关人员不得关闭、破坏直接关系生产安全的监控、报警、防护、救生设备、设施，或者篡改、隐瞒、销毁其相关数据、信息，不得以任何方式影响其正常使用”。因此被禁止的行为包括 A、B、C 选项表述的三个层面，故 A、B、C 选项正确。根据第二十五条第二款的规定，“煤矿企业不得使用应当淘汰的危及生产安全的设备、工艺”，因此 D 选项也是正确的。

21. ABCD。解析：根据《煤矿安全生产条例》第二十七条的规定，“井工煤矿应当有符合煤矿安全规程和国家标准或者行业标准规定的安全出口、独立通风系统、安全监控系统、防尘供水系统、防灭火系统、供配电系统、运送人员装置和反映煤矿实际情况的图纸，并按照规定进行瓦斯等级、冲击地压、煤层自燃倾向性和煤尘爆炸性鉴定”。因此 A、B、C、D 选项均符合法条规定，是正确的。

22. ABD。解析：根据《煤矿安全生产条例》第二十七条第一款的规定，井工煤矿应当按照规定进行瓦斯等级、冲击地压、煤层自燃倾向性和煤尘爆炸性鉴定。A、B、D 选项符合规定。虽然《煤矿安全规程》也有煤层突出危险性鉴定的相关规定，但《煤矿安全生产条例》并无煤（岩）与瓦斯（二氧化碳）突出的等级鉴定的规定，所以 C 选项错误。

23. ABC。解析：根据《煤矿安全生产条例》第二十七条第二款的规定，“井工煤矿应当按矿井瓦斯等级选用相应的煤矿许用炸药和电雷管，爆破工作由专职爆破工承担”。因此 A、B、C 三个选项符合规定。爆破工作由专职爆破工承担，不能由兼职爆破工承担，因此 D 选项错误。

另外，根据《煤矿安全规程》的相关规定，井下爆破作业，必须使用煤矿许用炸药和煤矿许用电雷管。一次爆破必须使用同一厂家、同一品种的煤矿许用炸药和电雷管。煤矿许用炸药的选用必须遵守下列规定：①低瓦斯矿井的岩石掘进工作面，使用安全等级不低于一级的煤矿许用炸药；②低瓦斯矿井的煤层采掘工作面、半煤岩掘进工作面，使用安全等级不低于二级的煤矿许用炸药；③高瓦斯矿井，使用安全等级不低于三级的煤矿许用炸药；④突出矿井，使用安全等级不低于三级的煤矿许用含水炸药。上述规定可供学习《煤矿安全生产条例》有关条款时参考。

24. AC。解析：根据《煤矿安全生产条例》第二十八条第一款的规定，“露天煤矿的采场及排土场边坡与重要建筑物、构筑物之间应当留有足够的安全距离”。故 A 选项正确，B 选项错误。根据本条第二款的规定，“煤矿企业应当定期对露天煤矿进行边坡稳定性评价，评价范围应当涵盖露天煤矿所有边坡。达不到边坡稳定要求时，应当修改采矿设计或者采取安全措施，同时加强边坡监测工作”。C 选项正确，D 选项错误。达不到边坡稳定要求时，可以采取“修改采矿设计”或者“采取安全措施”，二者选其一即可，无论选择哪一种措施，都要同时加强边坡监测工作。故 A、C 正确，B、D 错误。

25. AD。解析：根据《煤矿安全生产条例》第二十九条第一款的规定，“煤矿企业应当依法制定生产安全事故应急救援预案，与所在地县级以上地方人民政府组织制定的生产安全事故应急救援预案相衔接，并定期组织演练”。根据该规定，A 选项正确，B 选项错误。突发事件包括自然灾害、事故灾难、公共卫生事件和社会安全事件，因此地方政府的突发事件应对预案内容远比生产安全事故应急救援预案内容多。《煤矿安全生产条例》要求接轨的仅是“县级以上地方人民政府组织制定的生产安全事故应急救援预案”，不是突发事件应急预案，所以 B 选项错误。

根据《煤矿安全生产条例》第十八条的规定，组织制定并实施生产安全事故应急救援预案是煤矿企业主要负责人的职责，并非分管安全负责人的职责，所以 C 选项是错误的。

《煤矿安全生产条例》仅规定“并定期组织演练”但并未规定演练频次，根据《生产安全事故应急条例》第八条的规定，“易燃易爆物品、危险化学品等危险物品的生产、经营、储存、运输单位，矿山、金属冶炼、城市轨道交通运营、建筑施工单位，以及宾馆、商场、娱乐场所、旅游景区等人员密集场所经营单位，应当至少每半年组织 1 次生产安全事故应急救援预案演练，并将演练情况报送所在地县级以上地方人民政府负有安全生产监督管理职责的部门”。所以煤矿企业应当至少每半年组织 1 次生产安全事故应急救援预案演练，D 选项正确。

26. ABD。解析：根据《煤矿安全生产条例》第三十条的规定，“煤矿企业应当在依法确定的开采范围内进行生产，不得超层、越界开采”“采矿作业不得擅自开采保安煤柱，不得采用可能危及相邻煤矿生产安全的决水、爆破、贯通巷道等危险方法”。A、B、D 选项均符合法条规定，是被禁止的。法条规定“不得擅自开采保安煤柱”，并非“不得开采保安煤柱”，开采保安煤柱需要遵照一定的规范。如第三十三条规定，开采需要保护的建筑物、水体、铁路下压煤或者主要井巷留设煤柱的，应当编制专项设计。《煤矿安全规程》第一百二十二条规定：“建（构）筑物下、水体下、铁路下及主要井巷煤柱开采，必须设立观测站，观测地表和岩层移动与变形，查明垮落带和导水裂缝带的高度，以及水文地质条件变化等情况。取得的实际资料作为本井田建（构）筑物下、水体下、铁路下以及主要井巷煤柱开采的依据。”故 C 选项错误。

27. ABCD。解析：根据《煤矿安全生产条例》第三十三条，煤矿开采有下列情形之一的，应当编制专项设计：①有煤（岩）与瓦斯（二氧化碳）突出的；②有冲击地压危险的；③开采需要保护的建筑物、水体、铁路下压煤或者主要井巷留设煤柱的；④水文地质类型复杂、极复杂或者周边有老窑采空区的；⑤开采容易自燃和自燃煤层的；⑥其他需要编制专项设计的。本题 A、B、C、D 选项均属于上述六种情形之一，所以都是正确选项。

28. ABC。解析：《煤矿安全生产条例》第三十四条规定："在煤矿进行石门揭煤、探放水、巷道贯通、清理煤仓、强制放顶、火区密闭和启封、动火以及国家矿山安全监察机构规定的其他危险作业，应当采取专门安全技术措施，并安排专门人员进行现场安全管理。"因此 A、B、C 选项正确。D 选项中的动火，也是《煤矿安全生产条例》明确规定的危险作业，但是未列举"爆破"。《安全生产法》明确列举了爆破，在《煤矿安全生产条例》起草过程中也曾将"爆破"明确列举，但最终出台时未将"爆破"明确纳入。故 D 选项是错误的。

需要说明的是，煤矿生产中出现《安全生产法》列举的危险作业项目，但《煤矿安全生产条例》未列举的，仍然需要按照危险作业对待。

29. ABC。解析：根据《煤矿安全生产条例》第三十五条第一款的规定，"煤矿企业应当建立安全风险分级管控制度，开展安全风险辨识评估，按照安全风险分级采取相应的管控措施"。因此 A、B 选项正确。根据第十八条的规定，"组织建立并落实安全风险分级管控和隐患排查治理双重预防工作机制，督促、检查安全生产工作，及时消除事故隐患"是煤矿企业主要负责人的七项职责之一，所以 C 选项正确。

D 选项"组织开展危险源辨识和评估，督促落实本单位重大危险源的安全管理措施"是《安全生产法》的规定，《煤矿安全生产条例》已将其修改为"组织开展安全风险辨识评估，督促落实重大安全风险管控措施"。所以 D 选项错误。从学理上分析，"风险辨识评估"包含了"危险源辨识和评估""重大安全风险管控措施"包含了"重大危险源的安全管理措施"。

30. ABD。解析：根据《煤矿安全生产条例》第三十五条第一款的规定，"煤矿企业应当建立安全风险分级管控制度，开展安全风险辨识评估，按照安全风险分级采取相应的管控措施"。因此 A、B 选项正确。风险在大多数情况下是无法根除的，因此立法要求对风险进行有效管控，并非消除，因此 C 选项错误。法条未对 D 选项有明确规定，但完整的风险分级管控机制应包括对管控措施落实的有效性进行监测、检查、评价和分析，以利于不断改进。因此D选项也是正确的。

31. AC。解析：根据《煤矿安全生产条例》第三十五条第二款的规定，“煤矿企业应当建立健全事故隐患排查治理制度，采取技术、管理措施，及时发现并消除事故隐患。事故隐患排查治理情况应当如实记录，并定期向从业人员通报。重大事故隐患排查治理情况的书面报告经煤矿企业负责人签字后，每季度报县级以上地方人民政府负有煤矿安全生产监督管理职责的部门和所在地矿山安全监察机构”。A、C选项符合法条规定，是正确的。

隐患与风险不同，针对风险采取的措施是管控，但是隐患必须“消除”，不是管控。重大事故隐患排除前或者排除过程中无法保证安全的，应当从危险区域内撤出作业人员，暂时停产或者停止使用相关设施、设备。所以B选项错误。法条要求每季度报县级以上地方人民政府负有煤矿安全生产监督管理职责的部门和所在地矿山安全监察机构的是“重大事故隐患排查治理情况”，与要求向从业人员通报的范围并不一致。故D选项是错误的。

32. ACD。解析：《煤矿安全生产条例》第三十五条第二款规定了报告内容、报告方式、报告频次以及需要报告的部门。报告内容为重大事故隐患排查治理情况；报告方式为经企业负责人签字的书面报告；报告频次为每季度，需要报告的部门包括县级以上地方人民政府负有煤矿安全生产监督管理职责的部门和所在地矿山安全监察机构。A选项电话报告错误，应该是书面报告；C选项在负有煤矿安全生产监督管理职责的部门与监察机构选择其一报告是错误的，应该同时报告；D选项报告频次错误，应该是每季度而不是每半年。B选项正确。需要注意的是，法条要求企业负责人签字，并不一定是主要负责人，分管安全的负责人签字也是符合规定的。因此A、C、D选项符合题意。

33. BC。解析：《煤矿重大事故隐患判定标准》虽然经过多次修改，但在重大事故隐患的分类方面，始终沿用了《国务院关于预防煤矿生产安全事故的特别规定》规定的十五项内容，只是具体文字表述略有不同。《煤矿安全生产条例》则在保留原十五个类别重大事故隐患的基础上新增了两个类别，即《煤矿安全生产条例》第三十六条的第十一项“未按照规定建立监控与通讯系统，或者系统不能正常运行的”和第十二项“露天煤矿边坡角大于设计最大值或者边坡发生严重变形，未采取有效措施的”。故 B、C 选项为新增内容。

34. BD。解析：《煤矿安全生产条例》第三十七条规定：“煤矿企业及其有关人员对县级以上人民政府负有煤矿安全生产监督管理职责的部门、国家矿山安全监察机构及其设在地方的矿山安全监察机构依法履行职责，应当予以配合，按照要求如实提供有关情况，不得隐瞒或者拒绝、阻挠。对县级以上人民政府负有煤矿安全生产监督管理职责的部门、国家矿山安全监察机构及其设在地方的矿山安全监察机构查处的事故隐患，煤矿企业应当立即进行整改，并按照要求报告整改结果。”根据该条规定，A、C 选项合法。B 选项错误，煤矿企业不得拒绝、阻挠矿山安全监察机构依法履行职责。对于负有煤矿安全生产监督管理职责的部门和矿山安全监察机构查处的事故隐患，煤矿企业应当“立即”进行整改，或者“限期整改”不是尽快整改，“立即”和“限期”都具有可操作性，“尽快”概念模糊，不具有可操作性。因此 D 选项错误。B、D 选项符合题意。

35. ABCD。解析：《煤矿安全生产条例》第三十八条规定：“煤矿企业应当及时足额安排安全生产费用等资金，确保符合安全生产要求。煤矿企业的决策机构、主要负责人对由于安全生产所必需的资金投入不足导致的后果承担责任。”由此可知 A、B、C 选项均符合法条规定，是正确的。《煤矿安全生产条例》虽然未规定安全费用提取问题，但是根据《安全生产法》第二十三条的规定，“有关生产经营单位应当按照规定提取和使用安全生产费用，专门用于改善安全生产条件。安全生产费用在成本中据实列支。安全生产费用提取、使用和监督管理的具体办法由国务院财政部门会同国务院应急管理部门征求国务院有关部门意见后制定”。财政部、应急管理部联合制定的《企业安全生产费用提取和使用管理办法》则对煤矿安全费用的提取标准、使用范围作了详细规定。所以 D 选项也是正确的。

五、简答题答案及解析

1. 答：根据《安全生产法》和《煤矿安全生产条例》的规定，对煤矿建设项目安全设施建设的规定包含了从设计到验收多个环节，主要内容包括如下 8 个方面：

（1）煤矿建设项目包括新建、改建、扩建煤矿工程项目。

（2）安全设施应与主体工程同时设计、同时施工、同时投入使用。

（3）建设单位应当委托具有建设工程设计企业资质的设计单位进行安全设施设计。

（4）安全设施设计应当包括煤矿水、火、瓦斯、冲击地压、煤尘、顶板等主要灾害的防治措施，符合国家标准或者行业标准的要求。

（5）安全设施设计应当报省、自治区、直辖市人民政府负有煤矿安全生产监督管理职责的部门审查；安全设施设计需要作重大变更的，应当报原审查部门重新审查，不得先施工后报批、边施工边修改。

（6）施工单位应当按照批准的安全设施设计施工，不得擅自变更设计内容。

（7）煤矿建设项目安全设施的设计人、设计单位应当对安全设施设计负责；施工单位对安全设施的工程质量负责；建设单位应当对参与煤矿建设项目的设计、施工、监理等单位进行统一协调管理，对煤矿建设项目安全管理负总责。

（8）煤矿建设项目竣工投入生产或者使用前，应当由建设单位负责组织对安全设施进行验收，并对验收结果负责；经验收合格后，方可投入生产和使用。

2. 答：根据《煤矿安全生产条例》第十八条的规定，煤矿企业负责人的安全生产职责包括七项：

（1）建立健全并落实全员安全生产责任制，加强安全生产标准化建设。

（2）组织制定并实施安全生产规章制度和作业规程、操作规程。

（3）组织制定并实施安全生产教育和培训计划。

（4）保证安全生产投入的有效实施。

（5）组织建立并落实安全风险分级管控和隐患排查治理双重预防工作机制，督促、检查安全生产工作，及时消除事故隐患。

（6）组织制定并实施生产安全事故应急救援预案。

（7）及时、如实报告煤矿生产安全事故。

3. 答：与《安全生产法》相比，《煤矿安全生产条例》对安全生产管理机构和管理人员职责的规定有六点变化：

（1）增加了“组织或者参与拟订作业规程”。

（2）增加了“组织开展安全生产法律法规宣传教育”。

（3）将“组织开展危险源辨识和评估，督促落实本单位重大危险源的安全管理措施”修改为“组织开展安全风险辨识评估，督促落实重大安全风险管控措施”。

（4）将“制止和纠正违章指挥、强令冒险作业、违反操作规程的行为”改为“制止和纠正违章指挥、强令冒险作业、违反规程的行为”，即规程包含了“作业规程和操作规程”。

（5）增加了“发现威胁安全的紧急情况时，有权要求立即停止危险区域内的作业，撤出作业人员”。

（6）增加了“对事故隐患排查治理情况进行统计分析”。

4. 答：《煤矿安全生产条例》第二十条规定的煤矿企业从业人员负有下列安全生产职责，即安全生产权利、义务，包括三项义务和一项权利：

（1）遵守煤矿企业安全生产规章制度和作业规程、操作规程，严格落实岗位安全责任。

（2）参加安全生产教育和培训，掌握本职工作所需的安全生产知识，提高安全生产技能，增强事故预防和应急处理能力。

（3）及时报告发现的事故隐患或者其他不安全因素。

对违章指挥和强令冒险作业的行为，煤矿企业从业人员有权拒绝并向县级以上地方人民政府负有煤矿安全生产监督管理职责的部门、所在地矿山安全监察机构报告。

5. 答：根据《煤矿安全生产条例》第二十二条的规定，煤矿企业应当为煤矿分别配备专职矿长、总工程师，分管安全、生产、机电的副矿长以及专业技术人员。

对煤（岩）与瓦斯（二氧化碳）突出、高瓦斯、冲击地压、煤层容易自燃、水文地质类型复杂和极复杂的煤矿，还应当设立相应的专门防治机构，配备专职副总工程师。

6. 答：根据《煤矿安全生产条例》第二十九条的规定，煤矿企业应当设立专职救护队；不具备设立专职救护队条件的，应当设立兼职救护队，并与邻近的专职救护队签订救护协议。发生事故时，专职救护队应当在规定时间内到达煤矿开展救援。

7. 答：根据《煤矿安全生产条例》第三十三条的规定，煤矿开采有下列情形之一的，应当编制专项设计：

（1）有煤（岩）与瓦斯（二氧化碳）突出的。

（2）有冲击地压危险的。

（3）开采需要保护的建筑物、水体、铁路下压煤或者主要井巷留设煤柱的。

（4）水文地质类型复杂、极复杂或者周边有老窑采空区的。

（5）开采容易自燃和自燃煤层的。

（6）其他需要编制专项设计的。

8. 答：《煤矿安全生产条例》第三十四条列举的煤矿危险作业包括：石门揭煤、探放水、巷道贯通、清理煤仓、强制放顶、火区密闭和启封、动火作业，以及国家矿山安全监察机构规定的其他危险作业，没有包括《安全生产法》列举的爆破、吊装、动火、临时用电。

9. 答：《煤矿安全生产条例》第三十六条共规定了十六项具体重大事故隐患和一条兜底条款，分别是：

（1）超能力、超强度或者超定员组织生产的。

（2）瓦斯超限作业的。

（3）煤（岩）与瓦斯（二氧化碳）突出矿井未按照规定实施防突措施的。

（4）煤（岩）与瓦斯（二氧化碳）突出矿井、高瓦斯矿井未按照规定建立瓦斯抽采系统，或者系统不能正常运行的。

（5）通风系统不完善、不可靠的。

（6）超层、越界开采的。

（7）有严重水患，未采取有效措施的。

（8）有冲击地压危险，未采取有效措施的。

（9）自然发火严重，未采取有效措施的。

（10）使用应当淘汰的危及生产安全的设备、工艺的。

（11）未按照规定建立监控与通讯系统，或者系统不能正常运行的。

（12）露天煤矿边坡角大于设计最大值或者边坡发生严重变形，未采取有效措施的。

（13）未按照规定采用双回路供电系统的。

（14）新建煤矿边建设边生产，煤矿改扩建期间，在改扩建的区域生产，或者在其他区域的生产超出设计规定的范围和规模的。

（15）实行整体承包生产经营后，未重新取得或者及时变更安全生产许可证而从事生产，或者承包方再次转包，以及将井下采掘工作面和井巷维修作业外包的。

（16）改制、合并、分立期间，未明确安全生产责任人和安全生产管理机构，或者在完成改制、合并、分立后，未重新取得或者及时变更安全生产许可证等的。

（17）有其他重大事故隐患的。

与《煤矿重大事故隐患判定标准》相比，增加了两项内容，即第11项和第12项。

10. 答：根据《煤矿安全生产条例》第十八条、第十九条和第二十条的规定，主要负责人应当组织建立并落实安全隐患排查治理工作机制，督促、检查安全生产工作，及时消除事故隐患；安全生产管理机构和安全生产管理人员的职责是检查安全生产状况，及时排查事故隐患，对事故隐患排查治理情况进行统计分析，提出改进安全生产管理的建议；煤矿企业从业人员应当及时报告发现的事故隐患或者其他不安全因素。

第三章 煤矿安全生产监督管理

第一节 学 习 辅 导

一、煤矿安全生产地方党政领导干部安全生产责任制

《煤矿安全生产条例》第三十九条规定："煤矿安全生产实行地方党政领导干部安全生产责任制，强化煤矿安全生产属地管理。"与2018年4月中共中央办公厅、国务院办公厅印发的《地方党政领导干部安全生产责任制规定》政策性文件相衔接。

地方党政领导干部是指县级以上地方各级党委和政府领导班子成员，是《地方党政领导干部安全生产责任制规定》的适用主体，但同时县级以上地方各级党委工作机关、政府工作部门及相关机构领导干部，乡镇（街道）党政领导干部，各类开发区管理机构党政领导干部，参照其执行。实行地方党政领导干部安全生产责任制，应当坚持党政同责、一岗双责、齐抓共管、失职追责，坚持管行业必须管安全、管业务必须管安全、管生产经营必须管安全。

《地方党政领导干部安全生产责任制规定》明确规定了地方各级党委主要负责人、县级以上地方各级政府主要负责人、县级以上地方各级政府分管安全生产工作的负责人（原则上为担任本级党委常委的政府领导干部），县级以上地方各级政府其他领导干部的安全生产具体职责，同时规定了地方各级党委常委会其他成员按照职责分工，协调纪检监察机关和组

织、宣传、政法、机构编制等单位支持保障安全生产工作，动员社会各界力量积极参与、支持、监督安全生产工作，抓好分管行业（领域）、部门（单位）的安全生产工作。在明确职责的基础上，对考核考察、表彰奖励和责任追究作出了相应的规定。总之，其明确了地方党政领导干部在安全生产方面负有哪些职责、如何衡量职责的履行情况、对职责履行好的领导干部如何奖励、对未能恰当履行安全生产职责的领导干部如何追究责任。

值得注意的是《地方党政领导干部安全生产责任制规定》规定的安全生产职责及其责任追究，并非都是法律上的职责和法律责任，而是政治职责与政治责任。总体而言，政治上的职责和责任要严于法律。比如发生生产安全事故后，被追究责任的主体除了负有法定义务的主体外，还有一些在法律上没有义务，但在政治上负有职责的党委系统有关领导；责任追究的形式除了法律责任外，还有很多人员依据党纪、政纪被追究了政治责任。

二、煤矿安全生产监督管理体制

根据《煤矿安全生产条例》第四十条的规定，“省、自治区、直辖市人民政府应当按照分级分类监管的原则，明确煤矿企业的安全生产监管主体”。本规定包含两层含义：

第一层含义是根据分类监管原则，明确本省、自治区、直辖市的煤矿企业安全生产的监管主体。有的省份规定由能源主管部门负责煤矿安全地方监管，有的省份规定由应急管理部门负责，有的省份则在应急管理部门加挂煤矿安全生产监管局的牌子，还有的省份成立了独立的煤矿安全监督管理部门。虽然地方监管的职权在不同的省份归属于不同的行政部门，但实践证明均处于良好的运行状态。因此《煤矿安全生产条例》并未要求将煤矿安全地方监管机构进行统一，而是授权省、自治区、直辖市人民政府结合本地实际情况明确地方承担煤矿安全生产监督管理职责的部门及其职责。在监管部门的称谓上《煤矿安全生产条例》使用了“负有煤矿安全生产监督管理职责的部门”而非“煤矿安全生产监督管理部门”以免与有些省份设立的专门的煤矿安全生产监督管理部门相混淆。当然，对煤矿分类监管还有另一种理解，如根据原国家煤矿安全监察局《关于煤矿分类监管监察工作的指导意见》的规定，以安全风险管控为主线，综合考虑煤矿安全管理、灾害程度、生产布局、装备工艺、安全诚信、安全生产标准化建设、人员素质及生产建设状态等因素，将井工煤矿按安全保障程度从高到低确定为A、B、C、D四类。其中：A类煤矿为安全保障程度较高的煤矿，B类煤矿为安全保障程度一般的煤矿，C类煤矿为安全保障程度较低的煤矿，D类煤矿为长期停工停产的煤矿。但这一分类并非是“明确煤矿企业的安全生产监管主体”的依据。

第二层含义是依据“分级监管”原则，确定具体煤矿企业由哪一级别的负有煤矿安全生产监督管理职责的部门进行监管。《煤矿安全生产条例》笼统地称为“县级以上地方人民政府负有煤矿安全生产监督管理职责的部门”，县级以上实际上包含了县级、市级和省级三个级别，到底由哪一个级别的负有煤矿安全生产监督管理职责的部门负责对某一煤矿企业的安全生产工作进行监管，需要由省级人民政府确定。如《山西省煤矿分级分类安全监管监察办法》规定，“本办法所称分级监管，即设区的市级人民政府负责本行政区域内所有煤矿的安全监管工作，并直接监管本行政区域内的中央企业所属煤矿、省属五大煤炭集团公司所属由市级直接监管煤矿（依据晋政办函〔2018〕138号和晋煤办明电〔2018〕3号文件规定）及市级自行确定直接监管的其他煤矿；县级人民政府负责本行政区域内除市级直接监管煤矿以外的其他煤矿的安全监管工作”。根据这一规定便可以明确具体煤矿企业对应的安全生产监管部门，总体来讲，一个煤矿企业应该只对应一个具体的直接监管本企业安全生产工作的部门。

三、煤矿安全生产监督管理职责

《煤矿安全生产条例》规定的县级以上地方人民政府负有煤矿安全生产监督管理职责的部门在煤矿安全生产监管方面有三大职责：

一是省级人民政府负有煤矿安全生产监督管理职责的部门负责安全生产行政许可，包括煤矿企业安全生产许可证的颁发和管理，煤矿建设项目安全设施设计审查，煤矿建设项目安全设施竣工验收活动和验收结果的监督核查。

二是对煤矿企业进行监督检查，包括按照监督检查计划实施的监督检查和发现问题后监督煤矿企业整改，以及对责令停产整顿煤矿企业复产组织验收，另外，受理煤矿安全生产违法和事故隐患的举报和报告，并及时处理。

三是对违法煤矿企业及其责任人员实施行政处罚和失信惩戒。行政处罚具体内容规定在第五章“法律责任”。失信惩戒法条较为简单，只规定“县级以上人民政府及其有关部门对存在安全生产失信行为的煤矿企业、煤矿安全生产技术服务机构及有关从业人员，依法依规实施失信惩戒”。要正确理解安全生产失信惩戒制度还需要结合《安全生产法》和有关政策性文件进行学习。

四、对煤矿企业进行监督检查措施的分析

在学习《煤矿安全生产条例》第四十四条县级以上地方人民政府负有煤矿安全生产监督管理职责的部门依法对煤矿企业进行监督检查可以采取的措施时，需要注意两点：

第一，第四十四条规定的“措施”实际上就是职权。不要将“可以采取以下措施”的“可以”理解为任意性规范，认为可做可不做，做不做都行！《煤矿安全生产条例》第五十八条规定：“国家矿山安全监察机构及其设在地方的矿山安全监察机构依法对煤矿企业贯彻执行安全生产法律法规、煤矿安全规程以及保障安全生产的国家标准或者行业标准的情况进行监督检查，行使本条例第四十四条规定的职权。”明确指出第四十四条规定的就是“职权”，是职权就不能放弃，放弃就是渎职，就是违法。

第二，《煤矿安全生产条例》通过第五十八条规定国家矿山安全监察机构及其设在地方的矿山安全监察机构对煤矿企业进行监督检查时行使第四十四条规定的职权，同时在第五十三条还另外规定了多项权力。虽然第五十三条的实质内容与第四十四条多有重合，但仔细对比，还是可以发现一些不同。比如，规定矿山安全监察机构有权“参加煤矿企业安全生产会议”“发现煤矿现场存在事故隐患的，有权要求立即排除或者限期排除”，多出了“或者限期排除”的选项；“发现有违章指挥、强令冒险作业、违章作业以及其他安全生产违法行为的，有权立即纠正或者要求立即停止作业”，多出了“或者要求立即停止作业”的选项。另外，还有“发现威胁

安全的紧急情况时，有权要求立即停止危险区域内的作业并撤出作业人员”的规定。

通常认为，对于公权力的行使者，“法无授权不可为”，是不是第四十四条没有明确规定的对煤矿企业进行检查时可以采取的措施，县级以上地方人民政府负有煤矿安全生产监督管理职责的部门就真的没有这些权力了呢？其实“法无授权不可为”中的“法”是一个广义概念，形式上除了《煤矿安全生产条例》，还包括其他的法，如《安全生产法》；内容上除了字面规定，还包括其实质含义。

虽然第五十三条将“参加煤矿企业安全生产会议，向有关煤矿企业及人员了解情况”并列规定，但实质上参加会议也是了解情况的一种方式。第四十四条规定的“向有关单位和人员了解情况”也包括“参加煤矿企业安全生产会议”，即通过会议了解煤矿企业的安全生产情况。

虽然第四十四条仅规定“应当责令立即排除”，没有“或者限期排除”的选项，但其上位法《安全生产法》第一百零二条规定“生产经营单位未采取措施消除事故隐患的，责令立即消除或者限期消除”则包含了“限期消除”。根据《安全生产事故隐患排查治理暂行规定》的规定，事故隐患包括人的不安全行为、物的不安全状态和管理上的缺陷。比如管理制度上存在缺陷，这样的隐患不可能立即排除，限期排除更具合理性，所以“责令限期排除”也是可以的。第四十四条规定的“应当”责令立即排除毕竟不是“必须”责令立即排除，可以理解为绝大多数事故隐患“应当责令立即排除”，特殊情况下的事故隐患，即无法立即排除的事故隐患，可以“责令限期排除”。

第五十三条规定的“要求立即停止作业”“要求立即停止危险区域内的作业并撤出作业人员”都是在从业人员的生命安全受到威胁的情况下采取的临时措施，与第三条中规定的“坚持人民至上、生命至上，把保护人民生命安全摆在首位”的安全理念完全一致。这一规定既是对煤矿企业安全生产工作的要求，更是对煤矿安全生产执法人员的履职要求。如果发现了从业人员的生命安全受到现实威胁时，无论是煤矿安全生产监察执法人员，还是地方政府的煤矿安全生产监管执法人员，都有权力，也有义务，必须采取措施，消除安全威胁，确保把“保护人民生命安全摆在首位”。

也就是说，无论第四十四条有无规定，都是地方政府的煤矿安全生产监管执法人员必须采取的措施。立法不可能穷尽列举所有的措施内容，当出现法条内容不够全面、不够清晰时，立法目的和立法原则性规定，便是执法者应当遵守的信条。

综上分析，我们认为，虽然第四十四条规定的县级以上地方人民政府负有煤矿安全生产监督管理职责的部门对煤矿企业进行安全检查时的权力与第五十三条规定的矿山安全监察机构对煤矿企业进行安全检查时的权力相比，字面表达有所不同，但实质内容没有区别。县级以上地方人民政府负有煤矿安全生产监督管理职责的部门应当在更广阔的视野下理解自己在实施安全生产监督检查时的职权。考察法条的具体内容发现，《煤矿安全生产条例》第四十四条主要移植了《安全生产法》第六十五条的内容，而第五十三条主要移植了《煤矿安全监察条例》第十四条、第十五条、第十六条的内容，只是将不同的立法内容移植进同一部法规时没能很好地进行语言表达梳理而已，并非真正想突出二者之间的区别。

五、煤矿安全生产许可证制度

《煤矿安全生产条例》第十七条规定："煤矿企业进行生产，应当依照《安全生产许可证条例》的规定取得安全生产许可证。未取得安全生产许可证的，不得生产。"因此需要结合《安全生产许可证条例》的规定理解安全生产许可证制度。《安全生产许可证条例》第七条规定，"煤矿企业应当以矿（井）为单位，依照本条例的规定取得安全生产许可证"。因此煤矿企业和煤矿都应当取得安全生产许可证。另外，根据《煤矿企业安全生产许可证实施办法》第三条的规定，煤矿企业除本企业申请办理安全生产许可证外，其所属矿（井、露天坑）也应当申请办理安全生产许可证，一矿（井、露天坑）一证。煤矿企业实行多级管理的，其上级煤矿企业也应当申请办理安全生产许可证。另外，判断一个企业是否为煤矿企业，不能仅从企业名称上去判断，如有的电力公司拥有自己的煤矿，那么这个电力公司也属于煤矿企业。

煤矿与煤矿企业要想取得安全生产许可证，首先需要具备法定的安全生产条件，并且获得安全生产许可证后，也要持续具备这些条件。《安全生产许可证条例》对所有需要获得安全生产许可证的企业规定了十三项条件，《煤矿企业安全生产许可证实施办法》则根据煤炭行业的特点，分层次细化了《安全生产许可证条例》规定的条件。

第一，规定煤矿企业取得安全生产许可证，应当具备九项安全生产条件：

（1）建立健全主要负责人、分管负责人、安全生产管理人员、职能部门、岗位安全生产责任制；制定安全目标管理、安全奖惩、安全技术审批、事故隐患排查治理、安全检查、安全办公会议、地质灾害普查、井下劳动组织定员、矿领导带班下井、井工煤矿入井检身与出入井人员清点等安全生产规章制度和各工种操作规程。

（2）安全投入满足安全生产要求，并按照有关规定足额提取和使用安全生产费用。

（3）设置安全生产管理机构，配备专职安全生产管理人员；煤与瓦斯突出矿井、水文地质类型复杂矿井还应设置专门的防治煤与瓦斯突出管理机构和防治水管理机构。

（4）主要负责人和安全生产管理人员的安全生产知识和管理能力经考核合格。

（5）参加工伤保险，为从业人员缴纳工伤保险费。

（6）制定重大危险源检测、评估和监控措施。

（7）制定应急救援预案，并按照规定设立矿山救护队，配备救护装备；不具备单独设立矿山救护队条件的煤矿企业，所属煤矿应当设立兼职救护队，并与邻近的救护队签订救护协议。

（8）制定特种作业人员培训计划、从业人员培训计划、职业危害防治计划。

（9）法律、行政法规规定的其他条件。

第二，规定所有煤矿除应当符合上述条件外，还必须符合下列六项条件：

（1）特种作业人员经有关业务主管部门考核合格，取得特种作业操作资格证书。

（2）从业人员进行安全生产教育培训，并经考试合格。

（3）制定职业危害防治措施、综合防尘措施，建立粉尘检测制度，为从业人员配备符合国家标准或者行业标准的劳动防护用品。

（4）依法进行安全评价。

（5）制定矿井灾害预防和处理计划。

（6）依法取得采矿许可证，并在有效期内。

第三，在煤矿具备六项条件后，对井工煤矿和露天煤矿分别提出了更多的硬件要求。其中要求井工煤矿的安全设施、设备、工艺还必须符合下列条件：

（1）矿井至少有2个能行人的通达地面的安全出口，各个出口之间的距离不得小于30米；井下每一个水平到上一个水平和各个采（盘）区至少有两个便于行人的安全出口，并与通达地面的安全出口相连接；采煤工作面有两个畅通的安全出口，一个通到进风巷道，另一个通到回风巷道。在用巷道净断面满足行人、运输、通风和安全设施及设备安装、检修、施工的需要。

（2）按规定进行瓦斯等级、煤层自燃倾向性和煤尘爆炸危险性鉴定。

（3）矿井有完善的独立通风系统。矿井、采区和采掘工作面的供风能力满足安全生产要求，矿井使用安装在地面的矿用主要通风机进行通风，并有同等能力的备用主要通风机，主要通风机按规定进行性能检测；生产水平和采区实行分区通风；高瓦斯和煤与瓦斯突出矿井、开采容易自燃煤层的矿井、煤层群联合布置矿井的每个采区设置专用回风巷，掘进工作面使用专用局部通风机进行通风，矿井有反风设施。

（4）矿井有安全监控系统，传感器的设置、报警和断电符合规定，有瓦斯检查制度和矿长、技术负责人瓦斯日报审查签字制度，配备足够的专职瓦斯检查员和瓦斯检测仪器；按规定建立瓦斯抽采系统，开采煤与瓦斯突出危险煤层的有预测预报、防治措施、效果检验和安全防护的综合防突措施。

（5）有防尘供水系统，有地面和井下排水系统；有水害威胁的矿井还应有专用探放水设备。

（6）制定井上、井下防火措施；有地面消防水池和井下消防管路系统，井上、井下有消防材料库；开采容易自燃和自燃煤层的矿井还应有防灭火专项设计和综合预防煤层自然发火的措施。

（7）矿井有两回路电源线路；严禁井下配电变压器中性点直接接地；井下电气设备的选型符合防爆要求，有短路、过负荷、接地、漏电等保护，掘进工作面的局部通风机按规定采用专用变压器、专用电缆、专用开关，实现风电、瓦斯电闭锁。

（8）运送人员的装置应当符合有关规定。使用检测合格的钢丝绳；带式输送机采用非金属聚合物制造的输送带的阻燃性能和抗静电性能符合规定，设置安全保护装置。

（9）有通信联络系统，按规定建立人员位置监测系统。

（10）按矿井瓦斯等级选用相应的煤矿许用炸药和电雷管，爆破工作由专职爆破工担任。

（11）不得使用国家有关危及安全生产淘汰目录规定的设备及生产工艺；使用的矿用产品应有安全标志。

（12）配备足够数量的自救器，自救器的选用型号应与矿井灾害类型相适应，按规定建立安全避险系统。

（13）有反映实际情况的图纸：矿井地质图和水文地质图，井上下对照图，巷道布置图，采掘工程平面图，通风系统图，井下运输系统图，安全监控系统布置图和断电控制图，人员位置监测系统图，压风、排水、防尘、防火注浆、抽采瓦斯等管路系统图，井下通信系统图，井上、下配电系统图和井下电气设备布置图，井下避灾路线图。采掘工作面有符合实际情况的作业规程。

要求露天煤矿安全设施、设备、工艺必须具备的条件有：

（1）按规定设置栅栏、安全挡墙、警示标志。

（2）露天采场最终边坡的台阶坡面角和边坡角符合最终边坡设计要求。

（3）配电线路、电动机、变压器的保护符合安全要求。

（4）爆炸物品的领用、保管和使用符合规定。

（5）有边坡工程、地质勘探工程、岩土物理力学试验和稳定性分析，有边坡监测措施。

（6）有防排水设施和措施。

（7）地面和采场内的防灭火措施符合规定；开采有自然发火倾向的煤层或者开采范围内存在火区时，制定专门防灭火措施。

（8）有反映实际情况的图纸：地形地质图，工程地质平面图、断面图、综合水文地质图，采剥、排土工程平面图和运输系统图，供配电系统图，通信系统图，防排水系统图，边坡监测系统平面图，井工采空区与露天矿平面对照图。

在过去的相关立法中，煤矿安全生产许可证由煤矿安全监察机构负责颁发和管理。2020 年国家煤矿安全监察局更名为国家矿山安全监察局后，安全生产许可证颁发和管理职能移交到地方政府。《煤矿安全生产条例》第四十二条对此作出规定："省、自治区、直辖市人民政府负有煤矿安全生产监督管理职责的部门负责煤矿企业安全生产许可证的颁发和管理，并接受国家矿山安全监察机构及其设在地方的矿山安全监察机构的监督。"另外还规定，"对被责令停产整顿的煤矿企业，应当暂扣安全生产许可证等"。安全生产许可证的暂扣同样应该由许可证的颁发部门负责。《煤矿企业安全生产许可证实施办法》的规定与这一最新规定有所不同，需要尽快进行修改。

除煤矿企业安全生产许可证的颁发外，《煤矿安全生产条例》还规定，县级以上人民政府相关主管部门对未依法取得安全生产许可证等擅自进行煤矿生产的，应当依法查处：应当责令立即停止生产，没收违法所得和开采出的煤炭以及采掘设备；违法所得在 10 万元以上的，并处违法所得 2 倍以上 5 倍以下的罚款；没有违法所得或者违法所得不足 10 万元的，并处 10 万元以上 20 万元以下的罚款。在进行经济处罚的同时，提请县级以上人民政府予以关闭。乡镇人民政府在所辖区域内发现未依法取得安全生产许可证等擅自进行煤矿生产的，应当采取有效措施制止，并向县级人民政府相关主管部门报告。

六、煤矿企业安全生产失信惩戒

煤矿企业安全生产失信惩戒，也称为安全生产失信联合惩戒，是指政府及其多个职能部门共同对存在安全生产失信行为的煤矿企业及其从业人员，依照相关法律法规的规定联合实施的惩戒。失信惩戒虽然不属于行政处罚，参与联合惩戒的政府部门未必是负责煤矿安全生产的监管监察部门或者机构，但多个部门的协同行动，直接对煤矿企业发展影响重大，所以失信惩戒对促进煤矿企业安全生产守法具有重要意义。

2014 年修改的《安全生产法》将安全生产失信联合惩戒写进了法条。2021 年修改的《安全生产法》对联合惩戒的内容作了进一步的完善，规定“负有安全生产监督管理职责的部门应当建立安全生产违法行为信息库，如实记录生产经营单位及其有关从业人员的安全生产违法行为信息；对违法行为情节严重的生产经营单位及其有关从业人员，应当及时向社会公告，并通报行业主管部门、投资主管部门、自然资源主管部门、生态环境主管部门、证券监督管理机构以及有关金融机构。有关部门和机构应当对存在失信行为的生产经营单位及其有关从业人员采取加大执法检查频次、暂停项目审批、上调有关保险费率、行业或者职业禁入等联合惩戒措施，并向社会公示。”

2017 年，国家发展改革委、人民银行、安全监管总局、中央文明办、科技部、财政部、人力资源和社会保障部、国土资源部、环境保护部、住房城乡建设部、国资委、海关总署、税务总局、工商总局、质检总局、银监会、证监会、保监会等 18 个部门就针对安全生产领域失信生产经营单位及其有关人员开展联合惩戒达成一致意见，并发布了《关于对安全生产领域失信生产经营单位及其有关人员开展联合惩戒的合作备忘录》(简称《备忘录》)。《备忘录》对联合惩戒的对象、联合惩戒的措施、联合惩戒实施方式等问题都做了明确规定。其中惩戒措施应该是非常全面，相当严厉的，具体包括：

（1）加强安全监管监察。各级负有安全监管监察职责的部门针对存在失信行为的生产经营单位及其有关人员制定并落实以下措施：①加大执法检查频次；②作为重点监管监察对象，建立常态化暗查暗访机制，不定期开展抽查；③约谈其主要负责人，对其主要负责人及相关责任人进行安全培训；④暂停对其安全生产标准化评审，对已取得安全生产标准化证书的，撤销其证书；⑤依法依规对存在失信行为的生产经营单位及其主要责任人实施市场禁入；⑥发现有新的安全生产违法违规行为的，依法依规从重处罚。

（2）依法暂停审批其新的重大项目申报，核减、停止拨付或收回政府补贴资金。

（3）依法限制参与建设工程招投标。

（4）依法限制取得政府性资金支持。

（5）依法限制生产经营单位取得或者终止其基础设施和公用事业特许经营。

（6）依法限制、暂停企业债券、公司债券和股票发行。

（7）暂停审批存在失信行为的生产经营单位科技项目。

（8）在全国企业信用信息公示系统上公示存在失信行为的生产经营单位行政处罚信息。

（9）对吊销或者撤销安全生产许可证的存在失信行为生产经营单位，依法撤销注册登记或者吊销营业执照，或者责令当事人依法办理变更登记。

（10）存在失信行为的生产经营单位的相关责任人，在法定期限内不得担任相关生产经营单位的法定代表人、负责人，已经担任的依法责令办理变更登记。

（11）存在失信行为的生产经营单位变更名称的，将变更前后的名称在全国企业信用信息公示系统上公示。

（12）限制存在失信行为的生产经营单位发布广告。

（13）将存在失信行为的生产经营单位信息通报金融机构，作为其评级授信、信贷融资、管理和退出的重要参考依据。

（14）在审批证券、证券投资基金及期货公司设立、变更时，依法将生产经营单位失信行为作为重要参考，从严掌握或者不予批准。

（15）证券交易所在审核证券上市交易、全国中小企业股份转让系统在审核企业挂牌时，将生产经营单位的失信行为作为重要参考。

（16）要求上市企业将本企业纳入黑名单情况作为必须披露事项。

（17）根据安全生产风险水平，上调存在失信行为的生产经营单位安全生产责任保险的保险费率。

（18）依法限制存在失信行为的生产经营单位参与政府采购活动。

（19）在土地使用、采矿权取得等环节对存在失信行为的生产经营单位依法采取严格限制或禁止等措施。

（20）将生产经营单位失信行为作为相关责任人考核、干部选任的重要参考，作为评先评优的限制条件。

（21）对存在失信行为的生产经营单位进出口货物实施严密监管，在办理通关业务时，加强单证审核或布控查验。

（22）限制成为海关认证企业。存在失信行为的生产经营单位申请适用海关认证企业管理的，海关不予通过认证；已经成为认证企业的，按照规定下调企业信用等级。

（23）将企业违法失信行为纳入检验检疫进出口企业信用管理系统，依据《出入境检验检疫企业信用管理办法》对其进行信用评级和监督。

（24）依法限制取得生产许可。

（25）要求认证机构暂停或者撤销存在失信行为的生产经营单位的相关认证证书。

（26）严格、审慎审查存在失信行为的生产经营单位新改扩建项目的环评申报事项。

（27）在实施税收优惠政策时，将生产经营单位的失信状况作为审慎性参考依据。

（28）在向生产经营单位和个人颁发荣誉证书、嘉奖和表彰等荣誉性称号时，应当参考其安全生产信用状况，对存在失信行为的生产经营单位，不予颁发政府荣誉。

（29）在各部门主管领域内取消对存在失信行为的生产经营单位的政策性资金支持。

虽然《煤矿安全生产条例》并未对违法行为情节严重的煤矿企业及其从业人员如何开展联合惩戒作出具体规定，但是《安全生产法》和《关于对安全生产领域失信生产经营单位及其有关人员开展联合惩戒的合作备忘录》同样适用于煤矿安全生产领域。

另外，《煤矿安全生产条例》规定的失信联合惩戒还将煤矿安全生产技术服务机构及有关从业人员纳入了失信联合惩戒的适用对象，对促进煤矿安全生产技术服务机构服务的合法化、规范化具有重要意义。

第二节　习　题　集

一、辨析题

1. 县级以上人民政府负有煤矿安全生产监督管理职责的部门对未依法取得安全生产许可证等擅自进行煤矿生产的，应当依法查处。(　　)

2. 乡镇人民政府在所辖区域内发现有非法煤矿应当进行严厉的行政处罚。(　　)

3. 煤矿安全生产许可证由省级人民政府负有煤矿安全生产监督管理职责的部门负责颁发和管理，因此对未依法取得安全生产许可证而擅自进行煤矿生产的煤矿企业查处的权力属于省级人民政府负有煤矿安全生产监督管理职责的部门。(　　)

4. 煤矿安全地方监管工作由各级地方政府的应急管理部门负责。(　　)

5. 煤矿建设项目安全设施设计必须经省级矿山安全监察机构审查同意。(　　)

6. 煤矿建设项目安全设施设计审查部门应当自受理之日起 45 日内审查完毕，签署同意或者不同意的意见，并书面答复。(　　)

7. 煤矿建设项目安全设施验收由建设单位负责组织，由县级以上人民政府负有煤矿安全生产监督管理职责的部门负责对验收活动进行监督核查。(　　)

8. 县级以上地方人民政府负有煤矿安全生产监督管理职责的部门依法对煤矿企业进行监督检查时，重点是帮着企业排查事故隐患。(　　)

9. 矿山安全监察机构有权对煤矿安全生产许可证的颁发与管理实施监督。(　　)

10. 县级以上负有煤矿安全生产监督管理职责的部门应当编制煤矿安全生产年度监督检查计划并报所在地矿山安全监察机构审查批准。(　　)

11. 负有煤矿安全生产监督管理职责的部门应当对煤矿企业的安全生产违法行为当场予以纠正或者要求限期改正并当场实施行政处罚。(　　)

12. 负有煤矿安全生产监督管理职责的部门对检查中发现的事故隐患，应当责令暂时停产或者停止使用相关设施、设备。（　　）

13. 负有煤矿安全生产监督管理职责的部门应当对怀疑不符合保障安全生产的国家标准或者行业标准的设施、设备、器材予以查封或者扣押。（　　）

14. 县级以上人民政府及其有关部门对存在安全生产失信行为的煤矿企业及有关从业人员，依法依规实施联合处罚。（　　）

15. 煤矿企业有安全生产违法行为或者重大事故隐患依法被责令停产整顿的，应当制定整改方案并进行整改，整改结束后方可自行恢复生产。（　　）

二、填空题

1. 煤矿安全生产实行地方党政领导干部（　　　　），强化煤矿安全生产（　　　　）。

2. 省、自治区、直辖市人民政府应当按照（　　　　）的原则，明确煤矿企业的安全生产（　　　　）。

3. 县级以上人民政府（　　　　）对未依法取得安全生产许可证等擅自进行（　　　　）的，应当依法查处。

4. （　　　　）人民政府在所辖区域内发现未依法取得安全生产许可证等擅自进行煤矿生产的，应当采取有效措施制止，并向（　　　　）人民政府相关主管部门报告。

5. 省级人民政府负有煤矿安全生产监督管理职责的部门审查煤矿建设项目（　　　　），应当自受理之日起（　　　　）内审查完毕，签署同意或者不同意的意见，并书面答复。

6. 煤矿建设项目安全设施竣工验收活动由建设单位负责组织，省级人民政府负有煤矿安全生产监督管理职责的部门应当加强对建设单位安全设施（　　　　）和（　　　　）的监督核查。

7. 煤矿企业安全生产许可证由（　　　　）人民政府负有煤矿安全生产监督管理职责的部门负责颁发和管理，并接受国家矿山安全监察机构及其设在地方的矿山安全监察机构的（　　　　）。

8. 县级以上地方人民政府负有煤矿安全生产监督管理职责的部门应当编制煤矿安全生产年度（　　　　），并抄送所在地（　　　　）。

9. 县级以上地方人民政府负有煤矿安全生产监督管理职责的部门依法进入煤矿企业进行检查，重点检查（　　　　），调阅有关资料，向有关（　　　　）和人员了解情况。

10. 县级以上地方人民政府负有煤矿安全生产监督管理职责的部门对检查中发现的安全生产违法行为，当场（　　　　）或者要求（　　　　）。

11. 县级以上地方人民政府负有煤矿安全生产监督管理职责的部门对检查中发现的事故隐患，应当责令（　　　　）；重大事故隐患排除前或者排除过程中无法保证安全的，应当责令从（　　　　）撤出作业人员，责令暂时停产或者停止使用相关设施、设备。

12. 县级以上地方人民政府负有煤矿安全生产监督管理职责的部门对（　　　　）认为不符合保障安全生产的国家标准或者行业标准的设施、设备、器材予以（　　　　）或者扣押。

13. 县级以上地方人民政府负有煤矿安全生产监督管理职责的部门应当将重大事故隐患纳入相关（　　　　），建立健全重大事故隐患治理（　　　　），督促煤矿企业消除重大事故隐患。

14. 煤矿安全生产技术服务机构对出具的报告负责，不得（　　　　）、挂靠、出具（　　　　）。

15. 县级以上人民政府及其（　　　　）对存在安全生产失信行为的煤矿企业、煤矿安全生产技术服务机构及有关从业人员，依法依规实施（　　　　）。

16. 对被责令（　　　　）的煤矿企业，在停产整顿期间，有关地方（　　　　）应当采取有效措施进行监督检查。

17. 煤矿企业有安全生产（　　　　）或者（　　　　）依法被责令停产整顿的，应当制定整改方案并进行整改。

18. 煤矿企业整改结束后要求恢复生产的，县级以上地方人民政府负有煤矿安全生产监督管理职责的部门应当（　　　　），并在收到恢复生产申请之日起（　　　　）内组织验收完毕。

19. 煤矿企业整改结束后验收合格的，经本部门主要负责人签字，并经所在地矿山安全监察机构（　　　　），报本级人民政府主要负责人（　　　　）后，方可恢复生产。

20. 县级以上地方人民政府负有煤矿安全生产监督管理职责的部门对被责令停产整顿或者（　　　　）的煤矿企业，应当在 5 个工作日内（　　　　）公告。

三、单选题

1. 有权按照分级分类监管的原则确定煤矿企业安全生产监管主体的是（　　）人民政府。

A. 中央

B. 省级

C. 市级

D. 县级

2. 关于煤矿企业安全生产许可证，下列说法错误的是（　　）。

A. 省级人民政府负有煤矿安全生产监督管理职责的部门负责煤矿企业安全生产许可证的颁发和管理

B. 县级以上人民政府负有煤矿安全生产监督管理职责的部门对未依法取得安全生产许可证等擅自进行煤矿生产的，应当依法查处

C. 乡镇人民政府在所辖区域内发现未依法取得安全生产许可证擅自进行煤矿生产的，应当采取有效措施制止，并向县级人民政府相关主管部门报告

D. 国家矿山安全监察机构及其设在地方的矿山安全监察机构对煤矿企业安全生产许可证的颁发和管理进行监督

3. 关于煤矿建设项目安全设施建设问题，下列说法错误的是（　　）。

A. 煤矿建设项目安全设施设计须经省级人民政府负有煤矿安全生产监督管理职责的部门审查同意

B. 审查部门应当自收到审查材料起 30 日内审查完毕

C. 审查无论同意与否，都应该对申请单位书面答复

D. 省级负有煤矿安全生产监督管理职责的部门应当对建设单位安全设施验收活动和验收结果监督核查

4. 关于安全生产年度监督检查计划，下列说法正确的是（　　）。

A. 县级以上地方人民政府负有煤矿安全生产监督管理职责的部门应当编制煤矿安全生产年度监督检查计划

B. 煤矿安全生产年度监督检查计划应当报上一级人民政府负有煤矿安全生产监督管理职责的部门批准

C. 煤矿安全生产年度监督检查计划应当报所在地矿山安全监察机构批准

D. 煤矿安全生产年度监督检查计划应当报所在地矿山安全监察机构备案

5. 县级以上地方人民政府负有煤矿安全生产监督管理职责的部门依法对煤矿企业进行监督检查，检查的重点内容是（　　）。

A. 汇报材料

B. 档案资料

C. 现场安全生产状况

D. 一线生产作业场所

6. 县级以上地方人民政府负有煤矿安全生产监督管理职责的部门依法对煤矿企业进行监督检查，可以采取（　　）措施。

A. 发现安全生产违法行为，当场予以纠正或者要求限期改正

B. 发现重大事故隐患的，责令暂时停产或者停止使用相关设施、设备

C. 要求煤矿企业停产接受检查

D. 对不遵守监管指令的人员进行行政拘留

7. 县级以上地方人民政府负有煤矿安全生产监督管理职责的部门在检查时，下列做法正确的是（　　）。

A. 检查中发现事故隐患的，应当责令停止使用相关设施、设备

B. 检查中发现事故隐患的，可以责令限期排除

C. 重大事故隐患排除前或者排除过程中无法保证安全的，应当责令从危险区域内撤出作业人员，责令停产停业整顿或者停止使用相关设施、设备

D. 判定是否属于重大事故隐患，应当根据《煤矿重大事故隐患判定标准》

8. 关于煤矿安全生产服务机构的服务与监管，下列说法错误的是（　　）。

A. 县级以上地方人民政府应急管理部门应当加强对煤矿安全生产技术服务机构的监管

B. 煤矿安全生产技术服务机构应当依照有关法律法规和国家标准或者行业标准的规定开展安全生产技术服务活动

C. 煤矿安全生产技术服务机构对其出具的报告负责

D. 煤矿安全生产技术服务机构不得租借资质、挂靠、出具虚假报告

9. 县级以上人民政府及其有关部门对安全生产失信行为实施失信惩戒，被惩戒的对象不包括（　　）。

A. 煤矿企业

B. 煤矿

C. 煤矿企业从业人员

D. 煤矿安全生产技术服务机构

10. 关于煤矿企业的停产整顿，下列说法错误的是（　　）。

A. 县级以上地方人民政府负有煤矿安全生产监督管理职责的部门对被责令停产整顿的煤矿企业，应当在5个工作日内向社会公告

B. 在停产整顿期间，有关地方人民政府应当采取有效措施，对被责令停产整顿的煤矿企业进行监督检查

C. 被责令停产整顿的煤矿企业应当制定整改方案并进行整改

D. 被责令停产整顿的煤矿企业整改结束后即可恢复生产

四、多选题

1. 煤矿安全生产监管主体包括（　　）。

A. 省级人民政府负有煤矿安全生产监督管理职责的部门

B. 设区的市级人民政府负有煤矿安全生产监督管理职责的部门

C. 县级人民政府负有煤矿安全生产监督管理职责的部门

D. 乡镇人民政府

2. 乡镇人民政府在所辖区域内发现未依法取得安全生产许可证等擅自进行煤矿生产的，应当（　　）。

A. 采取有效措施制止

B. 向县级人民政府相关主管部门报告

C. 对煤矿进行经济处罚

D. 责令关闭

3. 关于煤矿建设项目，下列说法正确的是（　　）。

A. 省级人民政府负有煤矿安全生产监督管理职责的部门对煤矿建设项目进行审查核准

B. 省级人民政府负有煤矿安全生产监督管理职责的部门对煤矿建设项目安全设施设计进行审查

C. 设区的市级人民政府负有煤矿安全生产监督管理职责的部门负责组织对煤矿建设项目安全设施竣工验收

D. 省级人民政府负有煤矿安全生产监督管理职责的部门应当加强对安全设施验收活动和验收结果的监督核查

4. 关于煤矿建设项目安全设施设计审查，下列说法正确的是（　　）。

A. 省级人民政府负有煤矿安全生产监督管理职责的部门负责煤矿建设项目安全设施设计审查

B. 国家矿山安全监察机构设在地方的矿山安全监察机构负责煤矿建设项目安全设施设计审查

C. 负责审查的部门应当自受理之日起 30 日内审查完毕

D. 负责审查的部门应当自受理之日起 20 日内审查完毕

5. 省级人民政府负有煤矿安全生产监督管理职责的部门在煤矿建设项目安全设施建设方面的职责包括（　　）。

A. 审查煤矿建设项目安全设施设计

B. 组织煤矿建设项目安全设施竣工验收

C. 对安全设施验收活动进行监督核查

D. 对安全设施验收结果进行监督核查

6. 在煤矿企业安全生产许可证的颁发和管理中，有关政府部门和机构的职责分别是（　　）。

A. 国家矿山安全监察机构及其设在地方的矿山安全监察机构对煤矿企业安全生产许可证的颁发和管理实施监督

B. 省级人民政府负有煤矿安全生产监督管理职责的部门负责煤矿企业安全生产许可证的颁发和管理

C. 市级人民政府负有煤矿安全生产监督管理职责的部门负责对被责令停产整顿的煤矿企业，暂扣安全生产许可证

D. 县级以上人民政府负有煤矿安全生产监督管理职责的部门对未依法取得安全生产许可证擅自进行煤矿生产的，依法查处

7. 县级以上地方人民政府负有煤矿安全生产监督管理职责的部门依法对煤矿企业进行监督检查，享有入场检查权。入场检查时，下列做法正确的是（　　）。

A. 到煤矿企业所属煤矿井下进行现场检查

B. 调阅煤矿的图纸

C. 向煤矿企业所属煤矿了解情况

D. 传唤某采煤队长

8. 县级以上地方人民政府负有煤矿安全生产监督管理职责的部门依法对煤矿企业进行监督检查，对检查中发现的安全生产违法行为，应当根据具体情况单独采取或者同时采取如下措施（　　）。

A. 责令暂时停产

B. 当场予以纠正

C. 要求限期改正

D. 当场对违章工人罚款 100 元

9. 县级以上地方人民政府负有煤矿安全生产监督管理职责的部门依法对煤矿企业进行监督检查，对检查中发现的事故隐患，下列处理错误的是（　　）。

A. 责令立即排除

B. 责令限期排除

C. 责令从危险区域内撤出作业人员

D. 责令暂时停产或者停止使用相关设施、设备

10. 县级以上地方人民政府负有煤矿安全生产监督管理职责的部门依法对煤矿企业进行监督检查，根据具体情况，对检查中发现的重大事故隐患的处置手段包括（　　）。

A. 应当责令立即排除

B. 对存在重大事故隐患的设施、设备应当进行查封或者扣押

C. 排除前或者排除过程中无法保证安全的，责令从危险区域内撤出作业人员

D. 排除前或者排除过程中无法保证安全的，责令暂时停产或者停止使用相关设施、设备

11. 某煤矿企业有一煤矿扩建项目需要进行安全评价，为了节省评价费用，计划选择当地一家规模较小的安全生产中介机构，但因该机构并无进行煤矿安全评价的资质，无法委托其进行安全评价。两天后，该中介机构联系了该煤矿企业，称本公司刚刚与北京某安全评价机构建立了挂靠关系，可以以北京某安全评价机构的名义出具评价报告，评价费用 25 万元。双方达成协议后，评价公司派人进行工作，发现若干不符合安全条件的问题，在煤矿企业将评价费用提高至 45 万元后，评价公司出具了建设项目符合要求的安全评价报告。案例中该评价机构存在的违法行为包括（　　）。

A. 出具虚假报告

B. 出具失实报告

C. 提高评价费用

D. 资质挂靠

12.《煤矿安全生产条例》规定的失信惩戒制度适用的对象包括（　　）。

A. 县级以上人民政府及其有关部门

B. 煤矿企业

C. 煤矿安全生产技术服务机构

D. 煤矿矿长

13. 关于被责令停产整顿的煤矿企业，下列说法正确的是（　　）。

A. 政府有关部门对被责令停产整顿的煤矿企业，应当在 5 个工作日内向社会公告

B. 应该通知供电部门停止供电

C. 煤矿企业应当制定整改方案并进行整改

D. 整改结束后须经过县级以上人民政府负有煤矿安全生产监督管理职责的部门组织的验收

14. 关于被责令停产整顿的煤矿企业的复产验收，下列说法错误的是（　　）。

A. 由县级人民政府负有煤矿安全生产监督管理职责的部门组织验收

B. 验收部门在收到恢复生产申请之日起 20 日内开始组织验收

C. 验收部门验收合格的，可直接通知煤矿企业恢复生产

D. 对验收合格恢复生产的煤矿企业报所在地矿山安全监察机构备案

15. 对被责令停产整顿的煤矿企业的复产验收合格后，还需要经过哪些程序才可以恢复生产？（　　）

A. 经煤矿企业主要负责人签字

B. 经组织验收部门的主要负责人签字

C. 经所在地矿山安全监察机构审核同意

D. 报验收部门的本级人民政府主要负责人批准

五、简答题

1. 简述不同级别的地方政府及其负责煤矿安全监管的部门、国家矿山安全监察机构在煤矿企业安全生产许可证颁发和管理过程中的职责。

2. 简述县级以上地方人民政府负有煤矿安全生产监督管理职责的部门对煤矿企业进行监督检查可以采取的措施。

3. 简述县级以上地方人民政府负有煤矿安全生产监督管理职责的部门在煤矿生产安全事故隐患治理方面的监管责任。

4. 简述被责令停产整顿的煤矿企业复产验收的程序。

5. 简述省级人民政府负有煤矿安全生产监督管理职责的部门在煤矿建设项目安全设施建设整个过程中的职责。

第三节　习题答案及解析

一、辨析题答案及解析

1. 错。解析：《煤矿安全生产条例》第四十条第二款规定，“县级以上人民政府相关主管部门对未依法取得安全生产许可证等擅自进行煤矿生

产的，应当依法查处”。法条之所以使用了“相关主管部门”而非“负有煤矿安全生产监督管理职责的部门”是因为查处的违法行为是“未依法取得安全生产许可证等擅自进行煤矿生产”的行为，关键有一个“等”字，即除了安全生产许可证以外，还可能涉及采矿许可证、工商营业执照等证照，因此除了负有煤矿安全生产监督管理职责的部门以外，还有其他部门，如自然资源主管部门、市场监管部门等，因此法条规定是“相关主管部门”，而非单独的“负有煤矿安全生产监督管理职责的部门”。

2. 错。解析：《煤矿安全生产条例》第四十条规定，“乡镇人民政府在所辖区域内发现未依法取得安全生产许可证等擅自进行煤矿生产的，应当采取有效措施制止，并向县级人民政府相关主管部门报告”。《安全生产法》第九条规定，乡镇人民政府和街道办事处，以及开发区、工业园区、港区、风景区等应当明确负责安全生产监督管理的有关工作机构及其职责，加强安全生产监管力量建设，按照职责对本行政区域或者管理区域内生产经营单位安全生产状况进行监督检查，协助人民政府有关部门或者按照授权依法履行安全生产监督管理职责。《行政处罚法》第二十四条规定，省、自治区、直辖市根据当地实际情况，可以决定将基层管理迫切需要的县级人民政府部门的行政处罚权交由能够有效承接的乡镇人民政府、街道办事处行使，并定期组织评估。由此可见，一般而言乡镇人民政府并无行政处罚权，只有经过授权的乡镇人民政府才具有行政处罚权。

3. 错。解析：《煤矿安全生产条例》第四十二条虽然规定“省、自治区、直辖市人民政府负有煤矿安全生产监督管理职责的部门负责煤矿企业安全生产许可证的颁发和管理”，但第四十条第二款明确规定“县级以上人民政府相关主管部门对未依法取得安全生产许可证等擅自进行煤矿生产的，应当依法查处”。因此查处权并未仅仅保留在省级负有煤矿安全生产监督管理职责的部门。

4. 错。解析：根据《煤矿安全生产条例》第四十条的规定，“省、自治区、直辖市人民政府应当按照分级分类监管的原则，明确煤矿企业的安全生产监管主体”。该规定包含两层含义：一是根据分类监管原则，明确本省、自治区、直辖市的煤炭行业的监管主体；二是根据分级原则，确定某一个煤矿企业具体由哪一个级别的监管部门监管。《煤矿安全生产条例》

并非明确规定煤矿安全生产监管职责由应急管理部门负责，而是使用了一个笼统概念："负有煤矿安全生产监督管理职责的部门"。现实中，很多省份将煤矿安全地方监管职能赋予了应急管理部门，也有的省份将这一职能赋予了能源主管部门，还有的省份单独成立了煤矿安全生产的地方监管部门。

5. 错。解析：根据《煤矿安全生产条例》第四十一条的规定，省、自治区、直辖市人民政府负有煤矿安全生产监督管理职责的部门审查煤矿建设项目安全设施设计。在国家煤矿安全监察局更名为国家矿山安全监察局以前，煤矿建设项目安全设施设计审查确实由国家煤矿安全监察机构负责。但根据《国家矿山安全监察局职能配置、内设机构和人员编制规定》的规定，更名后的国家矿山安全监察局"将煤矿安全生产许可、建设工程安全设施设计审查和竣工验收核查、检验检测机构认证、相关人员培训等事项移交给地方政府"。故这一职能实际上从2020年已经移交。

6. 错。解析：根据《煤矿安全生产条例》第四十一条的规定，省、自治区、直辖市人民政府负有煤矿安全生产监督管理职责的部门审查煤矿建设项目安全设施设计，应当自受理之日起30日内审查完毕，签署同意或者不同意的意见，并书面答复。

虽然《行政许可法》第四十二条规定的一般行政许可审查期限为20日，但安全生产行政许可依据《行政许可法》"法律、法规另有规定的，依照其规定"的规定，单独规定了许可时限。《安全生产许可证条例》规定安全生产许可证的审查时限为45天，《煤矿安全生产条例》规定的煤矿建设项目安全设施设计审查期限为30天。

7. 错。解析：根据《煤矿安全生产条例》第十六条的规定，煤矿建设项目竣工投入生产或者使用前，应当由建设单位负责组织对安全设施进行验收，但是根据第四十一条的规定，省、自治区、直辖市人民政府负有煤矿安全生产监督管理职责的部门应当加强对建设单位安全设施验收活动和验收结果的监督核查。故对建设单位安全设施验收活动和验收结果进行监督核查的是省级负有煤矿安全生产监督管理职责的部门，并非县级以上人民政府负有煤矿安全生产监督管理职责的部门。

8. 错。解析：根据《煤矿安全生产条例》第四十四条的规定，县级以上地方人民政府负有煤矿安全生产监督管理职责的部门依法对煤矿企业进行监督检查，并将煤矿现场安全生产状况作为监督检查重点内容。进入煤矿企业进行检查，重点检查一线生产作业场所。由此可知，检查的重点场所是“一线生产作业场所”，检查的重点内容是“现场安全生产状况”。根据应急管理部部门规章《安全生产事故隐患排查治理暂行规定》的规定，事故隐患“是指生产经营单位违反安全生产法律、法规、规章、标准、规程和安全生产管理制度的规定，或者因其他因素在生产经营活动中存在可能导致事故发生的物的危险状态、人的不安全行为和管理上的缺陷”。一线生产作业场所存在事故隐患，场所之外也存在事故隐患，因此不能说监督检查的重点是帮着企业排查事故隐患，并且隐患是动态的、全方位的，排查并消除隐患是煤矿企业的责任。

9. 对。解析：虽然根据《国家矿山安全监察局职能配置、内设机构和人员编制规定》的规定，国家煤矿安全监察局更名为国家矿山安全监察局以后，将煤矿安全生产许可颁发与管理事项移交给地方政府，但是根据《煤矿安全生产条例》第四十二条的规定，煤矿企业安全生产许可证的颁发和管理部门应当接受国家矿山安全监察机构及其设在地方的矿山安全监察机构的监督。

10. 错。解析：根据《煤矿安全生产条例》第四十三条的规定，“县级以上地方人民政府负有煤矿安全生产监督管理职责的部门应当编制煤矿安全生产年度监督检查计划，并按照计划进行监督检查”“煤矿安全生产年度监督检查计划应当抄送所在地矿山安全监察机构”。抄送的目的是让矿山安全监察机构“知晓”便于工作协调，并非审查批准。

11. 错。解析：根据《煤矿安全生产条例》第四十四条第二项的规定，县级以上地方人民政府负有煤矿安全生产监督管理职责的部门对检查中发现的安全生产违法行为，当场予以纠正或者要求限期改正，但大多数行政处罚不能当场作出。根据《行政处罚法》第五十一条的规定，“违法事实确凿并有法定依据，对公民处以二百元以下、对法人或者其他组织处以三千元以下罚款或者警告的行政处罚的，可以当场作出行政处罚决定”。其他情况的处罚则不能适用这样的简易程序。根据《安全生产违法行为行政处罚办法》第十七条的规定，“安全监管监察部门在作出行政处罚决定前，应当填写行政处罚告知书，告知当事人作出行政处罚决定的事实、理由、依据，以及当事人依法享有的权利，并送达当事人。当事人应当在收到行政处罚告知书之日起3日内进行陈述、申辩，或者依法提出听证要求，逾期视为放弃上述权利”。因此笼统地讲当场实施行政处罚是错误的。

12. 错。解析：根据《煤矿安全生产条例》第四十四条第三项的规定，县级以上地方人民政府负有煤矿安全生产监督管理职责的部门对检查中发现的事故隐患，应当责令立即排除；重大事故隐患排除前或者排除过程中无法保证安全的，应当责令从危险区域内撤出作业人员，责令暂时停产或者停止使用相关设施、设备。因此只有重大事故隐患排除前或者排除过程中无法保证安全的，才可以责令暂时停产或者停止使用相关设施、设备，并非一旦发现事故隐患就无差别地适用“责令暂时停产或者停止使用相关设施、设备”。

13. 错。解析：根据《煤矿安全生产条例》第四十四条第四项的规定，县级以上地方人民政府负有煤矿安全生产监督管理职责的部门对有根据认为不符合保障安全生产的国家标准或者行业标准的设施、设备、器材予以查封或者扣押。其中“有根据认为”是指有客观根据，并非主观“怀疑”。

14. 错。解析：《煤矿安全生产条例》第四十七条规定：“县级以上人民政府及其有关部门对存在安全生产失信行为的煤矿企业、煤矿安全生产技术服务机构及有关从业人员，依法依规实施失信惩戒。”《安全生产法》对安全生产失信惩戒规定得更加细致，第七十八条规定，“负有安全生产监督管理职责的部门应当建立安全生产违法行为信息库，如实记录生产经营单位及其有关从业人员的安全生产违法行为信息；对违法行为情节严重的生产经营单位及其有关从业人员，应当及时向社会公告，并通报行业主管部门、投资主管部门、自然资源主管部门、生态环境主管部门、证券监督管理机构以及有关金融机构。有关部门和机构应当对存在失信行为的生产经营单位及其有关从业人员采取加大执法检查频次、暂停项目审批、上调有关保险费率、行业或者职业禁入等联合惩戒措施，并向社会公示”。由此可知，失信惩戒并不属于行政处罚的范畴。行政处罚应该由一个行政部门作出，不实行联合处罚。

15. 错。解析：根据《煤矿安全生产条例》第四十八条第二款的规定，“煤矿企业有安全生产违法行为或者重大事故隐患依法被责令停产整顿的，应当制定整改方案并进行整改。整改结束后要求恢复生产的，县级以上地方人民政府负有煤矿安全生产监督管理职责的部门应当组织验收，并在收到恢复生产申请之日起 20 日内组织验收完毕。验收合格的，经本部门主要负责人签字，并经所在地矿山安全监察机构审核同意，报本级人民政府主要负责人批准后，方可恢复生产”。因此，煤矿企业整改结束后需要经过政府部门验收合格，才可以恢复生产，不能自行恢复生产。

二、填空题答案及依据

1. 安全生产责任制、属地管理，答案依据：《煤矿安全生产条例》第三十九条。

2. 分级分类监管、监管主体，答案依据：《煤矿安全生产条例》第四十条。

3. 相关主管部门、煤矿生产，答案依据：《煤矿安全生产条例》第四十条。

4. 乡镇、县级，答案依据：《煤矿安全生产条例》第四十条。

5. 安全设施设计、30 日，答案依据：《煤矿安全生产条例》第四十一条。

6. 验收活动、验收结果，答案依据：《煤矿安全生产条例》第四十一条。

7. 省级、监督，答案依据：《煤矿安全生产条例》第四十二条。

8. 监督检查计划、矿山安全监察机构，答案依据：《煤矿安全生产条例》第四十三条。

9. 一线生产作业场所、单位，答案依据：《煤矿安全生产条例》第四十四条。

10. 予以纠正、限期改正，答案依据：《煤矿安全生产条例》第四十四条。

11. 立即排除、危险区域内，答案依据：《煤矿安全生产条例》第四十四条。

12. 有根据、查封，答案依据：《煤矿安全生产条例》第四十四条。

13. 信息系统、督办制度，答案依据：《煤矿安全生产条例》第四十五条。

14. 租借资质、虚假报告，答案依据：《煤矿安全生产条例》第四十六条。

15. 有关部门、失信惩戒，答案依据：《煤矿安全生产条例》第四十七条。

16. 停产整顿、人民政府，答案依据：《煤矿安全生产条例》第四十八条。

17. 违法行为、重大事故隐患，答案依据：《煤矿安全生产条例》第四十八条。

18. 组织验收、20 日，答案依据：《煤矿安全生产条例》第四十八条。

19. 审核同意、批准，答案依据：《煤矿安全生产条例》第四十八条。

20. 关闭、向社会，答案依据：《煤矿安全生产条例》第四十九条。

三、单选题答案及解析

1. B。解析：根据《煤矿安全生产条例》第四十条第一款的规定，“省、自治区、直辖市人民政府应当按照分级分类监管的原则，明确煤矿企业的安全生产监管主体”。故 B 选项正确。

《煤矿安全生产条例》未对承担煤矿安全生产监督管理职责的部门作出统一要求，而是尊重现状，授权各省级人民政府根据本省情况作出决定。无论各省份规定由哪一部门负责，统一使用“负有煤矿安全生产监督管理职责的部门”概念。同时省级人民政府还要按照分级监管的原则对本省每一级煤矿企业到底由哪一级负有煤矿安全生产监督管理职责的部门负责监管作出决定。

2. B。解析：根据《煤矿安全生产条例》第四十二条的规定，“省、自治区、直辖市人民政府负有煤矿安全生产监督管理职责的部门负责煤矿企业安全生产许可证的颁发和管理，并接受国家矿山安全监察机构及其设在地方的矿山安全监察机构的监督”。故 A、D 选项正确。

根据《煤矿安全生产条例》第四十条第二款的规定，“县级以上人民政府相关主管部门对未依法取得安全生产许可证等擅自进行煤矿生产的，应当依法查处”。注意法条中安全生产许可证后有一个“等”字，也就是说除安全生产许可证外，还可能牵扯采矿许可证、工商营业执照等其他证照，因此主管部门并非仅仅是“负有煤矿安全生产监督管理职责的部门”，还可能涉及自然资源部门、市场监管部门等。故B选项错误，符合题意。

根据《煤矿安全生产条例》第四十条第三款的规定，“乡镇人民政府在所辖区域内发现未依法取得安全生产许可证等擅自进行煤矿生产的，应当采取有效措施制止，并向县级人民政府相关主管部门报告”。故C选项正确。

3. B。解析：《煤矿安全生产条例》第四十一条规定：“省、自治区、直辖市人民政府负有煤矿安全生产监督管理职责的部门审查煤矿建设项目安全设施设计，应当自受理之日起30日内审查完毕，签署同意或者不同意的意见，并书面答复。省、自治区、直辖市人民政府负有煤矿安全生产监督管理职责的部门应当加强对建设单位安全设施验收活动和验收结果的监督核查。”根据上述规定，A、C、D选项正确，不符合题意。

安全设施设计审查的时限应该从“受理之日”起算。“收到审查材料”与“受理”是两个不同的概念。根据《行政许可法》的规定，行政机关对申请人提出的行政许可申请，应当根据下列情况分别作出处理：

（1）申请事项依法不需要取得行政许可的，应当即时告知申请人不受理。

（2）申请事项依法不属于本行政机关职权范围的，应当即时作出不予受理的决定，并告知申请人向有关行政机关申请。

（3）申请材料存在可以当场更正的错误的，应当允许申请人当场更正。

（4）申请材料不齐全或者不符合法定形式的，应当当场或者在五日内一次告知申请人需要补正的全部内容，逾期不告知的，自收到申请材料之日起即为受理。

（5）申请事项属于本行政机关职权范围，申请材料齐全、符合法定形式，或者申请人按照本行政机关的要求提交全部补正申请材料的，应当受理行政许可申请。

行政机关受理或者不予受理行政许可申请，应当出具加盖本行政机关专用印章和注明日期的书面凭证。

由此可见，收到申请材料也有可能决定不予受理，收到申请材料与受理是两个不同的步骤。因此 B 选项错误，符合题意。

4. A。解析：《煤矿安全生产条例》第四十三条规定："县级以上地方人民政府负有煤矿安全生产监督管理职责的部门应当编制煤矿安全生产年度监督检查计划，并按照计划进行监督检查。煤矿安全生产年度监督检查计划应当抄送所在地矿山安全监察机构。"对监督检查计划并无批准、备案的要求，只要求抄送所在地矿山安全监察机构。故 A 选项正确，B、C、D 选项错误。

5. C。解析：根据《煤矿安全生产条例》第四十四条的规定，"县级以上地方人民政府负有煤矿安全生产监督管理职责的部门依法对煤矿企业进行监督检查，并将煤矿现场安全生产状况作为监督检查重点内容"。C 选项正确，"现场安全生产状况"是监督检查重点内容。A、B 选项虽然也是安全生产检查的内容，但不是重点。D 选项"一线生产作业场所"虽然也是检查重点，但不是"重点内容"，而是"重点场所"，注意法条将"重点内容"与"重点场所"作出了区分。故 D 选项也是错误的。

6. A。解析：《煤矿安全生产条例》第四十四条规定，监督检查可以采取以下措施：①进入煤矿企业进行检查，重点检查一线生产作业场所，调阅有关资料，向有关单位和人员了解情况。②对检查中发现的安全生产违法行为，当场予以纠正或者要求限期改正。③对检查中发现的事故隐患，应当责令立即排除；重大事故隐患排除前或者排除过程中无法保证安全的，应当责令从危险区域内撤出作业人员，责令暂时停产或者停止使用相关设施、设备。④对有根据认为不符合保障安全生产的国家标准或者行业标准的设施、设备、器材予以查封或者扣押。另外还规定"监督检查不得影响煤矿企业的正常生产经营活动"。由此可知，A 选项正确。

只有重大事故隐患排除前或者排除过程中无法保证安全的，才责令从危险区域内撤出作业人员，责令暂时停产或者停止使用相关设施、设备，并非只要存在重大事故隐患就必须"责令暂时停产或者停止使用相关设施、设备"，故 B 选项错误。法条规定，监督检查不得影响煤矿企业的正常生产经营活动，因此不可以要求煤矿企业停产接受检查，C 选项错误。行政拘留的处罚权属于公安机关，无论煤矿企业有关人员有多么严重的违法行为，负有煤矿安全生产监督管理职责的部门都无权对有关人员实施拘留，只能报警，由公安机关处理。故 D 选项错误。

7. B。解析：根据《煤矿安全生产条例》第四十四条的规定，“对检查中发现的事故隐患，应当责令立即排除；重大事故隐患排除前或者排除过程中无法保证安全的，应当责令从危险区域内撤出作业人员，责令暂时停产或者停止使用相关设施、设备”，由此可知检查中发现事故隐患的，应当责令立即排除，而不是责令停止使用相关设施、设备，并且隐患包括人的不安全行为、物的不安全状态和管理上的缺陷，隐患未必就是设施、设备的问题。故 A 选项错误。

第四十四条虽然规定“对检查中发现的事故隐患，应当责令立即排除”，未规定可以“责令限期排除”，但是第五十三条却规定“国家矿山安全监察机构及其设在地方的矿山安全监察机构发现煤矿现场存在事故隐患的，有权要求立即排除或者限期排除”。负有煤矿安全生产监督管理职责的部门与矿山安全监察机构面对煤矿企业执法过程中的权力应该是一致的。根据《安全生产法》第一百零二条的规定，“生产经营单位未采取措施消除事故隐患的，责令立即消除或者限期消除，处五万元以下的罚款”，有“限期消除”的要求。另外，根据《安全生产事故隐患排查治理暂行规定》的规定，事故隐患包括人的不安全行为、物的不安全状态和管理上的缺陷。一些管理制度上的缺陷，一般无法立即排除，限期排除更加合理。因此从逻辑上讲，“责令限期排除”也是可以适用的，B 选项正确。

C 选项中法条规定的是“责令暂时停产”，不是“责令停产停业整顿”，因此 C 选项与法条不符，是错误的。需要注意的是，“责令暂时停产”与“责令停产停业整顿”是两个完全不同的概念。“责令暂时停产”是执法过程中的临时性指令，可以当场作出；“责令停产停业整顿”则属于比较严重的行政处罚，一般不适用简易程序，不可以当场作出。

关于煤矿重大事故隐患判定标准，《煤矿安全生产条例》与《煤矿重大事故隐患判定标准》相比增加了两项内容：未按照规定建立监控与通讯系统，或者系统不能正常运行的；露天煤矿边坡角大于设计最大值或者边坡发生严重变形，未采取有效措施的。因此判定是否属于重大事故隐患，不能只根据《煤矿重大事故隐患判定标准》。D 选项错误。

8. A。解析：《煤矿安全生产条例》第四十六条第一款规定，“县级以上地方人民政府负有煤矿安全生产监督管理职责的部门应当加强对煤矿安全生产技术服务机构的监管”。有些地方负有煤矿安全生产监督管理职责的部门就是应急管理部门，但也有很多地方负有煤矿安全生产监督管理职责的部门并非应急管理部门，因此笼统地说应急管理部门应当加强对煤矿安全生产技术服务机构的监管是错误的。《安全评价检测检验机构管理办法》第三条规定：“国务院应急管理部门负责指导全国安全评价检测检验机构管理工作，建立安全评价检测检验机构信息查询系统，完善安全评价、检测检验标准体系。省级人民政府应急管理部门、煤矿安全生产监督管理部门（以下统称资质认可机关）按照各自的职责，分别负责安全评价检测检验机构资质认可和监督管理工作。设区的市级人民政府、县级人民政府应急管理部门、煤矿安全生产监督管理部门按照各自的职责，对安全评价检测检验机构执业行为实施监督检查，并对发现的违法行为依法实施行政处罚。”其中应急管理部门与煤矿安全生产监督管理部门同时作为监管主体，因此 A 选项错误，符合题意。

根据《煤矿安全生产条例》第四十六条第二款的规定，“承担安全评价、认证、检测、检验等职责的煤矿安全生产技术服务机构应当依照有关法律法规和国家标准或者行业标准的规定开展安全生产技术服务活动，并对出具的报告负责，不得租借资质、挂靠、出具虚假报告”。故 B、C、D 选项符合法条规定，是正确的，不符合题意。

9. B。解析：《煤矿安全生产条例》第四十七条规定：“县级以上人民政府及其有关部门对存在安全生产失信行为的煤矿企业、煤矿安全生产技术服务机构及有关从业人员，依法依规实施失信惩戒。”因此，被实施失信惩戒的对象包括煤矿企业及其有关人员、煤矿安全生产技术服务机构及有关从业人员，但并不包括煤矿。故 B 选项符合题意。

10. D。解析：《煤矿安全生产条例》第四十九条规定：“县级以上地方人民政府负有煤矿安全生产监督管理职责的部门对被责令停产整顿或者关闭的煤矿企业，应当在 5 个工作日内向社会公告；对被责令停产整顿的煤矿企业经验收合格恢复生产的，应当自恢复生产之日起 5 个工作日内向社会公告。”A 选项是正确的，但不符合题意。

根据第四十八条第一款的规定，“对被责令停产整顿的煤矿企业，在停产整顿期间，有关地方人民政府应当采取有效措施进行监督检查”。因此 B 选项正确，不符合题意。

根据第四十八条第二款的规定，“煤矿企业有安全生产违法行为或者重大事故隐患依法被责令停产整顿的，应当制定整改方案并进行整改。整改结束后要求恢复生产的，县级以上地方人民政府负有煤矿安全生产监督管理职责的部门应当组织验收，并在收到恢复生产申请之日起 20 日内组织验收完毕。验收合格的，经本部门主要负责人签字，并经所在地矿山安全监察机构审核同意，报本级人民政府主要负责人批准后，方可恢复生产”。由此可知 C 选项与法条规定一致，是正确的。但是被责令停产整顿的煤矿企业整改结束后，需要由负有煤矿安全生产监督管理职责的部门组织验收合格，经本部门主要负责人签字，并经所在地矿山安全监察机构审核同意，报本级人民政府主要负责人批准后，方可恢复生产。故 D 选项错误，符合题意。

四、多选题答案及解析

1. ABC。解析：《煤矿安全生产条例》第六条规定：“县级以上人民政府负有煤矿安全生产监督管理职责的部门对煤矿安全生产实施监督管理，其他有关部门按照职责分工依法履行煤矿安全生产相关职责。”根据立法惯例，“以上”包括本级，所以县、市、省、中央人民政府（即国务院）负有煤矿安全生产监督管理职责的部门都是对煤矿安全生产实施监督管理的主体。虽然乡镇人民政府对煤矿安全生产工作也负有一定职责，但不是监管主体。故 A、B、C 选项正确，D 选项错误。

2. AB。解析：根据《煤矿安全生产条例》第四十条第三款的规定，“乡镇人民政府在所辖区域内发现未依法取得安全生产许可证等擅自进行煤矿生产的，应当采取有效措施制止，并向县级人民政府相关主管部门报告”。A、B 选项符合法条规定，是正确的。虽然《安全生产法》规定“乡镇人民政府协助人民政府有关部门或者按照授权依法履行安全生产监督管理职责”，《行政处罚法》规定，“省、自治区、直辖市根据当地实际情况，可以决定将基层管理迫切需要的县级人民政府部门的行政处罚权交由能够有效承接的乡镇人民政府、街道办事处行使，并定期组织评估”，但是还不能笼统地认为乡镇人民政府具有处罚权。故C选项是错误的。根据《安全生产法》第一百一十五条的规定，“予以关闭的行政处罚，由负有安全生产监督管理职责的部门报请县级以上人民政府按照国务院规定的权限决定”，因此，即使按照授权享有一定执法处罚权的乡镇人民政府，也无权作出关闭煤矿的决定。故D选项是错误的。

3. BD。解析：《煤矿安全生产条例》第四十一条规定：“省、自治区、直辖市人民政府负有煤矿安全生产监督管理职责的部门审查煤矿建设项目安全设施设计，应当自受理之日起30日内审查完毕，签署同意或者不同意的意见，并书面答复。省、自治区、直辖市人民政府负有煤矿安全生产监督管理职责的部门应当加强对建设单位安全设施验收活动和验收结果的监督核查。”B、D选项符合法条规定，是正确的。

省级人民政府负有煤矿安全生产监督管理职责的部门对“煤矿建设项目安全设施设计”进行审查，并非对“建设项目”进行审查核准，因此A选项错误。根据第十六条的规定，煤矿建设项目竣工投入生产或者使用前，应当由建设单位负责组织对安全设施进行验收，并非政府部门组织验收，故C选项是错误的。

4. AC。解析：根据《煤矿安全生产条例》第四十一条的规定，煤矿建设项目安全设施设计审查的部门是省级人民政府负有煤矿安全生产监督管理职责的部门，不是矿山安全监察机构。2020年国家煤矿安全监察局更名为国家矿山安全监察局后，煤矿建设项目安全设施设计审查职能便移交给地方政府了。所以A选项正确，B选项错误。虽然根据《行政许可法》的规定，一般的行政许可时限为20天，但根据《煤矿安全生产条例》第四十一条的规定，煤矿建设项目安全设施设计审查的时限为30天，故C选项正确，D选项错误。

5. ACD。解析：根据《煤矿安全生产条例》第四十一条第一款的规定，省、自治区、直辖市人民政府负有煤矿安全生产监督管理职责的部门审查煤矿建设项目安全设施设计，A选项“审查煤矿建设项目安全设施设计”是正确的。根据该条第二款的规定，省、自治区、直辖市人民政府负有煤矿安全生产监督管理职责的部门应当加强对建设单位安全设施验收活动和验收结果的监督核查。表明验收工作是由建设单位负责的，但是对验收活动和验收结果进行监督核查属于省、自治区、直辖市人民政府负有煤矿安全生产监督管理职责的部门的职责。因此 B 选项错误，C、D 选项正确。

6. ABD。解析：《煤矿安全生产条例》第四十二条规定：“省、自治区、直辖市人民政府负有煤矿安全生产监督管理职责的部门负责煤矿企业安全生产许可证的颁发和管理，并接受国家矿山安全监察机构及其设在地方的矿山安全监察机构的监督。”所以 A、B 选项符合法条规定，是正确的。

根据《煤矿安全生产条例》第七十三条的规定，“对被责令停产整顿的煤矿企业，应当暂扣安全生产许可证等”，但并未规定实施主体。一般而言，实施暂扣的机关就是许可证颁发管理机关。另外，根据《安全生产许可证条例》的规定，“安全生产许可证颁发管理机关应当加强对取得安全生产许可证的企业的监督检查，发现其不再具备本条例规定的安全生产条件的，应当暂扣或者吊销安全生产许可证”。被责令停产整顿的煤矿企业必然是不具备安全生产条件的，所以应该由安全生产许可证颁发管理机关负责暂扣，不是市级人民政府负有煤矿安全生产监督管理职责的部门暂扣。故 C 选项错误。根据《煤矿安全生产条例》第四十条第二款的规定，县级以上人民政府相关主管部门对未依法取得安全生产许可证等擅自进行煤矿生产的，应当依法查处。故 D 选项正确。

7. ABC。解析：《煤矿安全生产条例》第四十四条第一项的规定，县级以上地方人民政府负有煤矿安全生产监督管理职责的部门有权进入煤矿企业进行检查，重点检查一线生产作业场所，调阅有关资料，向有关单位和人员了解情况。A、B、C 选项符合上述规定，是正确的。虽然法条规定可以向有关人员了解情况，但并非采取“传唤”的方式。所谓传唤，是指公安机关、司法机关使用传票通知刑事诉讼当事人或其他特定人在指定的时间到指定的地点接受问话的活动。故 D 选项错误。

8. BC。解析：根据《煤矿安全生产条例》第四十四条第二项的规定，县级以上地方人民政府负有煤矿安全生产监督管理职责的部门对检查中发现的安全生产违法行为，当场予以纠正或者要求限期改正。B 选项“当场予以纠正”和 C 选项“要求限期改正”都是可以采取的措施，是正确的。“责令暂时停产”适用于重大事故隐患排除前或者排除过程中无法保证安全的情况下，并非发现违法行为就责令暂时停产，因此 A 选项是错误的。

《行政处罚法》规定，“违法事实确凿并有法定依据，对公民处以二百元以下、对法人或者其他组织处以三千元以下罚款或者警告的行政处罚的，可以当场作出行政处罚决定”。即使煤矿企业的违法是由于劳动过程中劳动者的行为导致的，法律并不对劳动者进行直接处罚，除非劳动者的行为已经构成犯罪需要承担刑事责任。根据《安全生产法》第一百零七条的规定，“生产经营单位的从业人员不落实岗位安全责任，不服从管理，违反安全生产规章制度或者操作规程的，由生产经营单位给予批评教育，依照有关规章制度给予处分；构成犯罪的，依照刑法有关规定追究刑事责任”。因此安全生产执法人员不能当场对违章工人罚款 100 元，D 选项是错误的。

9. CD。解析：根据《煤矿安全生产条例》第四十四条第三项的规定，“对检查中发现的事故隐患，应当责令立即排除；重大事故隐患排除前或者排除过程中无法保证安全的，应当责令从危险区域内撤出作业人员，责令暂时停产或者停止使用相关设施、设备”。A 选项正确，但不符合题意。虽然第四十四条规定的是“责令立即排除”，未提及“限期排除”，但结合《煤矿安全生产条例》其他条款和《安全生产法》有关规定推测，责令限期排除也是可以的。如《煤矿安全生产条例》第五十三条规定，“国家矿山安全监察机构及其设在地方的矿山安全监察机构发现煤矿现场存在事故隐患的，有权要求立即排除或者限期排除”；《安全生产法》第一百零二条规定，“生产经营单位未采取措施消除事故隐患的，责令立即消除或者限期消除，处五万元以下的罚款”。因此 B 选项是正确的。C、D 选项是在“重大事故隐患排除前或者排除过程中无法保证安全的”情况下选择采取的措施，并非适用于所有事故隐患的处理，因此是错误的。故 C、D 选项符合题意。

10. ACD。解析：根据《煤矿安全生产条例》第四十四条第三项的规定，所有的事故隐患都应当立即排除，当然包括重大事故隐患，所以 A 选项是正确的。C、D 选项是在“重大事故隐患排除前或者排除过程中无法保证安全的”情况下选择采取的措施，也是正确的。

根据《煤矿安全生产条例》第四十四条第四项的规定，对有根据认为不符合保障安全生产的国家标准或者行业标准的设施、设备、器材予以查封或者扣押，并不是对存在重大事故隐患的设施、设备进行查封或者扣押。对存在重大事故隐患的设施、设备，如果隐患排除前或者排除过程中无法保证安全的，可以责令“停止使用”，而非查封、扣押。因此 B 选项不包括在执法人员针对重大事故隐患可以采取的措施之列。

11. AD。解析：根据《煤矿安全生产条例》第四十六条的规定，承担安全评价、认证、检测、检验等职责的煤矿安全生产技术服务机构应当依照有关法律法规和国家标准或者行业标准的规定开展安全生产技术服务活动，并对出具的报告负责，不得租借资质、挂靠、出具虚假报告。根据这一规定，该评价公司出具虚假报告和资质挂靠的行为均是违法的。故 A、D 选项正确。

失实报告，是指在评价人员主观存在过失，而非故意的情况下（如现场考察不够认真，存在应该发现而未发现的问题等），提供了部分内容与事实不符的报告。本案例中评价机构发现了问题，但由于提高了评价费用而故意出具了与事实不符的评价报告，是虚假报告，并非失实报告。故 B 选项错误。评价费用的高低以及是否变更，是甲乙双方协商约定的权利，不属于违法行为。故 C 选项也是错误的。

12. BCD。解析：《煤矿安全生产条例》第四十七条规定：“县级以上人民政府及其有关部门对存在安全生产失信行为的煤矿企业、煤矿安全生产技术服务机构及有关从业人员，依法依规实施失信惩戒。”B、C 选项符合法条规定，是正确的。煤矿矿长属于法条规定的“有关人员”范畴，D 选项也是正确的。A 选项是实施联合惩戒的主体，不是失信惩戒的对象，是错误的。

13. AC。解析：《煤矿安全生产条例》第四十九条规定：“县级以上地方人民政府负有煤矿安全生产监督管理职责的部门对被责令停产整顿或者关闭的煤矿企业，应当在 5 个工作日内向社会公告；对被责令停产整顿的煤矿企业经验收合格恢复生产的，应当自恢复生产之日起 5 个工作日内向社会公告。”故 A 选项正确。

《安全生产法》第七十条规定：“负有安全生产监督管理职责的部门依法对存在重大事故隐患的生产经营单位作出停产停业、停止施工、停止使用相关设施或者设备的决定，生产经营单位应当依法执行，及时消除事故隐患。生产经营单位拒不执行，有发生生产安全事故的现实危险的，在保证安全的前提下，经本部门主要负责人批准，负有安全生产监督管理职责的部门可以采取通知有关单位停止供电、停止供应民用爆炸物品等措施，强制生产经营单位履行决定。通知应当采用书面形式，有关单位应当予以配合。”根据这一规定，只有被责令停产整顿的煤矿企业“拒不执行，有发生生产安全事故的现实危险的”情况下，才可以根据有关程序通知停止供电，并非所有的被责令停产整顿的煤矿企业都要被停电。所以 B 选项是错误的。

根据《煤矿安全生产条例》第四十八条第二款的规定，“煤矿企业有安全生产违法行为或者重大事故隐患依法被责令停产整顿的，应当制定整改方案并进行整改。整改结束后要求恢复生产的，县级以上地方人民政府负有煤矿安全生产监督管理职责的部门应当组织验收……”故 C 选项正确，但 D 选项是错误的。法条中的“县级以上地方人民政府”是指县级、市级和省级三级政府，但不包括中央人民政府（即国务院），D 选项“县级以上人民政府”缺少了“地方”二字，就包括了国务院，所以是错误的。

14. ABCD。解析：根据《煤矿安全生产条例》第四十八条第二款的规定，“……整改结束后要求恢复生产的，县级以上地方人民政府负有煤矿安全生产监督管理职责的部门应当组织验收，并在收到恢复生产申请之日起 20 日内组织验收完毕。验收合格的，经本部门主要负责人签字，并经所在地矿山安全监察机构审核同意，报本级人民政府主要负责人批准后，方可恢复生产”。

根据上述规定，负责组织验收的部门是“县级以上地方人民政府负有煤矿安全生产监督管理职责的部门”，“县级以上地方人民政府”并非仅指“县级”，还包括市级和省级。根据《煤矿安全生产条例》“省、自治区、直辖市人民政府应当按照分级分类监管的原则，明确煤矿企业的安全生产监管主体”的规定，省级人民政府应该明确出台规定，使每一个煤矿企业分别对应具体的监管主体。所以针对不同的煤矿企业，具体负责安全生产监管和复产验收的政府部门分别是县级、市级和省级地方人民政府负有煤矿安全生产监督管理职责的部门。故 A 选项错误。

法条规定“……并在收到恢复生产申请之日起 20 日内组织验收完毕”，并非“20 日内开始组织验收”，验收可能一天完成，也可能多天才能完成，因此 B 选项错误。

即使县级以上地方人民政府负有煤矿安全生产监督管理职责的部门组织验收合格，还需要经本部门主要负责人签字，并经所在地矿山安全监察机构审核同意，报本级人民政府主要负责人批准后，方可恢复生产。因此 C 选项错误。

所在地矿山安全监察机构在复产验收中的职能是对县级以上地方人民政府负有煤矿安全生产监督管理职责的部门的验收结果进行监督，亦即“审核”。经过审核，认为县级以上地方人民政府负有煤矿安全生产监督管理职责的部门的验收结果没有问题的，则同意；如果认为存在问题，也有权不同意。审核不是备案，所以 D 选项也是错误的。

15. BCD。解析：根据《煤矿安全生产条例》第四十八条第二款的规定，“……验收合格的，经本部门主要负责人签字，并经所在地矿山安全监察机构审核同意，报本级人民政府主要负责人批准后，方可恢复生产”。故 B、C、D 选项正确。法条规定的“本部门主要负责人”是指负责组织验收的县级以上地方人民政府负有煤矿安全生产监督管理职责的部门主要负责人，不是煤矿企业主要负责人。故 A 选项错误。

五、简答题答案及解析

1. 答：根据《煤矿安全生产条例》第三章的有关规定，不同级别的地方政府及其负责煤矿安全监管的部门、国家矿山安全监察机构在煤矿企业安全生产许可证颁发和管理过程中的职责分别如下：

（1）省、自治区、直辖市人民政府负有煤矿安全生产监督管理职责的部门负责煤矿企业安全生产许可证的颁发和管理。

（2）国家矿山安全监察机构及其设在地方的矿山安全监察机构对煤矿企业安全生产许可证的颁发和管理进行监督。

（3）县级以上人民政府负有煤矿安全生产监督管理职责的部门对未依法取得安全生产许可证而擅自进行煤矿生产的，应当依法查处。

（4）乡镇人民政府在所辖区域内发现未依法取得安全生产许可证等擅自进行煤矿生产的，应当采取有效措施制止，并向县级人民政府相关主管部门报告。

2. 答：县级以上地方人民政府负有煤矿安全生产监督管理职责的部门依法对煤矿企业进行监督检查，可以采取以下措施：

（1）进入煤矿企业进行检查，重点检查一线生产作业场所，调阅有关资料，向有关单位和人员了解情况。

（2）对检查中发现的安全生产违法行为，当场予以纠正或者要求限期改正。

（3）对检查中发现的事故隐患，应当责令立即排除；重大事故隐患排除前或者排除过程中无法保证安全的，应当责令从危险区域内撤出作业人员，责令暂时停产或者停止使用相关设施、设备。

（4）对有根据认为不符合保障安全生产的国家标准或者行业标准的设施、设备、器材予以查封或者扣押。

3. 答：县级以上地方人民政府负有煤矿安全生产监督管理职责的部门在煤矿生产安全事故隐患治理方面的监管责任包括如下 6 个方面：

（1）对检查中发现的事故隐患，应当责令立即排除；重大事故隐患排除前或者排除过程中无法保证安全的，应当责令从危险区域内撤出作业人员，责令暂时停产或者停止使用相关设施、设备。

（2）接受国家矿山安全监察机构及其设在地方的矿山安全监察机构发现并移交过来的重大事故案例并依法处理。

（3）受理关于煤矿企业事故隐患的举报并调查处理。

（4）将重大事故隐患纳入相关信息系统，建立健全重大事故隐患治理督办制度，督促煤矿企业消除重大事故隐患。

（5）对因为重大事故隐患依法被责令停产整顿的煤矿企业采取有效措施进行监督检查，组织因为重大事故隐患依法被责令停产整顿的煤矿企业的复产验收工作。

（6）对存在重大事故隐患仍然进行生产的煤矿企业，责令停产整顿，明确整顿的内容、时间等具体要求，并处50万元以上200万元以下的罚款；对煤矿企业主要负责人处3万元以上15万元以下的罚款；对煤矿企业3个月内2次或者2次以上发现有重大事故隐患仍然进行生产的，应当提请县级以上地方人民政府予以关闭。

4. 答：被责令停产整顿的煤矿企业整顿结束申请复产的，须经过如下程序：

（1）向具体负责本煤矿企业安全生产监管的县级以上地方人民政府有关部门提出复产申请。

（2）县级以上地方人民政府负有煤矿安全生产监督管理职责的部门组织验收，并在收到恢复生产申请之日起20日内组织验收完毕。

（3）验收合格的，经本部门主要负责人签字，并经所在地矿山安全监察机构审核同意，报本级人民政府主要负责人批准后，方可恢复生产。

5. 答：省级人民政府负有煤矿安全生产监督管理职责的部门在煤矿建设项目安全设施建设过程中的职责有两个方面：

（1）审查煤矿建设项目安全设施设计，并且应当自受理之日起30日内审查完毕，签署同意或者不同意的意见，并书面答复。

（2）对建设单位安全设施验收活动和验收结果进行监督核查。

第四章 煤矿安全监察

第一节 学习辅导

一、矿山安全监察机构

矿山安全监察机构即国家矿山安全监察机构及其设在地方的矿山安全监察机构，具体名称为国家矿山安全监察局和设在地方的省级局。按照党中央决策部署，2020年9月，国家煤矿安全监察局更名为国家矿山安全监察局，仍由应急管理部管理。根据《国家矿山安全监察局职能配置、内设机构和人员编制规定》的规定，应急管理部的非煤矿山安全监督管理职责划入国家矿山安全监察局。设在地方的27个煤矿安全监察局相应更名为矿山安全监察局，由国家矿山安全监察局领导管理。由此可见，国家煤矿安全监察局更名为国家矿山安全监察局后，煤矿安全监察仍然是其主要职能。

值得注意的是，根据《煤矿安全监察条例》的规定，煤矿安全监察机构是指国家煤矿安全监察机构和在省、自治区、直辖市设立的煤矿安全监察机构及其在大中型矿区设立的煤矿安全监察办事处，有不少地方将“监察办事处”更名为“监察分局”。2020年机构改革后，“办事处”或者“分局”一般更名为“监察执法处”，存在多个执法处的情况下，分别被命名为一处、二处……分局或办事处是相对独立的分支机构，但监察执法处则完全是省局的内设机构。

二、矿山安全监察机构的职责

根据《煤矿安全监察条例》的规定，原煤矿安全监察机构的职责包括三个方面：首先是对煤矿安全实施监察；其次是“在实施安全监察过程中，发现煤矿存在的安全问题涉及有关地方人民政府或其有关部门的，应当向有关地方人民政府或其有关部门提出建议，并向上级人民政府或其有关部门报告”；再次是组织煤矿事故调查。

根据《煤矿安全生产条例》有关条款的排序，国家矿山安全监察机构及其设在地方的矿山安全监察机构的职责首先是“应当依法履行煤矿安全监察职责，对县级以上地方人民政府煤矿安全生产监督管理工作加强监督检查，并及时向有关地方人民政府通报监督检查的情况，提出改善和加强煤矿安全生产工作的监察意见和建议，督促开展重大事故隐患整改和复查”。然后是“设在地方的矿山安全监察机构应当对所辖区域内煤矿安全生产实施监察；对事故多发地区，应当实施重点监察。国家矿山安全监察机构根据实际情况，组织对全国煤矿安全生产的全面监察或者重点监察”。最后是根据煤矿事故等级和工作需要，派出工作组赶赴事故现场，指导配合事故发生地地方人民政府开展应急救援工作；组织煤矿生产安全事故的调查处理。另外，国家矿山安全监察机构按照保障煤矿安全生产的要求，在国务院应急管理部门的指导下，依法及时拟订煤矿安全生产国家标准或者行业标准，并负责煤矿安全生产强制性国家标准的项目提出、组织起草、征求意见、技术审查。

根据《国家矿山安全监察局职能配置、内设机构和人员编制规定》的规定，新的矿山安全监察机构与原来的煤矿安全监察机构在安全许可、安全培训考核等方面的职责也有调整，将煤矿安全生产许可、建设工程安全设施设计审查和竣工验收核查、检验检测机构认证、相关人员培训等事项移交给了地方政府。

三、矿山安全监察机构与县级以上地方人民政府有关部门之间的关系

县级以上地方人民政府有关部门可分为负有煤矿安全生产监督管理职责的部门和其他部门。对于负有煤矿安全生产监督管理职责的部门可以说

既是监督关系，也是合作关系。如《煤矿安全生产条例》第五十二条规定：国家矿山安全监察机构及其设在地方的矿山安全监察机构对县级以上地方人民政府煤矿安全生产监督管理工作进行监督检查，可以采取以下方式：

（1）听取有关地方人民政府及其负有煤矿安全生产监督管理职责的部门工作汇报。

（2）调阅、复制与煤矿安全生产有关的文件、档案、工作记录等资料。

（3）要求有关地方人民政府及其负有煤矿安全生产监督管理职责的部门和有关人员就煤矿安全生产工作有关问题作出说明。

（4）有必要采取的其他方式。

第五十四条规定："国家矿山安全监察机构及其设在地方的矿山安全监察机构发现煤矿企业存在重大事故隐患责令停产整顿的，应当及时移送县级以上地方人民政府负有煤矿安全生产监督管理职责的部门处理并进行督办。"

矿山安全监察机构与负有煤矿安全生产监督管理职责的部门之间的合作关系，和与其他政府部门的合作关系基本一致。如《煤矿安全生产条例》第五十五条规定："国家矿山安全监察机构及其设在地方的矿山安全监察机构发现煤矿企业存在应当由其他部门处理的违法行为的，应当及时移送有关部门处理。"第五十六条规定："国家矿山安全监察机构及其设在地方的矿山安全监察机构和县级以上人民政府有关部门应当建立信息共享、案件移送机制，加强协作配合。"所不同的是，对于移送给负有煤矿安全生产监督管理职责的部门的案件办理情况，矿山安全监察机构还有督办的权力，而对于移交给其他部门的案件，如移交给自然资源部门办理的超层越界开采案件，矿山安全监察机构并无督办的权力。

另外，根据《国家矿山安全监察局职能配置、内设机构和人员编制规定》第四条第九项的规定，国家矿山安全监察机构与有关部门职责的分工如下：

（1）与自然资源部门的有关职责分工。自然资源部门负责查处矿山企业越界开采等违法行为。国家矿山安全监察机构发现矿山企业有越界开采等违法行为的，应当移送当地自然资源部门进行处理。

（2）与公安机关的有关职责分工。公安机关负责民用爆炸物品公共安全管理和民用爆炸物品购买、运输、爆破作业的安全监督管理。国家矿山安全监察机构发现矿山企业有民用爆炸物品使用违法行为的，应当移送当地公安机关进行处理。

（3）与能源部门的有关职责分工。能源部门从行业规划、产业政策、法规标准、行政许可等方面加强煤矿安全生产工作，负责指导和组织拟订煤炭行业规范和标准。国家矿山安全监察机构负责指导和组织拟订煤矿安全标准，会同能源等部门指导和监督煤矿生产能力核定工作。

四、权力即是职责

《煤矿安全生产条例》第五十三条在描述国家矿山安全监察机构及其设在地方的矿山安全监察机构履行煤矿安全监察职责时，使用了“有权……”的表达方式，如“有权进入煤矿作业场所进行检查……”“发现煤矿现场存在事故隐患的，有权要求立即排除或者限期排除”；而第四十四条关于县级以上地方人民政府负有煤矿安全生产监督管理职责的部门对煤矿企业进行安全生产监督检查时，则使用了“应当……”如“对检查中发现的事故隐患，应当责令立即排除”。那么这些法条中“有权”与“应当”的含义存在本质区别吗？

“权”可以分为私权和公权，私权被称为权利。如《安全生产法》第三章“从业人员的安全生产权利义务”所规定的“权利”即为私权。对于私权，权利人可以行使，也可以放弃。权利人放弃行使自己拥有的权利并不违法。如《安全生产法》第五十四条规定，“从业人员有权对本单位安全生产工作中存在的问题提出批评、检举、控告；有权拒绝违章指挥和强令冒险作业”。但是，如果从业人员发现了生产经营单位在安全生产工作中存在问题，他不提出批评、不进行检举，自己的权利受到侵害时也不进行控告，对违章指挥和强令冒险作业也不拒绝，或者不敢拒绝，放弃了法律赋予的权利，并不需要承担任何法律后果。当然，我们并不主张从业人员放弃法定的权利，恰恰相反，应该充分宣扬从业人员的安全生产权利，鼓励他们积极行使自己的权利，以此来督促生产经营单位履行自己对应的义务。

公权，被称为权力，本源来自人民。在法律语境下，权力就是职责，也是义务，是不能放弃的，放弃法定权力，就是违法。因此，第五十三条规定的“有权”与第四十四条规定的“应当”并无实质区别。比如“有权进入煤矿作业场所进行检查”，不是监察执法者随意决定可进可不进，而是只要“需要”进入煤矿作业场所，就应当进入，否则就是没有恰当履行自己的法定职权。再比如“发现煤矿现场存在事故隐患的，有权要求立即排除或者限期排除”，就是“应当”要求立即排除或者限期排除，否则就要承担法律责任。如《安全生产法》第九十条规定，负有安全生产监督管理职责的部门的工作人员在监督检查中发现重大事故隐患，不依法及时处理的给予降级或者撤职的处分；构成犯罪的，依照刑法有关规定追究刑事责任。

第二节　习　题　集

一、辨析题

1. 国家矿山安全监察机构应当对所辖区域内煤矿安全生产实施监察；对事故多发地区，应当实施重点监察。(　　)

2. 国家矿山安全监察机构及其设在地方的矿山安全监察机构对县级以上地方人民政府煤矿安全生产监督管理工作进行监督检查时，应该由有关地方人民政府负有煤矿安全生产监督管理职责的部门作出工作汇报。(　　)

3. 国家矿山安全监察机构及其设在地方的矿山安全监察机构发现煤矿现场存在事故隐患的，应当要求立即排除。(　　)

4. 国家矿山安全监察机构及其设在地方的矿山安全监察机构发现煤矿企业有违章指挥、强令冒险作业、违章作业以及其他安全生产违法行为的，应当要求立即停止作业。(　　)

5. 矿山安全监察人员履行煤矿安全监察职责，应当出示工作证件。(　　)

6. 国家矿山安全监察机构及其设在地方的矿山安全监察机构发现煤

矿企业存在重大事故隐患责令停产整顿的，在停产整顿期间，应当采取有效措施进行监督检查。(　　)

7. 国家矿山安全监察机构及其设在地方的矿山安全监察机构发现煤矿企业存在应当由其他部门处理的违法行为的，应当及时移送有关部门处理并进行督办。(　　)

8. 国家矿山安全监察机构及其设在地方的矿山安全监察机构依法对煤矿企业进行监察时，有权对有根据认为不符合保障安全生产的国家标准或者行业标准的设施、设备、器材予以查封或者扣押。(　　)

9. 国家矿山安全监察机构及其设在地方的矿山安全监察机构应当根据事故等级和工作需要，派出工作组赶赴事故现场，指挥事故发生地地方人民政府开展应急救援工作。(　　)

10. 国家矿山安全监察机构及其设在地方的矿山安全监察机构依照《生产安全事故报告和调查处理条例》的规定，对特别重大事故、重大事故、较大事故、一般事故组织调查处理。(　　)

二、填空题

1. 国家矿山安全监察机构及其设在地方的矿山安全监察机构应当依法履行（　　　　）职责，对（　　　　）地方人民政府煤矿安全生产监督管理工作加强监督检查。

2. 矿山安全监察机构应当及时向有关地方人民政府通报监督检查的情况，提出改善和加强煤矿安全生产工作的（　　　　）和建议，督促开展（　　　　）整改和复查。

3. 县级以上地方人民政府应当（　　　　）和（　　　　）矿山安全监察机构的监督检查，及时落实监察意见和建议。

4. 设在地方的矿山安全监察机构应当对（　　　　）煤矿安全生产实施监察，对（　　　　），应当实施重点监察。

5. 国家矿山安全监察机构根据实际情况，组织对（　　　　）煤矿安全生产的全面监察或者（　　　　）。

6. 矿山安全监察机构可以采取听取有关地方（　　　　）及其负有煤矿安全生产监督管理职责的部门工作汇报的方式对县级以上地方人民政

府（　　　　）工作进行监督检查。

7. 矿山安全监察机构对县级以上地方人民政府煤矿安全生产监督管理工作进行（　　　　）时，可以调阅、复制与（　　　　）有关的文件、档案、工作记录等资料。

8. 矿山安全监察机构对县级以上地方人民政府煤矿安全生产监督管理工作进行监督检查时，可以要求有关地方人民政府及其负有煤矿安全生产监督管理职责的部门和（　　　　）就煤矿安全生产工作有关问题（　　　　）。

9. 矿山安全监察机构履行煤矿安全监察职责，有权进入（　　　　）进行检查，参加煤矿企业（　　　　），向有关煤矿企业及人员了解情况。

10. 矿山安全监察机构发现煤矿现场存在（　　　　）的，有权要求立即排除或者（　　　　）排除。

11. 矿山安全监察机构发现有违章指挥、（　　　　）、违章作业以及其他安全生产违法行为的，有权立即纠正或者要求立即（　　　　）。

12. 矿山安全监察机构发现（　　　　）的紧急情况时，有权要求立即停止（　　　　）的作业并撤出作业人员。

13. 矿山安全监察机构发现煤矿企业存在重大事故隐患（　　　　）的，应当及时（　　　　）县级以上地方人民政府负有煤矿安全生产监督管理职责的部门处理并进行督办。

14. 矿山安全监察机构和县级以上人民政府（　　　　）应当建立信息共享、（　　　　）机制，加强协作配合。

15. 矿山安全监察机构应当加强（　　　　）信息化建设，运用信息化手段提升（　　　　）。

16. 煤矿企业应当按照（　　　　）制定的安全生产电子数据规范联网并实时上传电子数据，对上传电子数据的真实性、（　　　　）和完整性负责。

17. 发生煤矿生产安全事故后，煤矿企业及其（　　　　）应当迅速采取有效措施组织抢救，并立即如实向当地（　　　　）、负有煤矿安全生产监督管理职责的部门和所在地矿山安全监察机构报告。

18. 矿山安全监察机构应当根据（　　　　）和工作需要，派出工作组赶赴事故现场，（　　　　）事故发生地地方人民政府开展应急救援工作。

19. 煤矿生产安全事故按照事故等级实行分级调查处理。（　　　　）由国务院或者国务院（　　　　）有关部门组织调查处理。

20. 重大事故、较大事故、一般事故由矿山安全监察机构依照（　　　　）的规定组织调查处理。

三、单选题

1. 下列选项不属于矿山安全监察机构职能的是（　　）。

A. 对县级以上地方人民政府安全生产监督管理工作加强监督检查

B. 及时向有关地方人民政府通报煤矿安全生产监督管理工作监督检查的情况

C. 向有关地方人民政府提出改善和加强煤矿安全生产工作的监察意见和建议

D. 督促有关地方人民政府开展煤矿重大事故隐患整改和复查

2. 设在地方的矿山安全监察机构对所辖区域内煤矿安全生产实施监察，应当实施重点监察的是（　　）。

A. 中央煤矿企业

B. 乡镇煤矿企业

C. 事故多发地区

D. 偏远地区

3. （　　）根据实际情况，组织对全国煤矿安全生产的全面监察或者重点监察。

A. 国务院

B. 国务院安委会

C. 应急管理部

D. 国家矿山安全监察局

4. 矿山安全监察机构对县级以上地方人民政府煤矿安全生产监督管理工作进行监督检查时，有权（　　）。

A. 调阅、复制与煤矿安全生产有关的文件、档案、工作记录等资料

B. 查封、扣押与煤矿安全生产有关的文件、档案、工作记录等资料

C. 没收与煤矿安全生产有关的文件、档案、工作记录等资料

D. 销毁与煤矿安全生产有关的文件、档案、工作记录等资料

5. 关于矿山安全监察机构履行煤矿安全监察职责，下列说法错误的是（　　）。

A. 有权进入煤矿作业场所进行检查

B. 有权参加煤矿企业安全生产会议

C. 有权向有关煤矿企业及人员了解情况

D. 有权要求煤矿企业停止生产，迎接检查

6. 国家矿山安全监察机构发现煤矿企业存在重大事故隐患责令停产整顿的，应当（　　）。

A. 亲自对煤矿企业停产整顿的情况进行监督检查

B. 及时移送设在地方的矿山安全监察机构处理并进行督办

C. 及时移送县级以上地方人民政府处理并进行督办

D. 应当及时移送县级以上地方人民政府负有煤矿安全生产监督管理职责的部门处理并进行督办

7. 国家矿山安全监察机构及其设在地方的矿山安全监察机构发现煤矿企业存在应当由其他部门处理的违法行为的，应当（　　）。

A. 及时组织其他部门进行联合执法

B. 及时依照《煤炭法》《矿产资源法》等相关法律法规进行处理

C. 及时移送应急管理部门处理

D. 及时移送有关部门处理

8. 矿山安全监察人员履行煤矿安全监察职责，应当（　　）。

A. 出示执法证件

B. 出示工作证

C. 出示检查通知书

D. 出示执法检查单

9. 关于矿山安全监察机构事故工作组，下列说法正确的是（　　）。

A. 煤矿企业发生生产安全事故后，矿山安全监察机构应当立即派出工作组赶赴事故现场

B. 煤矿企业发生生产安全事故后，矿山安全监察机构应当根据事故等级和工作需要，派出工作组赶赴事故现场

C. 事故工作组的职责是指挥事故发生地地方人民政府开展应急救援工作

D. 事故工作组的职责是开展事故调查

10. 关于煤矿安全事故调查，下列说法正确的是（　　）。

A. 特别重大事故由国务院或者国务院授权有关部门组织调查处理

B. 重大事故由事故发生地省级人民政府组织调查处理

C. 较大事故由事故发生地设区的市级人民政府组织调查处理

D. 一般事故由县级人民政府负责组织调查处理

四、多选题

1. 关于矿山安全监察机构对地方政府煤矿安全生产监督管理工作的监督检查，下列说法错误的是（　　）。

A. 国家矿山安全监察机构对县级以上地方人民政府煤矿安全生产监督管理工作进行监督检查，设在地方的矿山安全监察机构不能对县级以上地方人民政府煤矿安全生产监督管理工作进行监督检查

B. 矿山安全监察机构对地方政府煤矿安全生产监督管理工作的监督检查包括对乡镇人民政府的煤矿安全生产监督管理工作进行监督检查

C. 设在地方的矿山安全监察机构有权对县级以上地方人民政府煤矿安全生产监督管理工作提出改善和加强煤矿安全生产工作的监察意见和建议

D. 县级以上地方人民政府应当配合和接受国家矿山安全监察机构及其设在地方的矿山安全监察机构的监督检查

2. 关于矿山安全监察机构对煤矿企业的安全监察，下列说法正确的是（　　）。

A. 设在地方的矿山安全监察机构对所辖区域内煤矿安全生产实施监察，国家矿山安全监察机构不对煤矿企业实施安全生产监察

B. 设在地方的矿山安全监察机构应当对事故多发煤矿企业，实施重点监察

C. 国家矿山安全监察机构根据实际情况，可以组织对全国煤矿安全生产的全面监察

D. 国家矿山安全监察机构根据实际情况，可以组织实施煤矿安全生产的重点监察

3. 国家矿山安全监察机构及其设在地方的矿山安全监察机构对县级以上地方人民政府煤矿安全生产监督管理工作进行监督检查，可以采取以下方式（　　）。

A. 听取有关地方党委工作汇报

B. 听取有关地方人民政府负有煤矿安全生产监督管理职责的部门工作汇报

C. 调阅、复制与煤矿安全生产有关的文件、档案、工作记录等资料

D. 要求某市分管安全生产的副市长就煤矿安全生产工作有关问题作出说明

4. 国家矿山安全监察机构及其设在地方的矿山安全监察机构履行煤矿安全监察职责时，有权（　　）。

A. 进入煤矿作业场所进行检查

B. 参加煤矿企业各项会议

C. 调阅煤矿企业有关资料

D. 向有关煤矿企业及人员了解情况

5. 下列关于矿山安全监察机构调阅煤矿企业与安全生产有关资料的说法正确的有（　　）。

A. 可以调阅煤矿企业所有与安全生产有关的资料

B. 可以对外公布煤矿企业所有与安全生产有关的资料

C. 仅可以调阅不涉及煤矿企业商业秘密的与安全生产有关的资料

D. 可以要求煤矿企业有关人员就资料中存疑的问题进行解答

6. 矿山安全监察机构发现煤矿企业存在违法行为时，根据具体情况可以选择采取的措施包括（　　）。

A. 当场予以纠正

B. 要求限期改正

C. 要求立即停止作业

D. 责令立即停产整顿

7. 矿山安全监察机构发现煤矿企业存在事故隐患时，根据具体情况可以选择采取的措施包括（　　）。

A. 要求立即排除

B. 要求限期排除

C. 有权责令从危险区域内撤出作业人员

D. 有权责令暂时停止使用相关设施、设备

8. 矿山安全监察机构在处理煤矿企业事故隐患方面，下列说法正确的是（　　）。

A. 发现煤矿现场存在事故隐患的，必须要求立即排除

B. 煤矿企业重大事故隐患排除前或者排除过程中无法保证安全的，应当责令从危险区域内撤出作业人员，责令暂时停产或者停止使用相关设施、设备

C. 发现煤矿企业存在重大事故隐患责令停产整顿的，应当及时移送县级以上地方人民政府负有煤矿安全生产监督管理职责的部门处理

D. 督促县级以上地方人民政府开展重大事故隐患整改和复查

9. 关于煤矿安全生产信息化建设，下列说法正确的是（　　）。

A. 煤矿企业应当按照国家矿山安全监察机构制定的安全生产电子数据规范联网并实时上传电子数据

B. 县级以上人民政府有关部门对煤矿企业上传电子数据的真实性、准确性和完整性负责

C. 矿山安全监察机构应当运用信息化手段提升执法水平

D. 矿山安全监察机构和县级以上人民政府有关部门应当建立信息共享机制，加强协作配合

10. 关于煤矿生产安全事故的救援和调查处理，下列说法错误的是（　　）。

A. 所在地矿山安全监察机构接到事故报告后，应立即派出工作组赶赴事故现场

B. 工作组的职责是指导配合事故发生地地方人民政府开展应急救援工作

C. 特别重大事故由国家矿山安全监察局负责组织调查处理

D. 重大事故、较大事故、一般事故由设在地方的矿山安全监察机构组织调查处理

五、简答题

1. 简述矿山安全监察机构对县级以上地方人民政府煤矿安全生产监督管理工作进行监督检查，可以采取的方式。

2. 概括矿山安全监察机构对煤矿企业履行安全监察职责时的职权。

3. 论述矿山安全监察机构对县级以上人民政府及其有关部门的监督与合作关系。

第三节　习题答案及解析

一、辨析题答案及解析

1. 错。解析：《煤矿安全生产条例》第五十一条规定："设在地方的矿山安全监察机构应当对所辖区域内煤矿安全生产实施监察；对事故多发地区，应当实施重点监察。国家矿山安全监察机构根据实际情况，组织对全国煤矿安全生产的全面监察或者重点监察。"由此可见，法条将矿山安全监察机构分别表述为"国家矿山安全监察机构"和"设在地方的矿山安全监察机构"，其工作重点有所不同。对所辖区域内煤矿安全生产实施监察，对事故多发地区实施重点监察的机构应该是设在地方的矿山安全监察机构，而非国家矿山安全监察机构。

2. 错。解析：根据《煤矿安全生产条例》第五十二条的规定，"国家矿山安全监察机构及其设在地方的矿山安全监察机构对县级以上地方人民政府煤矿安全生产监督管理工作进行监督检查，可以采取以下方式：

（一）听取有关地方人民政府及其负有煤矿安全生产监督管理职责的部门工作汇报；……"

需要注意的是，矿山安全监察机构监督的是县级以上地方人民政府“煤矿安全生产监督管理工作”，并非县级以上地方人民政府“煤矿安全生产监督管理部门的工作”，因此听取的工作汇报并非仅仅是负有煤矿安全生产监督管理职责的部门的工作汇报，还包括有关地方人民政府的工作汇报。

3. 错。解析：根据《煤矿安全生产条例》第五十三条第二款的规定，“国家矿山安全监察机构及其设在地方的矿山安全监察机构发现煤矿现场存在事故隐患的，有权要求立即排除或者限期排除”，因此发现事故隐患后，应根据隐患的具体表现形式，选择要求立即排除或者限期排除，并非仅仅要求立即排除。

4. 错。解析：《煤矿安全生产条例》第五十三条第二款规定，国家矿山安全监察机构及其设在地方的矿山安全监察机构“发现有违章指挥、强令冒险作业、违章作业以及其他安全生产违法行为的，有权立即纠正或者要求立即停止作业”。因此在安全监察过程中发现上述问题，应根据具体情况决定要求“立即纠正”或者“立即停止作业”，如果在不停止作业的情况下可以纠正，则不需要要求立即停止作业。

5. 错。解析：根据《煤矿安全生产条例》第五十三条第三款的规定，“矿山安全监察人员履行煤矿安全监察职责，应当出示执法证件”。执法证件与工作证件是两个不同的证件，公职人员需经过培训考试合格后才能获得执法证件，并非所有具有工作证件的人都持有执法证件，没有执法证件的人员不具有执法权。

6. 错。解析：《煤矿安全生产条例》第五十四条规定：“国家矿山安全监察机构及其设在地方的矿山安全监察机构发现煤矿企业存在重大事故隐患责令停产整顿的，应当及时移送县级以上地方人民政府负有煤矿安全生产监督管理职责的部门处理并进行督办。”因重大事故隐患被矿山安全监察机构责令停产整顿的，应该移交县级以上地方人民政府负有煤矿安全生产监督管理职责的部门监督煤矿企业实施，并非矿山安全监察机构直接监督煤矿企业整改。第四十八条也规定，对被责令停产整顿的煤矿企业，在停产整顿期间，有关地方人民政府应当采取有效措施进行监督检查。

7. 错。解析：《煤矿安全生产条例》第五十五条规定：“国家矿山安全监察机构及其设在地方的矿山安全监察机构发现煤矿企业存在应当由其他部门处理的违法行为的，应当及时移送有关部门处理。”此处的“应当由其他部门处理的违法行为”并非指煤矿安全生产主管部门处理的问题。如根据《国家矿山安全监察局职能配置、内设机构和人员编制规定》第四条第九项的规定，“国家矿山安全监察机构发现矿山企业有越界开采等违法行为的，应当移送当地自然资源部门进行处理”“国家矿山安全监察机构发现矿山企业有民用爆炸物品使用违法行为的，应当移送当地公安机关进行处理”。《煤矿安全生产条例》第五十四条规定，矿山安全监察机构对移送给县级以上地方人民政府负有煤矿安全生产监督管理职责的部门处理的事项进行督办，但是第五十五条对移送有关部门处理的违法行为，并无“督办”的授权。

8. 对。解析：《煤矿安全生产条例》第五十八条规定：“国家矿山安全监察机构及其设在地方的矿山安全监察机构依法对煤矿企业贯彻执行安全生产法律法规、煤矿安全规程以及保障安全生产的国家标准或者行业标准的情况进行监督检查，行使本条例第四十四条规定的职权。”而第四十四条规定的职权就包括“对有根据认为不符合保障安全生产的国家标准或者行业标准的设施、设备、器材予以查封或者扣押”。因此国家矿山安全监察机构及其设在地方的矿山安全监察机构依法对煤矿企业进行监察时，有权对有根据认为不符合保障安全生产的国家标准或者行业标准的设施、设备、器材予以查封或者扣押。

9. 错。解析：根据《煤矿安全生产条例》第五十九条第二款的规定，“国家矿山安全监察机构及其设在地方的矿山安全监察机构应当根据事故等级和工作需要，派出工作组赶赴事故现场，指导配合事故发生地地方人民政府开展应急救援工作”。由此可见，矿山安全监察机构派赴现场的工作组的职责是“指导配合”事故发生地地方人民政府开展应急救援工作，并非“指挥”事故发生地地方人民政府开展应急救援工作。

10. 错。解析：根据《煤矿安全生产条例》第六十条第二款的规定，“特别重大事故由国务院或者国务院授权有关部门依照《生产安全事故报告和调查处理条例》的规定组织调查处理。重大事故、较大事故、一般事故由国家矿山安全监察机构及其设在地方的矿山安全监察机构依照《生产安全事故报告和调查处理条例》的规定组织调查处理”。因此对于特别重大事故，并非由国家矿山安全监察机构及其设在地方的矿山安全监察机构负责组织调查处理。

二、填空题答案及依据

1. 煤矿安全监察、县级以上，答案依据：《煤矿安全生产条例》第五十条。

2. 监察意见、重大事故隐患，答案依据：《煤矿安全生产条例》第五十条。

3. 配合、接受，答案依据：《煤矿安全生产条例》第五十条。

4. 所辖区域内、事故多发地区，答案依据：《煤矿安全生产条例》第五十一条。

5. 全国、重点监察，答案依据：《煤矿安全生产条例》第五十一条。

6. 人民政府、煤矿安全生产监督管理，答案依据：《煤矿安全生产条例》第五十二条。

7. 监督检查、煤矿安全生产，答案依据：《煤矿安全生产条例》第五十二条。

8. 有关人员、作出说明，答案依据：《煤矿安全生产条例》第五十二条。

9. 煤矿作业场所、安全生产会议，答案依据：《煤矿安全生产条例》第五十三条。

10. 事故隐患、限期，答案依据：《煤矿安全生产条例》第五十三条。

11. 强令冒险作业、停止作业，答案依据：《煤矿安全生产条例》第五十三条。

12. 威胁安全、危险区域内，答案依据：《煤矿安全生产条例》第五十三条。

13. 责令停产整顿、移送，答案依据：《煤矿安全生产条例》第五十四条。

14. 有关部门、案件移送，答案依据：《煤矿安全生产条例》第五十六条。

15. 煤矿安全生产、执法水平，答案依据：《煤矿安全生产条例》第五十七条。

16. 国家矿山安全监察机构、准确性，答案依据：《煤矿安全生产条例》第五十七条。

17. 负责人、应急管理部门，答案依据：《煤矿安全生产条例》第五十九条。

18. 事故等级、指导配合，答案依据：《煤矿安全生产条例》第五十九条。

19. 特别重大事故、授权，答案依据：《煤矿安全生产条例》第六十条。

20.《生产安全事故报告和调查处理条例》，答案依据：《煤矿安全生产条例》第六十条。

三、单选题答案及解析

1. A。解析：根据《煤矿安全生产条例》第五十条的规定，“国家矿山安全监察机构及其设在地方的矿山安全监察机构应当依法履行煤矿安全监察职责，对县级以上地方人民政府煤矿安全生产监督管理工作加强监督检查，并及时向有关地方人民政府通报监督检查的情况，提出改善和加强煤矿安全生产工作的监察意见和建议，督促开展重大事故隐患整改和复查”。B、C、D 选项符合法条规定，属于矿山安全监察机构的职能。但 A 选项没有将“安全生产监督管理工作”限定在煤矿领域，而是全部的安全生产监督管理工作，因此不属于矿山安全监察机构职能。

2. C。解析：根据《煤矿安全生产条例》第五十一条的规定，设在地方的矿山安全监察机构应当对所辖区域内煤矿安全生产实施监察；对事故多发地区，应当实施重点监察。C 选项符合法条规定，是正确的。

3. D。解析：根据《煤矿安全生产条例》第五十一条的规定，“……国家矿山安全监察机构根据实际情况，组织对全国煤矿安全生产的全面监察或者重点监察”。煤矿安全监察工作是矿山安全监察机构的专属工作，即使别的部门和机构组织了有关煤矿安全生产的监督检查，也不能称为“监察”。故 A、B、C 选项是错误的。

4. A。解析：根据《煤矿安全生产条例》第五十二条的规定，国家矿山安全监察机构及其设在地方的矿山安全监察机构对县级以上地方人民政府煤矿安全生产监督管理工作进行监督检查，可以采取的方式包括“调阅、复制与煤矿安全生产有关的文件、档案、工作记录等资料”，因此A选项是正确的。根据“法无授权不可为”的原则，矿山安全监察机构没有查封、扣押、没收、销毁与煤矿安全生产有关的文件、档案、工作记录等资料的权力，故B、C、D选项是错误的。

5. D。解析：根据《煤矿安全生产条例》第五十三条第一款的规定，“国家矿山安全监察机构及其设在地方的矿山安全监察机构履行煤矿安全监察职责，有权进入煤矿作业场所进行检查，参加煤矿企业安全生产会议，向有关煤矿企业及人员了解情况”。因此A、B、C选项符合法条规定，内容正确，但不符合题意。第四十四条关于县级以上地方人民政府负有煤矿安全生产监督管理职责的部门依法对煤矿企业进行监督检查的规定中明确指出“监督检查不得影响煤矿企业的正常生产经营活动”；《安全生产法》第六十五条也有“监督检查不得影响被检查单位的正常生产经营活动”的规定，这一规定同样适用于矿山安全监察机构对煤矿企业安全监察活动中的检查。因此无论是县级以上地方人民政府负有煤矿安全生产监督管理职责的部门还是矿山安全监察机构都无权要求煤矿企业停止生产以迎接检查。故D选项是错误的，符合题意。

6. D。解析：《煤矿安全生产条例》第五十四条规定：“国家矿山安全监察机构及其设在地方的矿山安全监察机构发现煤矿企业存在重大事故隐患责令停产整顿的，应当及时移送县级以上地方人民政府负有煤矿安全生产监督管理职责的部门处理并进行督办。”由此可见，矿山安全监察机构与县级以上地方人民政府负有煤矿安全生产监督管理职责的部门对存在重大事故隐患而被责令停产整顿的煤矿企业的监督职责是不同的。矿山安全监察机构不负责对煤矿企业停产整顿期间的情况进行监督，而是移交地方政府负有煤矿安全生产监督管理职责的部门。第四十八条则规定“对被责令停产整顿的煤矿企业，在停产整顿期间，有关地方人民政府应当采取有效措施进行监督检查”。因此D选项是正确的。

7. D。解析：《煤矿安全生产条例》第五十五条规定：“国家矿山安全监察机构及其设在地方的矿山安全监察机构发现煤矿企业存在应当由其他部门处理的违法行为的，应当及时移送有关部门处理。”需要注意的是该条规定的“违法行为”并非仅指安全生产违法行为，还包括其他违法行为，比如超层越界开采等，因此应根据违法的性质，将案件移交给不同的主管部门。故D选项正确。有关法律法规没有授权国家矿山安全监察机构及其设在地方的矿山安全监察机构组织联合执法，也没有授权其依照《煤炭法》《矿产资源法》等相关法律法规进行处理，故A、B选项错误。如果不是安全生产问题，也不可能移交应急管理部门，因此C选项也是错误的。

8. A。解析：根据《煤矿安全生产条例》第五十三条第三款的规定，矿山安全监察人员履行煤矿安全监察职责，应当出示执法证件。A选项正确。B、C、D选项并非法定出示的内容，是错误的。

9. B。解析：根据《煤矿安全生产条例》第五十九条第二款的规定，“国家矿山安全监察机构及其设在地方的矿山安全监察机构应当根据事故等级和工作需要，派出工作组赶赴事故现场，指导配合事故发生地地方人民政府开展应急救援工作”。因此B选项符合法条规定。是否派出事故救援工作组，需要根据“事故等级和工作需要”而定，并非一律派出工作组，故A选项错误。需要注意的是事故救援工作组的职责是“指导配合”，并非“指挥”救援，故C选项是错误的。事故救援工作组与事故调查组不是一个概念，救援工作组不负责事故调查工作，故D选项错误。

10. A。解析：《煤矿安全生产条例》第六十条规定：“煤矿生产安全事故按照事故等级实行分级调查处理。特别重大事故由国务院或者国务院授权有关部门依照《生产安全事故报告和调查处理条例》的规定组织调查处理。重大事故、较大事故、一般事故由国家矿山安全监察机构及其设在地方的矿山安全监察机构依照《生产安全事故报告和调查处理条例》的规定组织调查处理。”A选项符合法条规定，是正确的。

《生产安全事故报告和调查处理条例》第十九条规定：“特别重大事故由国务院或者国务院授权有关部门组织事故调查组进行调查。重大事故、较大事故、一般事故分别由事故发生地省级人民政府、设区的市级人民政府、县级人民政府负责调查。省级人民政府、设区的市级人民政府、县级人民政府可以直接组织事故调查组进行调查，也可以授权或者委托有关部门组织事故调查组进行调查。未造成人员伤亡的一般事故，县级人民政府也可以委托事故发生单位组织事故调查组进行调查。”B、C、D 选项虽然符合《生产安全事故报告和调查处理条例》的规定，但是该规定是针对一般的生产安全事故而言的，不是针对煤矿生产安全事故的。由于立法专门针对煤矿生产安全事故调查处理作出了特别规定，按照“特别法优于一般法”的原则，煤矿事故调查处理适用特别规定。

如何理解《煤矿安全生产条例》中“由国家矿山安全监察机构及其设在地方的矿山安全监察机构依照《生产安全事故报告和调查处理条例》的规定组织调查处理”的规定呢？编者认为可以从两个方面理解：第一，现行的《生产安全事故报告和调查处理条例》不仅规定了事故调查处理的管辖问题，还规定了调查处理的原则、程序等诸多问题。目前情况下，《煤矿安全生产条例》对煤矿生产安全事故调查处理有特别规定的，适用特别规定，没有特别规定的，适用《生产安全事故报告和调查处理条例》的规定。第二，《生产安全事故报告和调查处理条例》也面临着修改，修改后有可能对煤矿生产安全事故的调查处理作出一系列特殊规定，《煤矿安全生产条例》作出“依照《生产安全事故报告和调查处理条例》的规定组织调查处理”的规定，也是为适用未来修改后的《生产安全事故报告和调查处理条例》留下接轨的端口。

四、多选题答案及解析

1. AB。解析：《煤矿安全生产条例》第五十条规定：“国家矿山安全监察机构及其设在地方的矿山安全监察机构应当依法履行煤矿安全监察职责，对县级以上地方人民政府煤矿安全生产监督管理工作加强监督检查，并及时向有关地方人民政府通报监督检查的情况，提出改善和加强煤矿安全生产工作的监察意见和建议，督促开展重大事故隐患整改和复查。县级以上地方人民政府应当配合和接受国家矿山安全监察机构及其设在地方的矿山安全监察机构的监督检查，及时落实监察意见和建议。”由此可知 C、D 选项符合法条规定，内容正确，不符合题意。

设在地方的矿山安全监察机构也是“国家监察”的主体，也有权对县级以上地方人民政府煤矿安全生产监督管理工作进行监督检查，因此 A 选项是错误的。法条规定的地方政府，都是“县级以上地方人民政府”，不包括乡镇人民政府，故 B 选项错误。因此 A、B 选项符合题意。

2. BCD。解析：《煤矿安全生产条例》第五十一条规定：“设在地方的矿山安全监察机构应当对所辖区域内煤矿安全生产实施监察；对事故多发地区，应当实施重点监察。国家矿山安全监察机构根据实际情况，组织对全国煤矿安全生产的全面监察或者重点监察。”C、D 选项内容符合法条规定，是正确的。

虽然法条规定“对事故多发地区，应当实施重点监察”，但是实际上具体还是落实在重点煤矿企业的监察上，所以 B 选项也是正确的。

虽然大多数直接针对煤矿企业的安全监察由设在地方的矿山安全监察机构负责，但是国家矿山安全监察机构根据实际情况，也可以组织对全国煤矿安全生产的全面监察或者重点监察。故 A 选项错误。

3. BCD。解析：《煤矿安全生产条例》第五十二条规定：“国家矿山安全监察机构及其设在地方的矿山安全监察机构对县级以上地方人民政府煤矿安全生产监督管理工作进行监督检查，可以采取以下方式：

（一）听取有关地方人民政府及其负有煤矿安全生产监督管理职责的部门工作汇报；

（二）调阅、复制与煤矿安全生产有关的文件、档案、工作记录等资料；

（三）要求有关地方人民政府及其负有煤矿安全生产监督管理职责的部门和有关人员就煤矿安全生产工作有关问题作出说明；

（四）有必要采取的其他方式。”

根据上述规定，B、C 选项符合法条规定，是正确的。D 选项“要求某市分管安全生产的副市长就煤矿安全生产工作有关问题作出说明”是法条第三项内容的具体化，分管安全生产的副市长属于有关地方人民政府有关人员的范畴，所以也是正确的。

尽管我国实行安全生产“党政同责”政策，《煤矿安全生产条例》也规定“煤矿安全生产实行地方党政领导干部安全生产责任制”，但立法要求向矿山安全监察机构作出煤矿安全生产监督管理工作汇报的是有关地方人民政府及其负有煤矿安全生产监督管理职责的部门，并非地方党委，所以A选项是错误的。

4. ACD。解析：根据《煤矿安全生产条例》第五十三条第一款的规定，“国家矿山安全监察机构及其设在地方的矿山安全监察机构履行煤矿安全监察职责，有权进入煤矿作业场所进行检查，参加煤矿企业安全生产会议，向有关煤矿企业及人员了解情况”。根据此项规定，A、D选项正确，但B选项是错误的。矿山安全监察机构参加的仅仅是“煤矿企业安全生产会议”，并非“煤矿企业各项会议”。

虽然第五十三条未提及“调阅煤矿企业有关资料”，但第五十八条规定：“国家矿山安全监察机构及其设在地方的矿山安全监察机构依法对煤矿企业贯彻执行安全生产法律法规、煤矿安全规程以及保障安全生产的国家标准或者行业标准的情况进行监督检查，行使本条例第四十四条规定的职权。”而第四十四条则规定可以“调阅有关资料”，故C选项也是正确的。

5. AD。解析：根据《煤矿安全生产条例》第五十八条和第四十四条的规定，国家矿山安全监察机构及其设在地方的矿山安全监察机构履行煤矿安全监察职责时可以调阅煤矿企业有关资料，“有关”资料，即指关乎安全生产的资料，只要是与煤矿企业安全生产有关的资料，都可以调取，因此A选项正确。根据第五十三条的规定，有权“向有关煤矿企业及人员了解情况”，D选项“要求煤矿企业有关人员就资料中存疑的问题进行解答”实际上也属于了解情况的具体形式，所以D选项是正确的。

《煤矿安全生产条例》未对B、C选项进行直接规定，但并不代表没有相关的法律依据。根据《安全生产法》第六十七条的规定，安全生产监督检查人员执行监督检查任务时对涉及被检查单位的技术秘密和业务秘密，应当为其保密。本规定有两层含义：一是即使被检查单位的有关信息涉及技术秘密和业务秘密，只要涉及安全生产问题，检查人员仍有权了解；二是有权了解但有义务保密。了解有关秘密的目的是判断安全生产问题，但对外公布有关信息时，应该依法依规进行“脱敏”处理，不可以泄露被检查单位的技术秘密和业务秘密。根据上述分析可知，B、C选项是错误的。

6. ABC。解析：根据《煤矿安全生产条例》第五十三条的规定，国家矿山安全监察机构及其设在地方的矿山安全监察机构发现煤矿企业有违章指挥、强令冒险作业、违章作业以及其他安全生产违法行为的，有权立即纠正或者要求立即停止作业；发现威胁安全的紧急情况时，有权要求立即停止危险区域内的作业并撤出作业人员。因此 A、C 选项符合法条规定，是正确的。另外，根据第五十八条和第四十四条的规定，“对检查中发现的安全生产违法行为，当场予以纠正或者要求限期改正”，B 选项“要求限期改正”也是正确的。

A、B、C 选项都属于现场处置措施，可以根据现场情况，作出选择决定。但 D 选项“停产整顿”则属于行政处罚的范畴，需要根据《行政处罚法》的规定履行相关手续，不能当场作出。故 D 选项错误。

7. ABCD。解析：根据《煤矿安全生产条例》第五十三条的规定，“国家矿山安全监察机构及其设在地方的矿山安全监察机构发现煤矿现场存在事故隐患的，有权要求立即排除或者限期排除”。故 A、B 选项都是正确的。另外，根据第五十八条和第四十四条的规定，“对检查中发现的事故隐患，应当责令立即排除；重大事故隐患排除前或者排除过程中无法保证安全的，应当责令从危险区域内撤出作业人员，责令暂时停产或者停止使用相关设施、设备”，C、D 选项也是国家矿山安全监察机构及其设在地方的矿山安全监察机构发现煤矿现场存在事故隐患后，根据具体情况可以选择采取的措施，因此也是正确的。

8. BCD。解析：根据《煤矿安全生产条例》第五十八条和第四十四条的规定，“重大事故隐患排除前或者排除过程中无法保证安全的，应当责令从危险区域内撤出作业人员，责令暂时停产或者停止使用相关设施、设备”，因此 B 选项正确。根据第五十四条的规定，“国家矿山安全监察机构及其设在地方的矿山安全监察机构发现煤矿企业存在重大事故隐患责令停产整顿的，应当及时移送县级以上地方人民政府负有煤矿安全生产监督管理职责的部门处理并进行督办”。因此 C 选项正确。根据第五十条的规定，“国家矿山安全监察机构及其设在地方的矿山安全监察机构应当依法履行煤矿安全监察职责，对县级以上地方人民政府煤矿安全生产监督管理工作加强监督检查，并及时向有关地方人民政府通报监督检查的情况，提出改善和加强煤矿安全生产工作的监察意见和建议，督促开展重大事故隐患整改和复查”。故 D 选项正确。

根据第四十四条的规定，县级以上地方人民政府负有煤矿安全生产监督管理职责的部门对检查中发现的事故隐患，“应当责令立即排除”；但第五十三条规定，“国家矿山安全监察机构及其设在地方的矿山安全监察机构发现煤矿现场存在事故隐患的，有权要求立即排除或者限期排除”。两个条款规定不完全一致，可以作如下理解：对检查中发现的事故隐患，应当以“责令立即排除”为基本原则，实在无法立即排除的，可以允许“限期排除”，即使对于县级以上地方人民政府负有煤矿安全生产监督管理职责的部门亦是如此。法律、法规中以“应当”设定的法律义务，可以允许特殊情况下的例外。故 A 选项“必须要求立即排除”是错误的。

9. ACD。解析：《煤矿安全生产条例》第五十七条规定：“国家矿山安全监察机构及其设在地方的矿山安全监察机构应当加强煤矿安全生产信息化建设，运用信息化手段提升执法水平。煤矿企业应当按照国家矿山安全监察机构制定的安全生产电子数据规范联网并实时上传电子数据，对上传电子数据的真实性、准确性和完整性负责。”由此可知，A、C 选项符合法条规定，内容正确。B 选项错误。另外，根据第五十六条的规定，国家矿山安全监察机构及其设在地方的矿山安全监察机构和县级以上人民政府有关部门应当建立信息共享、案件移送机制，加强协作配合。故 D 选项也是正确的。

10. ACD。解析：根据《煤矿安全生产条例》第五十九条的规定，“国家矿山安全监察机构及其设在地方的矿山安全监察机构应当根据事故等级和工作需要，派出工作组赶赴事故现场，指导配合事故发生地地方人民政府开展应急救援工作”。根据上述规定，是否派出工作组应根据“事故等级和工作需要”，并非全部需要派出工作组，因此 A 选项错误。B 选项符合法条规定，内容正确。

根据第六十条的规定，“特别重大事故由国务院或者国务院授权有关部门依照《生产安全事故报告和调查处理条例》的规定组织调查处理”。并非规定由国家矿山安全监察局负责组织调查处理，故 C 选项错误。

根据《矿山生产安全事故报告和调查处理办法》第二十条的规定，重大及以下等级煤矿事故，由国家矿山安全监察局省级局（即设在地方的矿山安全监察机构）、有关地方人民政府、煤矿安全监管部门、煤炭行业管理部门、负有煤矿安全生产监督管理职责的其他有关部门、公安机关以及工会组织派人组成事故调查组，并邀请当地有管辖权的监察机关介入。根据这一规定，D 选项似乎是正确的。但是根据《煤矿安全生产条例》第六十条的规定，"重大事故、较大事故、一般事故由国家矿山安全监察机构及其设在地方的矿山安全监察机构依照《生产安全事故报告和调查处理条例》的规定组织调查处理"。因此除"设在地方的矿山安全监察机构"外，"国家矿山安全监察机构"也是调查主体。对于两者之间规定的不一致，可以作如下理解：原则上重大及以下等级煤矿事故由设在地方的矿山安全监察机构组织调查处理即可，但如果国家矿山安全监察机构认为有必要，可以提级调查，直接组织调查处理，这与《生产安全事故报告和调查处理条例》第二十条规定的"上级人民政府认为必要时，可以调查由下级人民政府负责调查的事故"内容精神是一致的。因此笼统地说"重大事故、较大事故、一般事故由设在地方的矿山安全监察机构组织调查处理"是不正确的，因此 D 选项错误。故 A、C、D 选项错误，符合题意。

五、简答题答案及解析

1. 答：根据《煤矿安全生产条例》第五十二条的规定，国家矿山安全监察机构及其设在地方的矿山安全监察机构对县级以上地方人民政府煤矿安全生产监督管理工作进行监督检查，可以采取以下方式：

（1）听取有关地方人民政府及其负有煤矿安全生产监督管理职责的部门工作汇报。

（2）调阅、复制与煤矿安全生产有关的文件、档案、工作记录等资料。

（3）要求有关地方人民政府及其负有煤矿安全生产监督管理职责的部门和有关人员就煤矿安全生产工作有关问题作出说明。

（4）有必要采取的其他方式。

2. 答：矿山安全监察机构对煤矿企业履行安全监察职责时的职权主要规定在《煤矿安全生产条例》第四章有关条款，根据第五十八条的规定，第四十四条针对县级以上地方人民政府负有煤矿安全生产监督管理职责的部门规定的职权同样适用于矿山安全监察机构。综合上述规定，矿山安全监察机构对煤矿企业履行安全监察职责时的职权概括为如下五点：

（1）有权进入煤矿作业场所进行检查，重点检查一线生产作业场所，参加煤矿企业安全生产会议，向有关煤矿企业及人员了解情况。

（2）发现有违章指挥、强令冒险作业、违章作业以及其他安全生产违法行为的，有权立即纠正或者要求立即停止作业，或者要求限期改正。

（3）发现煤矿现场存在事故隐患的，有权要求立即排除或者限期排除；重大事故隐患排除前或者排除过程中无法保证安全的，应当责令从危险区域内撤出作业人员，责令暂时停产或者停止使用相关设施、设备。

（4）对有根据认为不符合保障安全生产的国家标准或者行业标准的设施、设备、器材予以查封或者扣押。

（5）发现威胁安全的紧急情况时，有权要求立即停止危险区域内的作业并撤出作业人员。

3. 答：国家矿山安全监察机构及其设在地方的矿山安全监察机构对于县级以上地方人民政府及其有关部门既有监督关系，也有合作关系。

监督关系是指对县级以上地方人民政府煤矿安全生产监督管理工作的监督检查，表现在如下方面：

（1）矿山安全监察机构应当依法履行煤矿安全监察职责，对县级以上地方人民政府煤矿安全生产监督管理工作加强监督检查，并及时向有关地方人民政府通报监督检查的情况，提出改善和加强煤矿安全生产工作的监察意见和建议，督促开展重大事故隐患整改和复查。县级以上地方人民政府应当配合和接受矿山安全监察机构的监督检查，及时落实监察意见和建议。

（2）矿山安全监察机构对县级以上地方人民政府煤矿安全生产监督管理工作进行监督检查，可以采取以下方式：①听取有关地方人民政府及其负有煤矿安全生产监督管理职责的部门工作汇报；②调阅、复制与煤矿安全生产有关的文件、档案、工作记录等资料；③要求有关地方人民政府及其负有煤矿安全生产监督管理职责的部门和有关人员就煤矿安全生产工作有关问题作出说明；④有必要采取的其他方式。

（3）矿山安全监察机构发现煤矿企业存在重大事故隐患责令停产整顿的，应当及时移送县级以上地方人民政府负有煤矿安全生产监督管理职责的部门处理并进行督办。

国家矿山安全监察机构与县级以上地方人民政府有关部门的合作关系表现在：

（1）矿山安全监察机构发现煤矿企业存在应当由其他部门处理的违法行为的，应当及时移送有关部门处理。

（2）矿山安全监察机构和县级以上人民政府有关部门应当建立信息共享、案件移送机制，加强协作配合。

第五章 法 律 责 任

第一节 学 习 辅 导

一、法律责任的概念和类别

法律责任是指因违反了法定义务或契约义务，或不当行使法律权利或权力，或基于法律的特别规定所产生的，由行为人承担的不利后果。

何为“基于法律的特别规定”？即在相关主体没有违法或者违约行为的情况下，如果出现了法律法规规定的特殊情况，也要承担不利的法律后果。如《煤矿安全生产条例》第七十条规定，经地方人民政府组织的专家论证在现有技术条件下难以有效防治重大灾害的情况下，应当提请县级以上地方人民政府对相关煤矿予以关闭。其中的“经地方人民政府组织的专家论证在现有技术条件下难以有效防治重大灾害的”就是《煤矿安全生产条例》的特别规定。在这种情况下，即使煤矿企业没有安全生产违法行为，相关煤矿也要被关闭。

法律责任一般分为民事责任、刑事责任和行政责任三大类。

二、民事责任

民事责任，也称民事法律责任，是指民事主体在民事活动中，因实施了民事违法行为，根据民法所承担的对其不利的民事法律后果或者基于法律特别规定而应承担的民事法律后果。承担民事责任的方式主要有停止侵害、排除妨碍、消除危险、返还财产、恢复原状、修理、重作、更换、继续履行、赔偿损失、支付违约金、消除影响、恢复名誉和赔礼道歉，《煤矿安全生产条例》涉及的民事责任只有赔偿损失。

《煤矿安全生产条例》关于民事责任主体的规定涉及煤矿企业和为煤矿企业提供安全生产技术和管理服务的技术服务机构。煤矿企业在安全生产方面承担的民事责任主要有两种情况：一是在煤矿生产安全事故给他人生命和财产造成损害的情况下，需要承担民事赔偿责任；二是煤矿企业以决水、爆破、贯通巷道等危险方法进行采矿作业，危及相邻煤矿安全生产造成损失的，应当承担赔偿责任。

关于技术服务机构的民事责任在《煤矿安全生产条例》中没有直接规定，而是依照《安全生产法》的规定执行。《安全生产法》关于技术服务机构的民事责任的规定也有两种情况：一是出具失实报告给他人造成损害的，依法承担赔偿责任；二是出具虚假报告给他人造成损害的，与生产经营单位承担连带赔偿责任。失实报告是过失行为，技术服务机构不认为自己的报告存在不符合事实的问题（如果明知存在问题则属于虚假报告），委托其进行安全评价的生产经营单位也不知道报告存在问题，此种情况一般认定为是技术服务机构单方面存在过错，如果给他人造成损害的（包括给委托单位造成损害以及第三人造成损害的），技术服务机构应依法承担赔偿责任。虚假报告是故意行为，并且往往与委托单位相互串通。此处的“给他人造成损害”一般是指因出具虚假报告导致发生生产安全事故给第三人造成的损害。在这种情况下，法律规定技术服务机构与生产经营单位承担连带赔偿责任。连带责任，是指任何一个责任人都有义务对外承担全部的民事责任，即受损害的一方有权要求任何一个责任人承担全部责任。在对内关系上，某一责任人对外实际承担了超出自己应承担的份额的，可以向其他连带责任人追偿。

对于《煤矿安全生产条例》没有规定民事责任，《安全生产法》规定的生产经营单位在其他情况下需要承担的民事责任，同样适用于煤矿企业。如《安全生产法》第一百零三条规定，生产经营单位将生产经营项目、场所、设备发包或者出租给不具备安全生产条件或者相应资质的单位或者个人的，导致发生生产安全事故给他人造成损害的，与承包方、承租方承担连带赔偿责任。

被法律所确认的民事责任，自然也会得到法律的保障。《安全生产法》第一百一十六条规定：“生产经营单位发生生产安全事故造成人员伤亡、他人财产损失的，应当依法承担赔偿责任；拒不承担或者其负责人逃匿的，由人民法院依法强制执行。生产安全事故的责任人未依法承担赔偿责任，经人民法院依法采取执行措施后，仍不能对受害人给予足额赔偿的，应当继续履行赔偿义务；受害人发现责任人有其他财产的，可以随时请求人民法院执行。”

三、刑事责任

刑事责任，即刑事法律责任，是犯罪主体实施刑法禁止的行为所必须承担的法律后果。我国的刑事立法采取刑法典的模式，单行刑法与附属刑法的内容已经越来越少。在安全生产的立法中，一般只规定“构成犯罪的，依照刑法有关规定追究刑事责任”即可。《煤矿安全生产条例》第七十五条规定：“违反本条例规定，构成犯罪的，依法追究刑事责任。”

与煤矿安全有关的刑事犯罪一般包括《刑法》第一百三十四条的“重大责任事故罪”和“强令、组织他人违章冒险作业罪”，第一百三十四条之一的“危险作业罪”，第一百三十五条的“重大劳动安全事故罪”和第一百三十九条之一的“不报、谎报安全事故罪”等五个罪名。另外，煤矿生产还可能涉及《刑法》第三百四十三条的“非法采矿罪”和“破坏性采矿罪”两个罪名。除《刑法》的有关条款外，有三个司法解释对学习理解上述罪名有重要帮助，分别是《最高人民法院、最高人民检察院关于办理危害生产安全刑事案件适用法律若干问题的解释》（2015）、《最高人民法院、最高人民检察院关于办理非法采矿、破坏性采矿刑事案件适用法律若干问题的解释》（2016）和《最高人民法院、最高人民检察院关于办理危害生产安全刑事案件适用法律若干问题的解释（二）》（2022）。

四、行政责任

行政责任，即行政法律责任，是指有违反有关行政管理的法律、法规的规定，但尚未构成犯罪的行为所依法应当承担的法律后果，或者基于法律的特别规定应当承担的行政法律后果。行政责任分为行政处分和行政处罚。

行政处分是对国家工作人员及由国家机关委派到企业事业单位任职的人员的行政违法行为，由所在单位或者其上级主管机关所给予的一种制裁性处理。行政处分的种类包括警告、记过、记大过、降级、撤职、开除等。但是随着国家监察机关的建立，政务处分概念应运而生。由于国家监察机关已经不再属于行政序列，所以监察机关对有关人员作出的政务处分是否仍归于行政法律责任范畴，有待于从理论上探讨。

《煤矿安全生产条例》第七十四条集中规定了七种应当对地方各级人民政府、县级以上人民政府负有煤矿安全生产监督管理职责的部门和其他有关部门、国家矿山安全监察机构及其设在地方的矿山安全监察机构负有责任的领导人员和直接责任人员依法给予处分的情形。另外，第六十九条规定，有关地方人民政府及其应急管理部门、负有煤矿安全生产监督管理职责的部门和设在地方的矿山安全监察机构有瞒报、谎报事故等行为的，对负有责任的领导人员和直接责任人员依法给予处分。

《安全生产法》关于对生产经营单位主要负责人处分的条款，同样适用于煤矿企业主要负责人。如第九十四条规定，“生产经营单位的主要负责人未履行本法规定的安全生产管理职责的，责令限期改正，处二万元以上五万元以下的罚款；逾期未改正的，处五万元以上十万元以下的罚款，责令生产经营单位停产停业整顿。生产经营单位的主要负责人有前款违法行为，导致发生生产安全事故的，给予撤职处分；构成犯罪的，依照刑法有关规定追究刑事责任”。虽然《安全生产法》对给予“降职、撤职”处分的对象没有作出限制，但实际上这种处分只能针对具有公职人员身份的企业负责人，主要是国有企业或者国家控股企业的主要负责人，对于其他企业的主要负责人，无法实施“降职、撤职”处分。

行政处罚是指国家行政机关及其他依法可以实施行政处罚权的组织，对违反行政法律、法规、规章尚不构成犯罪的公民、法人及其他组织实施的一种制裁行为。根据《行政处罚法》第九条的规定，行政处罚的种类包括：①警告、通报批评；②罚款、没收违法所得、没收非法财物；③暂扣许可证件、降低资质等级、吊销许可证件；④限制开展生产经营活动、责令停产停业、责令关闭、限制从业；⑤行政拘留；⑥法律、行政法规规定的其他行政处罚。即五个具体处罚类别和一个兜底条款。五个具体处罚类别在学理上分别被称为“声誉罚或申诫罚”“财产罚”“资格罚”“行为罚”和“自由罚”。这五类行政处罚，在安全生产立法中均有运用。虽然《安全生产法》和《煤矿安全生产条例》并未规定“申诫罚”，但其他配套立法中包含了“申诫罚”。如《安全生产违法行为行政处罚办法》第四十四条规定，生产经营单位及其主要负责人或者其他人员有“违反操作规程或者安全管理规定作业”“违章指挥从业人员或者强令从业人员违章、冒险作业”“发现从业人员违章作业不加制止”等行为之一的，给予警告……

《煤矿安全生产条例》规定的行政处罚具体包括罚款、没收违法所得、没收非法财物和用于从事非法活动的工具设备、暂扣许可证件、吊销许可证件、责令停产整顿、责令关闭、限制从业等多种措施，归纳而言包括了“财产罚”“资格罚”和“行为罚”三大类。根据《立法法》的规定，行政法规无权对限制人身自由的行政拘留作出规定，所以《煤矿安全生产条例》没有“自由罚”的规定，但是《安全生产法》第一百一十条有关生产经营单位的主要负责人在本单位发生生产安全事故时，或者在事故调查处理期间逃匿的，处十五日以下拘留的规定同样适用于煤矿领域。

需要注意的是在很多法律责任条款中都有“责令限期改正”的规定，但“责令限期改正”并不属于行政处罚的范畴。新修订的《行政处罚法》第二十八条规定，“行政机关实施行政处罚时，应当责令当事人改正或者限期改正违法行为”。这一规定表明“行政处罚”与“责令当事人改正或者限期改正违法行为”并非包含关系，即“责令当事人改正或者限期改正违法行为”不属于行政处罚。

同样是“责令”，法律性质是不同的。“责令停产整顿”则属于行政处罚，所以紧跟在“责令……”后的罚款用词是不同的。如《煤矿安全生产条例》第六十三条规定：“煤矿企业有下列行为之一的，责令限期改正，处 10 万元以上 20 万元以下的罚款；逾期未改正的，责令停产整顿，并处 20 万元以上 50 万元以下的罚款，对其直接负责的主管人员和其他直接责任人员处 3 万元以上 5 万元以下的罚款……”“责令限期改正”后用

“处”10万元以上20万元以下的罚款；“责令停产整顿”后用“并处”20万元以上50万元以下的罚款。所谓“并”，是指与其他行政处罚同时使用。

在《煤矿安全生产条例》第三章和第四章中，关于县级以上地方人民政府负有煤矿安全生产监督管理职责的部门在实施煤矿安全监管、国家矿山安全监察机构及其设在地方的矿山安全监察机构在实施煤矿安全监察的过程中，也有多个“责令……”规定，如“对检查中发现的事故隐患，应当责令立即排除；重大事故隐患排除前或者排除过程中无法保证安全的，应当责令从危险区域内撤出作业人员，责令暂时停产或者停止使用相关设施、设备”，需要注意的是这些“责令”内容并非行政处罚，而是属于行政命令，不执行这些行政命令则要承担法律责任，受到行政处罚。

五、《煤矿安全生产条例》与《安全生产法》规定的法律责任之间的关联

首先，《煤矿安全生产条例》作为《安全生产法》的下位法，其设定的法律责任应当与《安全生产法》设定的法律责任相一致，不能存在冲突。但“相一致”并非完全一样，《煤矿安全生产条例》可以在《安全生产法》设定的处罚幅度范围内，根据煤炭行业的特点作出适当调整。比如发生煤矿生产安全事故，对负有责任的煤矿企业的罚款下限，《煤矿安全生产条例》与《安全生产法》相比有所提高。《安全生产法》针对一般事故、较大事故、重大事故、特别重大事故罚款的下限分别是30万元、100万元、200万元和1000万元，而《煤矿安全生产条例》则将前三档相应提高至50万元、150万元和500万元。提高后的下限与《安全生产法》的规定并不矛盾，如50万元也属于《安全生产法》规定的“30万元以上100万元以下”。不过《煤矿安全生产条例》规定罚款额度的上下限不能突破《安全生产法》的规定，即不能低于下限，不能高于上限，否则就违反了上位法，是无效的。

其次，对于一些《安全生产法》已有明确规定，又不需要作出调整的违法行为的处罚，《煤矿安全生产条例》并不需要重复规定相应的法律责任，而是运用准用性规范，直接规定依照《安全生产法》有关规定予以处罚即可。这样做有两大好处：一是防止重复，使《煤矿安全生产条例》更加简洁；二是如果《安全生产法》作出新的修改，《煤矿安全生产条例》不需要因为法律责任的冲突而进行修改。

再次，对个别需要特别突出的处罚，虽然《安全生产法》已有明确规定，但《煤矿安全生产条例》也进行了重复规定。如《煤矿安全生产条例》第六十八条重复规定了煤矿企业主要负责人未依法履行安全生产管理职责，导致发生煤矿生产安全事故的罚款额度，以突出主要负责人的责任。

从次，对于《安全生产法》缺少规定的违法行为的法律责任，《煤矿安全生产条例》则作出了补充。如《安全生产法》虽然要求生产经营单位应当“建立健全全员安全生产责任制”，但没有相应的法律责任条款。为此《煤矿安全生产条例》规定，煤矿企业未按照规定制定并落实全员安全生产责任制的，责令限期改正，处10万元以上20万元以下的罚款；逾期未改正的，责令停产整顿，并处20万元以上50万元以下的罚款。类似的规定还有煤矿企业擅自启封或者使用被查封、扣押的设施、设备、器材的，责令改正；拒不改正的，处10万元以上20万元以下的罚款；对其直接负责的主管人员和其他直接责任人员处1万元以上2万元以下的罚款。承担安全评价、认证、检测、检验等职责的煤矿安全生产技术服务机构主要负责人对重大、特别重大煤矿生产安全事故负有责任的，终身不得从事煤矿安全生产相关技术服务工作。

最后，对煤矿安全特有的违法行为，《煤矿安全生产条例》设定了专门的法律责任。如第六十三条规定，煤矿企业有下列行为之一的，责令限期改正，处10万元以上20万元以下的罚款；逾期未改正的，责令停产整顿，并处20万元以上50万元以下的罚款，对其直接负责的主管人员和其他直接责任人员处3万元以上5万元以下的罚款：未按照规定制定并落实领导带班等安全生产规章制度的；未按照规定为煤矿配备矿长等人员和机构，或者未按照规定设立救护队的；未按照规定编制专项设计的；井工煤矿未按照规定进行瓦斯等级、冲击地压、煤层自燃倾向性和煤尘爆炸性鉴定的等违法行为。

需要注意的是，《煤矿安全生产条例》与《安全生产法》对因为重大事故隐患而需要提请关闭的规定，不完全一样。

《煤矿安全生产条例》规定应当提请县级以上地方人民政府将煤矿或者煤矿企业予以关闭的情形包括“3个月内2次或者2次以上发现有重大事故隐患仍然进行生产的”；《安全生产法》则规定：“存在重大事故隐患，一百八十日内三次或者一年内四次受到本法规定的行政处罚的”，负有安全生产监督管理职责的部门应当提请地方人民政府予以关闭。这两个规定之间存在一定的交叉，但并不矛盾。在现实执法中，无论煤矿企业出现了上述两种情况中的哪一种，都应当提请县级以上地方人民政府予以关闭。

六、对责任单位处罚和对责任人员处罚之间的关系

《煤矿安全生产条例》在“法律责任”一章中有多个条款既规定了对单位的处罚，同时也规定了对责任人员的处罚。比如第六十三条规定：“煤矿企业有下列行为之一的，责令限期改正，处10万元以上20万元以下的罚款；逾期未改正的，责令停产整顿，并处20万元以上50万元以下的罚款，对其直接负责的主管人员和其他直接责任人员处3万元以上5万元以下的罚款：

（一）未按照规定制定并落实全员安全生产责任制和领导带班等安全生产规章制度的；

（二）未按照规定为煤矿配备矿长等人员和机构，或者未按照规定设立救护队的；

……”

第六十六条规定：“煤矿企业有下列行为之一的，责令改正；拒不改正的，处10万元以上20万元以下的罚款；对其直接负责的主管人员和其他直接责任人员处1万元以上2万元以下的罚款：

（一）违反本条例第三十七条第一款规定，隐瞒存在的事故隐患以及其他安全问题的；

……”

值得注意的是，上述两条规定对责任人员的处罚规定前的标点符号并

不一样。第六十三条使用的是逗号，而第六十六条使用的是分号。标点符号不同，表达的含义则不相同。根据第六十三条的规定，对其直接负责的主管人员和其他直接责任人员处 3 万元以上 5 万元以下的罚款的前提是“逾期未改正的”，但在初罚时，不处罚责任人员，只处罚责任单位。根据第六十六条的规定，“对其直接负责的主管人员和其他直接责任人员处 1 万元以上 2 万元以下的罚款”则可以在责令改正的同时实施，并非等到出现“拒不改正”的情形，才对直接负责的主管人员和其他直接责任人员予以处罚。

七、法律责任中规定的“以上”“以下”是否包括本数?

在“法律责任”一章中，多个罚款条款都涉及罚款幅度，需要使用“以上”“以下”等表达方式。如《煤矿安全生产条例》第六十三条规定：“煤矿企业有下列行为之一的，责令限期改正，处 10 万元以上 20 万元以下的罚款；逾期未改正的，责令停产整顿，并处 20 万元以上 50 万元以下的罚款……”那么，10 万元以上是否包括 10 万元整呢？20 万元以下是否包括 20 万元整呢？

参照全国人大法工委出台的《立法技术规范（一）》的规定，规范年龄、期限、尺度、重量等数量关系，涉及以上、以下、以内、不满、超过的规定时，“以上、以下、以内”均含本数，“不满、超过”均不含本数。因此，“以上”“以下”都包括本数，上例中的 10 万元以上包括 10 万元整，20 万元以下包括 20 万元整。虽然这样做会出现两档中间数额的重叠，如 20 万元，既可以是第一档的终点，也可以是第二档的起点，但并不影响行政处罚的实施。

当然有些立法中规定的“以上”“以下”不能重叠，否则就造成判断的混乱。如根据《生产安全事故报告和调查处理条例》关于事故等级的规定，造成 3 人以下死亡的为一般事故，造成 3 人以上 10 人以下死亡的为较大事故。这时 3 人便不可以重叠，3 人要么包括在以上，要么包括在以下，不可以“以上”“以下”都包括本数，也就是说一起恰好死亡 3 人的事故不能既判定为一般事故，又判定为较大事故。在这种情况下，就需要立法进行直接说明。如《生产安全事故报告和调查处理条例》第三条第三款规定：本条第一款所称的“以上”包括本数，所称的“以下”不包括本数。造成3人以下死亡的为一般事故，实际上就是死亡1人或者2人，一旦死亡3人，便构成较大事故。

第二节 习 题 集

一、辨析题

1. 法律责任制规定的经济处罚中，“以上”包含本数，以下不包含本数。(　　)

2.《煤矿安全生产条例》没有关于行政拘留的规定，因此行政拘留的行政处罚不适用于煤矿安全生产方面的责任追究。(　　)

3. 根据《煤矿安全生产条例》第六十七条的规定，对发生一般事故负有责任的煤矿企业处50万元以上100万元以下的罚款。但根据《安全生产法》第一百一十四条的规定，对发生一般事故负有责任的生产经营单位处30万元以上100万元以下的罚款。根据上位法优于下位法的原则，对发生一般事故负有责任的煤矿企业，应该按照《安全生产法》处罚，即处30万元以上100万元以下的罚款。(　　)

4. 未按照规定进行安全生产教育和培训的，责令其限期改正，可以处五万元以下的罚款；逾期未改正的，责令停产停业整顿，并处五万元以上十万元以下的罚款，对其直接负责的主管人员和其他直接责任人员处一万元以上二万元以下的罚款。(　　)

5. 某煤矿企业明知其使用的安全设备已经纳入国家颁布的淘汰目录，但仍继续使用，对该企业应当责令限期改正，处五万元以下的罚款；逾期未改正的，处五万元以上二十万元以下的罚款，对其直接负责的主管人员和其他直接责任人员处一万元以上二万元以下的罚款；情节严重的，责令停产停业整顿。(　　)

6. 煤矿企业超越依法确定的开采范围采矿的，由煤矿安全监管部门或者矿山安全监察机构责令停产整顿，明确整顿的内容、时间等具体要求，并处50万元以上200万元以下的罚款；对煤矿企业主要负责人处3

万元以上 15 万元以下的罚款。(　　)

7. 煤矿企业 3 个月内 2 次或者 2 次以上被发现有重大事故隐患的，应当提请县级以上地方人民政府予以关闭。(　　)

8. 对被责令停产整顿的煤矿企业，安全生产许可证颁发管理部门应当吊销安全生产许可证。(　　)

9. 如果煤矿企业不存在《煤矿安全生产条例》规定的违法情形的，就不应当关闭其所属煤矿。(　　)

10. 因出现法定情形需要关闭煤矿的，应当由县级以上人民政府负有煤矿安全生产监督管理职责的部门作出决定。(　　)

二、填空题

1. 未依法取得安全生产许可证擅自进行煤矿生产的，应当责令立即(　　　　)，没收违法所得和开采出的煤炭以及采掘设备，进行经济处罚，并提请县级以上地方人民政府(　　　　)。

2. 对存在重大事故隐患仍然(　　　　)的煤矿企业，责令停产整顿，明确整顿的(　　　　)、时间等具体要求，并处罚款。

3. 发生较大煤矿生产安全事故，对(　　　　)的煤矿企业处(　　　　)以上 200 万元以下的罚款。

4. 发生特别重大事故，(　　　　)、影响特别恶劣的，最高可罚款(　　　　)元。

5. 煤矿企业(　　　　)未依法履行安全生产管理职责，导致发生(　　　　)的，处上一年年收入 80% 的罚款。

6. 有关地方人民政府及其(　　　　)部门、负有煤矿安全生产监督管理职责的部门和设在地方的矿山安全监察机构有瞒报、谎报事故等行为的，对负有责任的领导人员和(　　　　)依法给予处分。

7. 煤矿企业(　　　　)2 次或者 2 次以上发现有(　　　　)仍然进行生产的，应当提请县级以上地方人民政府予以关闭。

8. 对于关闭的煤矿，煤矿企业应当妥善处理劳动关系，依法依规支付经济补偿、(　　　　)，组织离岗时(　　　　)检查，偿还拖欠工资，补缴欠缴的社会保险费。

9. 承担安全评价、认证、检测、检验等职责的煤矿安全生产（　　）主要负责人对因出具虚假报告等原因对重大、特别重大煤矿生产安全事故负有责任的，（　　　　）不得从事煤矿安全生产相关技术服务工作。

10.《煤矿安全生产条例》规定的行政处罚，由县级以上人民政府负有煤矿安全生产监督管理职责的部门和其他有关部门、国家矿山安全监察机构及其设在地方的矿山安全监察机构按照（　　　　）决定，对（　　　　）不得给予两次以上罚款的行政处罚。

三、单选题

1. 对于煤矿企业在安全教育培训考核方面存在的下列违法行为，处罚错误的是（　　）。

A. 未按照规定对煤矿从业人员进行安全生产教育和培训，处二万元罚款

B. 主要负责人上岗一个月经考核不合格，处三万元罚款

C. 三名特种作业人员未按照规定经专门的安全作业培训并取得相应资格，上岗作业一月，处九万元罚款

D. 煤矿从业人员培训班班主任代替缺席人员签到，处一万元罚款

2. 某市应急局在对某煤矿企业进行检查时，发现该煤矿企业下属一煤矿存在领导带班下井职责履行不到位的情况，通过查阅井下领导带班记录发现，带班下井领导是该矿普通安全员。根据《煤矿安全生产条例》的规定，针对上述违法行为的处罚，下列说法正确的是（　　）。

A. 责令限期改正，不予处罚

B. 责令限期改正，对煤矿企业处 10 万元以上 20 万元以下的罚款，对矿长处 3 万元以上 5 万元以下的罚款

C. 责令限期改正，对煤矿企业处 20 万元以上 50 万元以下的罚款

D. 逾期未改正的，责令停产整顿，并处 20 万元以上 50 万元以下的罚款，对直接负责的主管人员处 3 万元以上 5 万元以下的罚款

3. 对下列煤矿企业的哪一项违法行为初罚幅度为处 10 万元以上 20 万元以下的罚款？（　　）

A. 未按照规定制定生产安全事故应急救援预案或者未定期组织演练的

B. 未按照规定为煤矿配备矿长等人员和机构的

C. 重大事故隐患排查治理情况未按照规定报告的

D. 未依法取得安全生产许可证等擅自进行生产的

4. 2023 年 11 月 1 日，国家矿山安全监察局陕西局执法人员对陕西省渭南市合阳县某煤矿开展执法检查，发现该矿存在部分采煤区域未安装监测监控系统、使用明令禁止使用或者淘汰的设备等违法行为。如果上述情况发生在《煤矿安全生产条例》生效以后，应对该煤矿企业如何处罚？(　　)

A. 责令限期改正，处 10 万元以下的罚款；逾期未改正的，责令停产停业整顿，并处 10 万元以上 20 万元以下的罚款，对其直接负责的主管人员和其他直接责任人员处 2 万元以上 5 万元以下的罚款

B. 责令限期改正，处 10 万元以上 20 万元以下的罚款；逾期未改正的，责令停产整顿，并处 20 万元以上 50 万元以下的罚款，对其直接负责的主管人员和其他直接责任人员处 3 万元以上 5 万元以下的罚款

C. 责令停产整顿，明确整顿的内容、时间等具体要求，并处 50 万元以上 200 万元以下的罚款；对煤矿企业主要负责人处 3 万元以上 15 万元以下的罚款

D. 责令改正；拒不改正的，处 10 万元以上 20 万元以下的罚款；对其直接负责的主管人员和其他直接责任人员处 1 万元以上 2 万元以下的罚款

5. 发生煤矿生产安全事故，对负有责任的煤矿企业的处罚，下列说法错误的是（　　）。

A. 发生一般事故的，处 30 万元以上 100 万元以下的罚款

B. 发生较大事故的，处 150 万元以上 200 万元以下的罚款

C. 发生重大事故，情节特别严重、影响特别恶劣的，可以处 1000 万元以上 5000 万元以下的罚款

D. 发生特别重大事故的，处1000万元以上2000万元以下的罚款

6. 2023年，曲靖市能源局接群众举报，反映某煤矿存在人员未进行培训合格后入井作业的违法违规行为。经曲靖市能源局现场检查核实，发现该煤矿部分人员未进行培训并经考核合格后入井作业的情况属实。根据《国务院关于预防煤矿生产安全事故的特别规定》等规定，曲靖市能源局给予该煤矿警告，对煤矿处罚款46万元的行政处罚。如果该案例发生在《煤矿安全生产条例》生效后，应该如何处罚？（　　）

A. 仍然可以根据《国务院关于预防煤矿生产安全事故的特别规定》，给予警告，处罚款46万元

B. 应根据《安全生产法》的有关规定，责令限期改正，处十万元以下的罚款；逾期未改正的，责令停产停业整顿，并处十万元以上二十万元以下的罚款，对其直接负责的主管人员和其他直接责任人员处二万元以上五万元以下的罚款

C. 应根据《煤矿安全生产条例》的有关规定，责令限期改正，处10万元以上20万元以下的罚款；逾期未改正的，责令停产整顿，并处20万元以上50万元以下的罚款，对其直接负责的主管人员和其他直接责任人员处3万元以上5万元以下的罚款

D. 应根据《煤矿安全培训规定》的有关规定，责令其限期改正，可以处五万元以下的罚款；逾期未改正的，责令停产停业整顿，并处五万元以上十万元以下的罚款，对其直接负责的主管人员和其他直接责任人员处一万元以上二万元以下的罚款

7. 关于煤矿企业主要负责人的处罚，下列说法错误的是（　　）。

A. 煤矿企业主要负责人未履行法定的安全生产管理职责的，责令限期改正，处二万元以上五万元以下的罚款

B. 下属煤矿发生较大事故的，处上一年年收入60%的罚款

C. 煤矿企业主要负责人有安全生产违法行为，导致发生生产安全事故的，给予撤职处分；构成犯罪的，依照刑法有关规定追究刑事责任

D. 煤矿企业主要负责人未依法履行安全生产管理职责，导致发生一般事故的，处上一年年收入40%的罚款

8. 有关地方人民政府及其应急管理部门、负有煤矿安全生产监督管理职责的部门和设在地方的矿山安全监察机构有瞒报、谎报事故等行为的，应依法追究责任，下列说法正确的是（　　）。

A. 对负有责任的领导人员和直接责任人员依法给予处分

B. 对负有责任的领导人员和直接责任人员处上一年年收入百分之六十至百分之一百的罚款

C. 对单位处 100 万元以上 500 万元以下的罚款

D. 上述人员不是不报、谎报安全事故罪的犯罪主体，不会以不报、谎报安全事故罪追究刑事责任

9. 关于煤矿的关闭，下列说法正确的是（　　）。

A. 只有煤矿企业存在严重的安全生产违法行为的情况下，煤矿才会被关闭

B. 关闭煤矿的决定应当由县级以上地方人民政府负有煤矿安全生产监督管理职责的部门作出

C. 有关地方人民政府作出予以关闭的决定，应当尽快组织实施

D. 对被决定关闭的煤矿，有关政府部门应依照法律法规有关规定吊销、注销相关证照

10. 某煤矿建设项目的施工单位未按照批准的安全设施设计施工，对其法律责任，下列说法正确的是（　　）。

A. 责令停止建设或者停产停业整顿，限期改正，对煤矿企业处十万元以上五十万元以下的罚款

B. 责令停止建设或者停产停业整顿，限期改正，对煤矿处十万元以上五十万元以下的罚款

C. 责令停止建设，限期改正，对施工单位处十万元以上五十万元以下的罚款

D. 责令限期改正，并处十万元以上五十万元以下的罚款

11. 关于煤矿硬件建设方面的法律责任，下列说法正确的是（　　）。

A. 煤矿的机电系统不符合煤矿安全规程和国家标准或者行业标准规定的管理和技术要求的，责令限期改正，处 10 万元以上 20 万元以下的罚款

B. 煤矿的防瓦斯、防煤（岩）与瓦斯（二氧化碳）突出等安全设施不符合煤矿安全规程和国家标准或者行业标准规定的管理和技术要求的，责令停产整顿，并处20万元以上50万元以下的罚款

C. 露天煤矿的采场及排土场边坡与重要建筑物、构筑物之间安全距离不符合规定的，责令限期改正，处10万元以下的罚款

D. 煤矿的安全设备的安装、使用、检测、改造和报废不符合国家标准或者行业标准的，责令限期改正，处10万元以上20万元以下的罚款

12. 对于安全生产技术服务机构负责人、主管人员和直接责任人员的违法处罚，下列说法错误的是（　　）。

A. 承担安全评价、认证、检测、检验职责的机构租借资质、挂靠、出具虚假报告的，对其直接负责的主管人员和其他直接责任人员处五万元以上十万元以下的罚款

B. 承担安全评价、认证、检测、检验职责的机构租借资质、挂靠、出具虚假报告的，对其直接负责的主管人员和其他直接责任人员，吊销其相应资格，五年内不得从事安全评价、认证、检测、检验等工作

C. 承担安全评价、认证、检测、检验职责的机构租借资质、挂靠、出具虚假报告的，对其直接责任人员，吊销相应资格，五年内不得从事安全评价、认证、检测、检验等工作

D. 技术服务机构主要负责人对重大、特别重大煤矿生产安全事故负有责任的，终身不得从事煤矿安全生产相关技术服务工作

13. 出现下列哪种情况时，应该对乡镇人民政府负有责任的领导人员和直接责任人员依法给予处分？（　　）

A. 在所辖区域内发现未依法取得安全生产许可证擅自进行煤矿生产而采取了有效措施制止后未向县级人民政府相关主管部门报告的

B. 在所辖区域内发现未依法取得安全生产许可证擅自进行煤矿生产的，采取了有效措施制止后，又向县级人民政府相关主管部门报告的

C. 在所辖区域内发现未依法取得安全生产许可证擅自进行煤矿生产而没有进行行政处罚的

D. 在所辖区域内发现未依法取得安全生产许可证擅自进行煤矿生产而没有采取关闭措施的

14. 下列哪种情况下不应该对负有责任的领导人员和直接责任人员依法给予处分？（　　）

A. 县级以上人民政府负有煤矿安全生产监督管理职责的部门未及时发现所辖区域内煤矿事故隐患的

B. 设在地方的矿山安全监察机构不依法履行职责，不及时查处所辖区域内煤矿企业安全生产违法行为的

C. 对被责令停产整顿的煤矿企业，在停产整顿期间，因有关地方人民政府监督检查不力，煤矿企业在停产整顿期间继续生产的

D. 国家矿山安全监察机构及其设在地方的矿山安全监察机构接到举报后，不及时处理的

15. 2023 年 11 月 4 日，国家矿山安全监察局青海局执法人员对辖区内某煤矿开展执法检查，发现该煤矿在瓦斯超限的情况下进行作业的违法行为。假如该案发生在《煤矿安全生产条例》生效后，应该对该煤矿企业及其责任人员如何处罚？（　　）

A. 提请县级以上地方人民政府予以关闭

B. 责令停产整顿，明确整顿的内容、时间等具体要求，并处 50 万元以上 200 万元以下的罚款；对煤矿企业主要负责人处 3 万元以上 15 万元以下的罚款

C. 吊销安全生产许可证

D. 责令限期改正，处 50 万元以上 200 万元以下的罚款

四、多选题

1. 对未依法取得安全生产许可证擅自进行煤矿生产的煤矿企业的行政处罚包括（　　）。

A. 没收违法所得和开采出的煤炭以及采掘设备

B. 没有违法所得，并处 10 万元以上 20 万元以下的罚款

C. 提请县级以上地方人民政府予以关闭

D. 以非法采矿罪追究刑事责任

2. 煤矿企业在生产过程中未落实有关事故预防的措施，应该处 10 万元以下罚款的违法行为包括（　　）。

A. 进行危险作业，未采取专门安全技术措施并安排专门人员进行现场安全管理的

B. 未按照规定建立并落实安全风险分级管控制度和事故隐患排查治理制度的

C. 未按照规定编制专项设计的

D. 井工煤矿未按照规定进行瓦斯等级鉴定的

3. 煤矿企业未按照规定制定并落实全员安全生产责任制的，对煤矿企业和有关人员的处罚包括（　　）。

A. 对煤矿企业责令限期改正，处 10 万元以上 20 万元以下的罚款

B. 逾期未改正的，对煤矿企业责令停产整顿，并处 20 万元以上 50 万元以下的罚款

C. 对其直接负责的主管人员和其他直接责任人员处 3 万元以上 5 万元以下的罚款

D. 对煤矿企业主要负责人，责令限期改正，处 2 万元以上 5 万元以下的罚款；逾期未改正的，处 5 万元以上 10 万元以下的罚款

4. 2022 年 8 月 4 日 9 时 45 分许，某国有公司一下属煤矿 16 采区 16015 工作面上副巷发生一起较大窒息事故，造成 5 人死亡，直接经济损失 1710 万元。事故发生后，该矿及其上级公司隐瞒不报，经媒体反映后被登封市政府查证属实。如果该案发生在《煤矿安全生产条例》生效后，对该矿的瞒报行为该如何处罚？（　　）

A. 对事故发生单位处 100 万元以上 500 万元以下的罚款

B. 对煤矿企业主要负责人处上一年年收入百分之六十至百分之一百的罚款

C. 对煤矿企业主要负责人给予降级、撤职的处分

D. 以不报、谎报安全事故罪追究刑事责任

5. 煤矿企业存在下列哪项情形的，应当提请县级以上地方人民政府

予以关闭？（　　）

A. 被责令停产整顿的煤矿企业，在安全生产许可证被暂扣期间擅自进行生产的

B. 3个月内2次或者2次以上发现有重大事故隐患仍然进行生产的

C. 经地方人民政府组织的专家论证在现有技术条件下难以有效防治重大灾害的

D. 经停产停业整顿，仍不具备法律、行政法规和国家标准或者行业标准规定的安全生产条件的

6. 煤矿企业有（　　）行为的，责令限期改正，处五万元以下的罚款；逾期未改正的，处五万元以上二十万元以下的罚款，对其直接负责的主管人员和其他直接责任人员处一万元以上二万元以下的罚款；情节严重的，责令停产停业整顿；构成犯罪的，依照刑法有关规定追究刑事责任。

A. 未为从业人员提供符合国家标准或者行业标准的劳动防护用品的

B. 安全设备的安装、使用、检测、改造和报废不符合国家标准或者行业标准的

C. 煤矿的主要生产系统、安全设施不符合煤矿安全规程和国家标准或者行业标准规定的

D. 关闭、破坏直接关系生产安全的监控、报警、防护、救生设备、设施，或者篡改、隐瞒、销毁其相关数据、信息的

7. 对煤矿企业实施没收违法所得处罚的行为包括（　　）。

A. 未依法取得安全生产许可证等擅自进行煤矿生产的

B. 采用爆破等方法进行采矿作业的

C. 擅自开采保安煤柱的

D. 采用可能危及相邻煤矿生产安全的决水、贯通巷道等危险方法进行采矿作业的

8. 关于煤矿安全生产技术服务机构的法律责任，下列说法正确的有（　　）。

A. 出具失实报告的，责令停业整顿，并处三万元以上十万元以下的罚款

B. 出具虚假报告的，没收违法所得；违法所得在十万元以上的，并处违法所得二倍以上五倍以下的罚款，没有违法所得或者违法所得不足十万元的，单处或者并处十万元以上二十万元以下的罚款

C. 租借资质但没有违法所得的，处十万元以上二十万元以下的罚款

D. 挂靠在其他安全生产技术服务机构，违法所得不足十万元的，单处十万元以上二十万元以下的罚款

9. 关于煤矿安全生产技术服务机构违法行为的民事责任，下列说法正确的是（　　）。

A. 出具失实报告给他人造成损害的，依法承担赔偿责任

B. 出具失实报告给他人造成损害的，与生产经营单位承担连带赔偿责任

C. 出具虚假报告给他人造成损害的，与生产经营单位承担连带赔偿责任

D. 出具虚假报告给他人造成损害的，对受害人单独承担赔偿责任

10. 下列哪些选项属于关闭煤矿应当达到的要求内容？（　　）

A. 吊销、注销相关证照，吊销、注销煤矿企业主要负责人的安全资格证

B. 停止供应并妥善处理民用爆炸物品，停止供电，拆除矿井生产设备、供电、通信线路

C. 封闭、填实矿井井筒，平整井口场地，恢复地貌，设立标识牌

D. 报送、移交相关报告、图纸和资料等

11.《煤矿安全生产条例》第四十四条第一款第四项规定，县级以上地方人民政府负有煤矿安全生产监督管理职责的部门对有根据认为不符合保障安全生产的国家标准或者行业标准的设施、设备、器材予以查封或者扣押。对擅自启封或者使用被查封、扣押的设施、设备、器材的煤矿企业，下列做法正确的是（　　）。

A. 责令改正，处 10 万元以下的罚款

B. 责令改正，对单位不予处罚

C. 责令改正，同时对其直接负责的主管人员和其他直接责任人员处 1 万元以上 2 万元以下的罚款

D. 拒不改正的，对单位处 10 万元以上 20 万元以下的罚款

12. 发生煤矿生产安全事故，负有责任的煤矿企业应承担相应法律责任，下列说法正确的有（　　）。

A. 承担相应的民事赔偿责任

B. 经济处罚的最低起点是 50 万元

C. 经济处罚的最高额为一亿元

D. 承担相应的刑事责任

13. 2020 年 2 月 29 日，某煤矿发生顶板事故，造成 5 人死亡，直接经济损失 786 万元。事故直接原因：3 号联络上山掘进工作面违规空帮空顶掘进作业导致顶板垮落。事故调查发现，该煤矿企业存在“五职矿长”配备不全、安全管理机构不健全等问题。如果该事故发生在《煤矿安全生产条例》实施之后，关于对该煤矿企业的行政处罚，下列说法错误的是（　　）。

A. 应由县级以上地方人民政府负有煤矿安全生产监督管理职责的部门对该企业按照较大等级事故进行处罚

B. 应由县级以上地方人民政府应急管理部门对该企业按照较大等级事故进行处罚

C. 应由设在当地的矿山安全监察机构对该企业按照较大等级事故进行处罚

D. 应由县级以上地方人民政府负有煤矿安全生产监督管理职责的部门对该煤矿企业的“五职矿长”配备不全、安全管理机构不健全等违法行为进行处罚

14. 2023 年 9 月，国家矿山安全监察局湖南局对某煤矿企业的某煤矿进行检查，该煤矿属于煤与瓦斯突出矿井，检查时，矿井处于正常生产状态。检查该煤矿安全监控系统，2023 年 8 月 10 日至 9 月 10 日，甲烷传感器故障 110 次，煤矿没有进行及时处理。假如上述情况发生在《煤矿安全生产条例》生效后，对该煤矿企业安全监控系统问题的处罚，下列说法正确的是（　　）。

A. 对煤矿企业责令限期改正，处 10 万元以上 20 万元以下的罚款

B. 对煤矿企业责令停产整顿，并处 50 万元以上 200 万元以下的罚款

C. 对煤矿企业进行处罚的同时，对煤矿企业主要负责人处 3 万元以上 15 万元以下的罚款

D. 责令改正；拒不改正的，处 10 万元以上 20 万元以下的罚款

15. 关于煤矿建设项目中的违法行为的处罚，下列说法正确的是（　　）。

A. 煤矿建设项目安全设施设计未按照规定报经有关部门审查同意的，责令停止建设，限期改正，并对建设单位处 10 万元以上 50 万元以下的罚款，对其直接负责的主管人员和其他直接责任人员处 2 万元以上 5 万元以下的罚款

B. 煤矿建设项目的施工单位未按照批准的安全设施设计施工的，责令停止建设，限期改正，对建设单位处 10 万元以上 50 万元以下的罚款，对其直接负责的主管人员和其他直接责任人员处 2 万元以上 5 万元以下的罚款

C. 煤矿改扩建期间，在改扩建的区域生产的，责令停产整顿，并处 50 万元以上 200 万元以下的罚款；对煤矿企业主要负责人处 3 万元以上 15 万元以下的罚款

D. 煤矿建设项目竣工投入生产或者使用前，安全设施未经验收合格的，责令停产整顿，并处 50 万元以上 200 万元以下的罚款；对煤矿企业主要负责人处 3 万元以上 15 万元以下的罚款

五、简答题

1. 概括《煤矿安全生产条例》规定的法律责任与《安全生产法》规定的法律责任之间的关系。

2. 简述对关闭的煤矿企业擅自恢复生产的处罚规定。

3. 概括《煤矿安全生产条例》和《安全生产法》中因煤矿企业违法，或者主要负责人违法而对主要负责人予以处罚的规定。

4. 列举应当提请县级以上地方人民政府对煤矿企业或者煤矿予以关闭的情形。

5. 简要回答关闭煤矿应当达到的要求。

第三节 习题答案及解析

一、辨析题答案及解析

1. 错。解析：参照全国人大法工委出台的《立法技术规范（一）》，规范年龄、期限、尺度、重量等数量关系，涉及以上、以下、以内、不满、超过的规定时，"以上、以下、以内"均含本数，"不满、超过"均不含本数。因此，"以上""以下"都包括本数，除非某一部立法自身有明确说明。

2. 错。解析：根据《行政处罚法》第十一条的规定，行政法规可以设定除限制人身自由以外的行政处罚。因此《煤矿安全生产条例》不可能设定行政拘留的行政处罚。但不代表不可以依据《安全生产法》对煤矿安全生产的严重违法行为实施拘留。

《煤矿安全生产条例》设定的法律责任大概分为四种情况：一是通过准用性规范，将《煤矿安全生产条例》中的违法行为直接转接至《安全生产法》，适用于《安全生产法》的法律责任规定。二是对于《安全生产法》遗漏的法律责任进行补充。三是对于《煤矿安全生产条例》规定的特有的违法行为，在《安全生产法》没有对应法律责任规定的，《煤矿安全生产条例》单独规定了法律责任，如"擅自开采保安煤柱"等危险行为。四是对于一些违法行为，虽然《安全生产法》有对应的法律责任规定，但《煤矿安全生产条例》根据煤炭行业的特点，在《安全生产法》规定的处罚幅度内适当进行了调整。另外，《煤矿安全生产条例》没有规定的安全生产违法行为，可以直接根据《安全生产法》等法律法规处罚。如煤矿企业主要负责人在发生事故后逃匿的，处十五日以下拘留。

虽然《煤矿安全生产条例》没有关于行政拘留的规定，但如果出现《安全生产法》规定应给予行政拘留处罚的情形，直接适用《安全生产法》即可。

3. 错。解析：虽然《安全生产法》与《煤矿安全生产条例》对发生生产安全事故负有责任煤矿企业的处罚数额不完全一致，但实际上并不矛盾。《煤矿安全生产条例》规定的“50 万元以上 100 万元以下的罚款”在《安全生产法》规定的“30 万元以上 100 万元以下的罚款”的幅度内，并不违反上位法。下位法根据行业特点、地域实际情况，在上位法规定的幅度内调高起点、调低最高点都是允许的，但是降低起点、调高最高点是不可以的。

4. 错。解析：根据《煤矿安全生产条例》第六十二条的规定，未按照规定进行安全生产教育和培训的，依照《安全生产法》有关规定予以处罚，因此要判断本题的处罚措施是否正确，需要依据《安全生产法》的条款。根据《安全生产法》第九十七条的规定，未按照规定对从业人员、被派遣劳动者、实习学生进行安全生产教育和培训的，责令限期改正，处十万元以下的罚款；逾期未改正的，责令停产停业整顿，并处十万元以上二十万元以下的罚款，对其直接负责的主管人员和其他直接责任人员处二万元以上五万元以下的罚款。

除《安全生产法》外，《煤矿安全培训规定》也规定了未按照规定对从业人员进行安全生产培训的法律责任，即题干所述内容。《煤矿安全培训规定》最新修改时间为 2018 年，修改后的处罚与当时的《安全生产法》是一致的。但是 2021 年《安全生产法》再次修改后，大幅加大了处罚力度。由于《煤矿安全培训规定》未及时更新，导致现有的专项规章与《安全生产法》规定有冲突。在这种情况下，当然应该适用《安全生产法》的规定。

5. 错。解析：根据《煤矿安全生产条例》第三十六条的规定，“使用应当淘汰的危及生产安全的设备、工艺的”属于重大事故隐患。第六十四条规定：“对存在重大事故隐患仍然进行生产的煤矿企业，责令停产整顿，明确整顿的内容、时间等具体要求，并处 50 万元以上 200 万元以下的罚款；对煤矿企业主要负责人处 3 万元以上 15 万元以下的罚款。”需要注意的是，对于很多违法行为都是先限期改正，逾期未改正的，才责令停产整顿；但对于存在重大事故隐患仍然进行生产的煤矿企业，直接责令停产整顿，并且经济处罚力度也比一般的违法行为处罚严厉。

6. 错。解析：根据《煤矿安全生产条例》第三十六条的规定，“超层、越界开采的”属于重大事故隐患，因此，应当按照第六十四条的规定给予处罚，即“对存在重大事故隐患仍然进行生产的煤矿企业，责令停产整顿，明确整顿的内容、时间等具体要求，并处50万元以上200万元以下的罚款；对煤矿企业主要负责人处3万元以上15万元以下的罚款”。

但是，超层、越界开采实际上属于自然资源部门处理的事情，即按照第六十五条的规定，“煤矿企业超越依法确定的开采范围采矿的，依照有关法律法规的规定予以处理”。根据《矿产资源法》的规定，国务院地质矿产主管部门主管全国矿产资源勘查、开采的监督管理工作。另外，根据《国家矿山安全监察局职能配置、内设机构和人员编制规定》的规定，“自然资源部门负责查处矿山企业越界开采等违法行为。国家矿山安全监察机构发现矿山企业有越界开采等违法行为的，应当移送当地自然资源部门进行处理”。

7. 错。解析：根据《煤矿安全生产条例》第七十条第二项的规定，3个月内2次或者2次以上发现有重大事故隐患仍然进行生产的，应当提请县级以上地方人民政府予以关闭。需要注意的是，本条规定并非是“3个月内2次或者2次以上被发现有重大事故隐患的”，而是3个月内2次或者2次以上被发现在存在重大事故隐患的情况下，仍然“带病生产”。如果存在重大事故隐患，都依法依规进行了处置，则不需要提请县级以上地方人民政府予以关闭。

需要注意的是，《煤矿安全生产条例》与《安全生产法》对因为重大事故隐患而需要提请关闭的规定，不完全一样，存在交叉，但不是替代关系。

8. 错。解析：根据《煤矿安全生产条例》第七十三条的规定，对被责令停产整顿的煤矿企业，应当暂扣安全生产许可证等。“暂扣”与“吊销”是完全不同的两个概念。暂扣的证照待整顿完成、验收合格后会发还有关煤矿企业，煤矿企业可以继续生产；而证照一旦被吊销，便取消了煤矿企业的生产资格。

9. 错。解析：根据《煤矿安全生产条例》第七十条第三项的规定，“经地方人民政府组织的专家论证在现有技术条件下难以有效防治重大灾害的”，应当提请县级以上地方人民政府予以关闭。即使在煤矿企业完全遵守法律、法规、规程的情况下，当煤矿出现了在现有技术条件下难以有效防治重大灾害的，也应当提请县级以上地方人民政府予以关闭。

10. 错。解析：根据《煤矿安全生产条例》第七十条的规定，当出现法定情形时，应当提请县级以上地方人民政府予以关闭，即最后的决定权在县级以上地方人民政府，不在县级以上人民政府负有煤矿安全生产监督管理职责的部门。《安全生产法》第一百一十五条也有类似的规定："予以关闭的行政处罚，由负有安全生产监督管理职责的部门报请县级以上人民政府按照国务院规定的权限决定"。

二、填空题答案及依据

1. 停止生产、予以关闭，答案依据：《煤矿安全生产条例》第六十一条和第七十条。

2. 进行生产、内容，答案依据：《煤矿安全生产条例》第六十四条。

3. 负有责任、150 万元，答案依据：《煤矿安全生产条例》第六十七条。

4. 情节特别严重、一亿，答案依据：《煤矿安全生产条例》第六十七条。

5. 主要负责人、重大事故，答案依据：《煤矿安全生产条例》第六十八条。

6. 应急管理、直接责任人员，答案依据：《煤矿安全生产条例》第六十九条。

7. 3 个月内、重大事故隐患，答案依据：《煤矿安全生产条例》第七十条。

8. 工伤保险待遇、职业健康，答案依据：《煤矿安全生产条例》第七十条。

9. 技术服务机构、终身，答案依据：《煤矿安全生产条例》第七十二条。

10. 职责分工、同一违法行为，答案依据：《煤矿安全生产条例》第七十三条。

三、单选题答案及解析

1. B。解析：针对安全教育培训中的违法行为，《煤矿安全生产条例》规定依照《安全生产法》处罚。根据《安全生产法》第九十七条的规定，“未按照规定对从业人员、被派遣劳动者、实习学生进行安全生产教育和培训，或者未按照规定如实告知有关的安全生产事项的”“未如实记录安全生产教育和培训情况的”“特种作业人员未按照规定经专门的安全作业培训并取得相应资格，上岗作业的”，责令限期改正，处十万元以下的罚款；逾期未改正的，责令停产停业整顿，并处十万元以上二十万元以下的罚款，对其直接负责的主管人员和其他直接责任人员处二万元以上五万元以下的罚款。因此 A、C、D 选项描述情形的处罚数额，均在法条规定的幅度内，是正确的，但不符合题意。

《安全生产法》第九十七条虽然也规定了矿山企业主要负责人和安全生产管理人员未按照规定经考核合格的，给予同样的处罚，但实际情况还有待于细化。2014 年修改后的《安全生产法》取消了矿山企业主要负责人和安全生产管理人员“先取证、再上岗”的硬性规定，改为“应当由主管的负有安全生产监督管理职责的部门对其安全生产知识和管理能力考核合格”。但是上岗后多长时间内考核？考核不合格是否有补考机会？《安全生产法》未作规定，但专门针对煤矿安全培训出台的部门规章《煤矿安全培训规定》对此进行了补充。其中第十七条规定“煤矿企业主要负责人和安全生产管理人员应当自任职之日起六个月内通过考核部门组织的安全生产知识和管理能力考核，并持续保持相应水平和能力”。第十九条第二款规定“煤矿企业主要负责人和安全生产管理人员考试不合格的，可以补考一次；经补考仍不合格的，一年内不得再次申请考核。考核部门应当告知其所在煤矿企业或其任免机关调整其工作岗位”。由此可知，煤矿企业主要负责人上岗一个月经考核不合格，可以补考，不予处罚。但如果六个月后考核不合格，或者曾经考核合格但没有持续保持相应水平和能力的则应该给予相应的处罚。故 B 选项错误，符合题意。

2. D。解析：根据《煤矿安全生产条例》第六十三条的规定，未按照规定制定并落实全员安全生产责任制和领导带班等安全生产规章制度的，责令限期改正，处10万元以上20万元以下的罚款；逾期未改正的，责令停产整顿，并处20万元以上50万元以下的罚款，对其直接负责的主管人员和其他直接责任人员处3万元以上5万元以下的罚款。

现行的《安全生产法》基本上不存在“责令限期改正”不予处罚的规定，《煤矿安全生产条例》的规定与其相一致，没有“责令限期改正”不予处罚的规定。虽然《行政处罚法》规定，“违法行为轻微并及时改正，没有造成危害后果的，不予行政处罚。初次违法且危害后果轻微并及时改正的，可以不予行政处罚”。但在安全生产领域被严格限制使用，一般是省、自治区、直辖市出台具体不予处罚的目录。因此，A选项是错误的。

根据第六十三条的规定，对其直接负责的主管人员和其他直接责任人员的处罚是在“逾期未改正”的情况下才适用，初罚时不处罚个人，故B选项错误。“处20万元以上50万元以下的罚款”也是“逾期未改正”时的处罚幅度，不是初罚的幅度，故C选项错误。D选项符合法条规定，是正确的。

3. B。解析：根据《煤矿安全生产条例》第六十三条和《安全生产法》第九十七条、一百零一条的规定，A、C选项违法行为的初罚幅度为“处十万元以下的罚款”，因此A、C选项错误。根据《煤矿安全生产条例》第六十三条的规定，未按照规定为煤矿配备矿长等人员和机构的初罚幅度为10万元以上20万元以下的罚款，因此B选项正确。

《煤矿安全生产条例》第六十一条虽然也有处罚幅度“10万元以上20万元以下的罚款”的规定，但仅针对“没有违法所得或者违法所得不足10万元”的情形；并且针对未依法取得安全生产许可证的违法行为，不存在“初罚”和“再罚”，进行经济处罚的同时予以关闭。所以D选项也是错误的。

4. C。解析：《煤矿安全生产条例》依照“过罚相当”的原则，根据违法行为的严重程度设定了不同的处罚措施。根据第三十六条关于煤矿重大事故隐患判定标准，案例描述的情形显然属于存在重大事故隐患仍然进行生产的情形。第六十四条规定：“对存在重大事故隐患仍然进行生产的煤矿企业，责令停产整顿，明确整顿的内容、时间等具体要求，并处50

万元以上200万元以下的罚款；对煤矿企业主要负责人处3万元以上15万元以下的罚款。”因此C选项正确。

5. A。解析：“发生一般事故的，处30万元以上100万元以下的罚款”是《安全生产法》规定的幅度，但是《煤矿安全生产条例》根据煤炭行业的特点，提高起点至50万元，应该按照《煤矿安全生产条例》的规定执行，故A选项错误，符合题意。

B、D选项完全符合《煤矿安全生产条例》第六十七条的规定，内容是正确的。根据第六十七条第二款的规定，“发生煤矿生产安全事故，情节特别严重、影响特别恶劣的，可以按照前款罚款数额的2倍以上5倍以下对负有责任的煤矿企业处以罚款”。因此C选项处罚幅度虽然超过了特别重大事故，但由于C选项是对发生重大事故且“情节特别严重、影响特别恶劣的”处罚，内容也是正确的。

6. B。解析：根据《煤矿安全生产条例》第七十六条的规定，“本条例自2024年5月1日起施行。《煤矿安全监察条例》和《国务院关于预防煤矿生产安全事故的特别规定》同时废止”。所以《煤矿安全生产条例》生效后《国务院关于预防煤矿生产安全事故的特别规定》同时废止，不可以再作为违法处罚的法律依据，所以A选项是错误的。

根据《煤矿安全生产条例》第六十二条的规定，未按照规定进行安全生产教育和培训的，依照《安全生产法》有关规定予以处罚，因此应该依照《安全生产法》第九十七条处罚。B选项符合《安全生产法》第九十七条处罚规定，是正确的。

C选项的处罚内容虽然来自《煤矿安全生产条例》，但不是针对“未按照规定进行安全生产教育和培训”而设定的法律责任，因此是错误的。

《煤矿安全培训规定》是专门针对煤矿安全培训制定的部门规章，正常情况下不应该与法律、行政法规等上位法发生冲突，适用其法律责任规定是可以的。但是，由于2021年《安全生产法》修改后，《煤矿安全培训规定》尚未更新，其中规定的法律责任虽然与2021年修改前的《安全生产法》一致，但与修改后的《安全生产法》已经不再一致。在这种情况下，即使下位法尚未修改，其中与上位法冲突的内容自动失效，因此不能再适用《煤矿安全培训规定》的处罚规定，D选项是错误的。

7. B。解析：根据《煤矿安全生产条例》第六十八条第一款的规定，“煤矿企业的决策机构、主要负责人、其他负责人和安全生产管理人员未依法履行安全生产管理职责的，依照《中华人民共和国安全生产法》有关规定处罚并承担相应责任”。根据《安全生产法》第九十四条第一款的规定，生产经营单位的主要负责人未履行本法规定的安全生产管理职责的，责令限期改正，处二万元以上五万元以下的罚款；逾期未改正的，处五万元以上十万元以下的罚款，责令生产经营单位停产停业整顿。所以 A 选项正确。

B 选项未描述事故与主要负责人是否履行法定职责之间的关系，是错误的。如果煤矿企业主要负责人已经依法履行了安全生产管理职责，但由于其他原因导致发生事故的，也不需要对主要负责人予以处罚；或者煤矿企业主要负责人未完全依法履行了安全生产管理职责，但是事故的发生与主要负责人未履行的某项职责之间没有因果关系（包括间接因果关系），也不应该对主要负责人进行处罚，故 B 选项符合题意。

根据《安全生产法》第九十四条第二款的规定，生产经营单位的主要负责人有前款违法行为，导致发生生产安全事故的，给予撤职处分；构成犯罪的，依照刑法有关规定追究刑事责任。所以 C 选项正确。

根据《煤矿安全生产条例》第六十八条第二款的规定，煤矿企业主要负责人未依法履行安全生产管理职责，导致发生煤矿生产安全事故的，根据事故的等级予以处罚，发生一般事故的，处上一年年收入 40% 的罚款。所以 D 选项正确。

8. A。解析：根据《煤矿安全生产条例》第六十九条第二款的规定，“有关地方人民政府及其应急管理部门、负有煤矿安全生产监督管理职责的部门和设在地方的矿山安全监察机构有瞒报、谎报事故等行为的，对负有责任的领导人员和直接责任人员依法给予处分”。因此 A 选项正确。

B、C 选项是针对生产经营单位瞒报、谎报事故等行为的处罚，不适用于政府机关及其工作人员，故 B、C 选项是错误的。

不报、谎报安全事故罪，是指在安全事故发生后，负有报告职责的人员不报或者谎报事故情况，贻误事故抢救，情节严重的行为。根据《安全生产法》和《生产安全事故报告和调查处理条例》有关规定，负有安全生产监督管理职责的部门接到事故报告后，应当立即按照国家有关规定上报事故情况，因此不报、谎报安全事故罪中“负有报告职责的人员”包括政府职能部门的人员，如果他们不报、谎报行为贻误事故抢救，情节严重的，也可以以不报、谎报安全事故罪追究刑事责任。因此 D 选项是错误的。

9. D。解析：根据《煤矿安全生产条例》第七十条第一款第三项的规定，“经地方人民政府组织的专家论证在现有技术条件下难以有效防治重大灾害的”，应当提请县级以上地方人民政府予以关闭。因此，煤矿被关闭，不仅可能因为煤矿企业存在严重的安全生产违法行为，也可能是因为现有技术条件不足，所以 A 选项是错误的。

根据《煤矿安全生产条例》和《安全生产法》，出现法定情形时，应提请县级以上地方人民政府关闭煤矿，因此决定权在县级以上地方人民政府，并非其负有煤矿安全生产监督管理职责的部门。因此 B 选项错误。

根据《煤矿安全生产条例》第七十条第二款的规定，有关地方人民政府作出予以关闭的决定，应当立即组织实施。所以 C 选项的“尽快”组织实施是错误的。根据第七十条第二款第一项的规定，关闭煤矿应当依照法律法规有关规定吊销、注销相关证照。因此 D 选项是正确的。

10. C。解析：《煤矿安全生产条例》第七十一条规定，煤矿建设项目安全设施的设计、建设、验收等方面的违法行为，依照《安全生产法》有关规定予以处罚。《安全生产法》第九十八条规定：“生产经营单位有下列行为之一的，责令停止建设或者停产停业整顿，限期改正，并处十万元以上五十万元以下的罚款，对其直接负责的主管人员和其他直接责任人员处二万元以上五万元以下的罚款；逾期未改正的，处五十万元以上一百万元以下的罚款，对其直接负责的主管人员和其他直接责任人员处五万元以上十万元以下的罚款；构成犯罪的，依照刑法有关规定追究刑事责任：

（一）未按照规定对矿山、金属冶炼建设项目或者用于生产、储存、装卸危险物品的建设项目进行安全评价的；

（二）矿山、金属冶炼建设项目或者用于生产、储存、装卸危险物品的建设项目没有安全设施设计或者安全设施设计未按照规定报经有关部门审查同意的；

（三）矿山、金属冶炼建设项目或者用于生产、储存、装卸危险物品的建设项目的施工单位未按照批准的安全设施设计施工的；

（四）矿山、金属冶炼建设项目或者用于生产、储存、装卸危险物品的建设项目竣工投入生产或者使用前，安全设施未经验收合格的。”

上述规定总体的处罚对象是“生产经营单位”，实际上即“建设单位”，但是其中第三项单独指出了“施工单位”。根据《安全生产法》第三十四条的规定，“矿山、金属冶炼建设项目和用于生产、储存、装卸危险物品的建设项目的施工单位必须按照批准的安全设施设计施工，并对安全设施的工程质量负责”，也就是说按照批准的安全设施设计施工是施工单位的法定义务，因此，当施工单位未按照批准的安全设施设计施工的，受到处罚的当然是施工单位。所以 C 选项正确。

施工单位未按照批准的安全设施设计施工，作为建设单位的煤矿企业是否负有一定的责任呢？这个要根据具体情况具体分析。如果建设单位在知情的情况下，或者施工单位未按照批准的安全设施设计施工是在建设单位的默许甚至授权下实施的，那么建设单位也应该承担相应的责任。虽然如此，但是不能笼统地说只要施工单位未按照批准的安全设施设计施工，就对煤矿企业实施处罚。所以 A 选项是错误的。当然更不能对煤矿进行处罚，煤矿本身仅仅是煤矿企业的内部单元，不是经济独立的市场主体，所以 B 选项也是错误的。

建设项目安全设施建设的违法行为与别的违法行为有所不同，不能仅仅是限期改正。限期改正是指允许边建设边改正，如果允许建设项目继续进行，则改正的难度更大，因此需要首先“责令停止建设”，在此基础上再限期改正。故 D 选项也是错误的。

11. A。解析：根据《煤矿安全生产条例》第六十三条第三项的规定，煤矿的主要生产系统、安全设施不符合煤矿安全规程和国家标准或者行业标准规定的，责令限期改正，处 10 万元以上 20 万元以下的罚款；逾期未改正的，责令停产整顿，并处 20 万元以上 50 万元以下的罚款，对其直接负责的主管人员和其他直接责任人员处 3 万元以上 5 万元以下的罚款。A、B 选项即属于煤矿的主要生产系统、安全设施不符合煤矿安全规程和国家标准或者行业标准规定的情况，初罚为责令限期改正，处 10 万元以上 20

万元以下的罚款，逾期未改正的，责令停产整顿，并处 20 万元以上 50 万元以下的罚款。因此 A 选项正确，B 选项为逾期未改正的处罚，不是初罚幅度，是错误的。

根据《煤矿安全生产条例》第六十三条第六项的规定，露天煤矿的采场及排土场边坡与重要建筑物、构筑物之间安全距离不符合规定的，或者未按照规定保持露天煤矿边坡稳定的，初罚为处 10 万元以上 20 万元以下的罚款，不是处 10 万元以下的罚款。故 C 选项错误。

根据《煤矿安全生产条例》第七十一条第四项的规定，煤矿的安全设备的安装、使用、检测、改造和报废不符合国家标准或者行业标准的，根据《安全生产法》处罚，即依据《安全生产法》第九十九条，责令限期改正，处五万元以下的罚款；逾期未改正的，处五万元以上二十万元以下的罚款，对其直接负责的主管人员和其他直接责任人员处一万元以上二万元以下的罚款；情节严重的，责令停产停业整顿；构成犯罪的，依照刑法有关规定追究刑事责任。因此 D 选项是错误的。

12. B。解析：根据《煤矿安全生产条例》第七十二条的规定，煤矿安全生产技术服务机构出具失实报告、租借资质、挂靠、出具虚假报告等情形的法律责任依照《安全生产法》的规定处理。《安全生产法》第九十二条第二款规定，承担安全评价、认证、检测、检验职责的机构租借资质、挂靠、出具虚假报告的……对其直接负责的主管人员和其他直接责任人员处五万元以上十万元以下的罚款，因此 A 选项正确，不符合题意。

《安全生产法》第九十二条第三款规定：“对有前款违法行为的机构及其直接责任人员，吊销其相应资质和资格，五年内不得从事安全评价、认证、检测、检验等工作；情节严重的，实行终身行业和职业禁入”。根据这一规定，C 选项是正确的。B 选项扩大了吊销资格人员的范围，不应该把“主管人员”纳入吊销资格的范围，因此是错误的。故 B 选项符合题意。

在规定依照《安全生产法》处罚的同时，《煤矿安全生产条例》还补充规定安全生产技术服务机构“主要负责人对重大、特别重大煤矿生产安全事故负有责任的，终身不得从事煤矿安全生产相关技术服务工作”。因此 D 选项也是正确的。

13. A。解析：根据《煤矿安全生产条例》第七十四条的规定，乡镇人民政府在所辖区域内发现未依法取得安全生产许可证等擅自进行煤矿生产，没有采取有效措施制止或者没有向县级人民政府相关主管部门报告的，对负有责任的领导人员和直接责任人员依法给予处分。理解本条需要注意的是“没有采取有效措施制止或者没有向县级人民政府相关主管部门报告的”并非选择关系。在否定句中的“或者”，与肯定句中的“或者”含义并不一样。该规定是指两项工作都要做，一项不做即是违法。学习者也可以从法定职责的条款推定法律责任的准确含义。如第四十条第三款规定，“乡镇人民政府在所辖区域内发现未依法取得安全生产许可证等擅自进行煤矿生产的，应当采取有效措施制止，并向县级人民政府相关主管部门报告”。因此“采取有效措施制止”和“向县级人民政府相关主管部门报告”是两项法定义务，任何一项不履行，都是违法的。因此 A 选项符合题意，B 选项不符合题意。另外，对煤矿进行行政处罚和关闭煤矿都不是乡镇人民政府的法定职责，因此也就没有相应的法律责任，所以 C、D 选项都不符合题意。

14. A。解析：《煤矿安全生产条例》第七十四条规定：“地方各级人民政府、县级以上人民政府负有煤矿安全生产监督管理职责的部门和其他有关部门、国家矿山安全监察机构及其设在地方的矿山安全监察机构有下列情形之一的，对负有责任的领导人员和直接责任人员依法给予处分：

（一）县级以上人民政府负有煤矿安全生产监督管理职责的部门、国家矿山安全监察机构及其设在地方的矿山安全监察机构不依法履行职责，不及时查处所辖区域内重大事故隐患和安全生产违法行为的；县级以上人民政府其他有关部门未依法履行煤矿安全生产相关职责的；

……

（三）对被责令停产整顿的煤矿企业，在停产整顿期间，因有关地方人民政府监督检查不力，煤矿企业在停产整顿期间继续生产的；

……

（五）县级以上人民政府负有煤矿安全生产监督管理职责的部门、国家矿山安全监察机构及其设在地方的矿山安全监察机构接到举报后，不及时处理的；

……”

根据上述规定判断，B、C、D 选项都是应该追究责任的情形，不符合题意。A 选项不符合法条规定，法条仅对不及时查处所辖区域内“重大事故隐患”的作出追究责任的规定，不能将其扩展到未及时发现事故隐患。因此 A 选项符合题意。

15. B。解析：根据《煤矿安全生产条例》第三十六条的规定，“瓦斯超限作业的”属于重大事故隐患。根据第六十四条的规定，“对存在重大事故隐患仍然进行生产的煤矿企业，责令停产整顿，明确整顿的内容、时间等具体要求，并处 50 万元以上 200 万元以下的罚款；对煤矿企业主要负责人处 3 万元以上 15 万元以下的罚款”。因此 B 选项符合法条规定，是正确的。A、C、D 选项均是错误的。

四、多选题答案及解析

1. ABC。解析：《煤矿安全生产条例》第六十一条规定，“未依法取得安全生产许可证等擅自进行煤矿生产的，应当责令立即停止生产，没收违法所得和开采出的煤炭以及采掘设备；违法所得在 10 万元以上的，并处违法所得 2 倍以上 5 倍以下的罚款；没有违法所得或者违法所得不足 10 万元的，并处 10 万元以上 20 万元以下的罚款”。同时第七十条规定，未依法取得安全生产许可证等擅自进行生产的，应当提请县级以上地方人民政府予以关闭。因此 A、B、C 选项正确。

非法采矿罪，是指自然人或者单位违反矿产资源法的规定，未取得采矿许可证擅自采矿，擅自进入国家规划矿区、对国民经济具有重要价值的矿区和他人矿区范围采矿，或者擅自开采国家规定实行保护性开采的特定矿种，情节严重的行为。因此非法采矿罪与未依法取得采矿许可证有关，与未取得安全生产许可证无关。D 选项错误。

2. AB。解析：《煤矿安全生产条例》第六十二条规定，“进行危险作业，未采取专门安全技术措施并安排专门人员进行现场安全管理的”“未按照规定建立并落实安全风险分级管控制度和事故隐患排查治理制度的，或者重大事故隐患排查治理情况未按照规定报告的”依照《安全生产法》予以处罚。根据《安全生产法》第一百零一条的规定，有上述两种行为的，“责令限期改正，处十万元以下的罚款；逾期未改正的，责令停产停业整顿，并处十万元以上二十万元以下的罚款，对其直接负责的主管人员和其他直接责任人员处二万元以上五万元以下的罚款；构成犯罪的，依照刑法有关规定追究刑事责任”。故 A、B 选项违法行为的初罚应该是十万元以下的罚款，符合题意。

C、D 选项为《煤矿安全生产条例》特别规定的煤矿安全生产违法行为。根据第六十三条的规定，初罚幅度是“责令限期改正，处 10 万元以上 20 万元以下的罚款”。故 C、D 选项不符合题意。

3. ABD。解析：根据《煤矿安全生产条例》第六十三条的规定，“煤矿企业有下列行为之一的，责令限期改正，处 10 万元以上 20 万元以下的罚款；逾期未改正的，责令停产整顿，并处 20 万元以上 50 万元以下的罚款，对其直接负责的主管人员和其他直接责任人员处 3 万元以上 5 万元以下的罚款：

（一）未按照规定制定并落实全员安全生产责任制和领导带班等安全生产规章制度的；

（二）未按照规定为煤矿配备矿长等人员和机构，或者未按照规定设立救护队的；

（三）煤矿的主要生产系统、安全设施不符合煤矿安全规程和国家标准或者行业标准规定的；

（四）未按照规定编制专项设计的；

（五）井工煤矿未按照规定进行瓦斯等级、冲击地压、煤层自燃倾向性和煤尘爆炸性鉴定的；

（六）露天煤矿的采场及排土场边坡与重要建筑物、构筑物之间安全距离不符合规定的，或者未按照规定保持露天煤矿边坡稳定的；

（七）违章指挥或者强令冒险作业、违反规程的。”

从法条可以直接判断 A、B 选项正确。但 C 选项值得讨论。虽然法条中有“对其直接负责的主管人员和其他直接责任人员处 3 万元以上 5 万元以下的罚款”的描述，但是这一规定是针对第六十三条所列举的七项行为而言的。《安全生产法》《煤矿安全生产条例》都将“建立健全并落实全员安全生产责任制”归为主要负责人的职责，在其他责任人和安全生产管理人员的职责中，均无“建立健全并落实全员安全生产责任制”的职责。从法律的角度看，制定并落实全员安全生产责任制过程中，并无法律上的“直接负责的主管人员和其他直接责任人员”。因此笔者认为，就健全并落实全员安全生产责任制方面的法律责任，煤矿企业有关人员不包括“直接负责的主管人员和其他直接责任人员”，所以C选项不被包括在内。当然，煤矿企业也可以通过内部分工，指定相关人员参与全员安全生产责任制的建设，如果在此过程中，没有完成企业内部任务，可以以煤矿企业内部的奖惩措施来处理，但承担的不是企业外部的法律责任。

根据第六十八条的规定，煤矿企业的决策机构、主要负责人、其他负责人和安全生产管理人员未依法履行安全生产管理职责的，依照《安全生产法》有关规定处罚并承担相应责任。《安全生产法》第二十一条和《煤矿安全生产条例》第十八条都规定“建立健全并落实全员安全生产责任制”是主要负责人的职责之一。《安全生产法》第九十四条则规定，“生产经营单位的主要负责人未履行本法规定的安全生产管理职责的，责令限期改正，处二万元以上五万元以下的罚款；逾期未改正的，处五万元以上十万元以下的罚款，责令生产经营单位停产停业整顿”。所以D选项符合法律规定，也是正确的。

4. ABC。解析：《煤矿安全生产条例》第六十九条规定：煤矿企业及其有关人员有瞒报、谎报事故等行为的，依照《安全生产法》《生产安全事故报告和调查处理条例》有关规定予以处罚。根据《安全生产法》第一百一十条的规定，生产经营单位的主要负责人对生产安全事故隐瞒不报、谎报或者迟报的，给予降级、撤职的处分，并由应急管理部门处上一年年收入百分之六十至百分之一百的罚款；对逃匿的处十五日以下拘留；构成犯罪的，依照刑法有关规定追究刑事责任。《生产安全事故报告和调查处理条例》第三十六条规定，谎报或者瞒报事故的，对事故发生单位处100万元以上500万元以下的罚款；对主要负责人、直接负责的主管人员和其他直接责任人员处上一年年收入60%至100%的罚款；属于国家工作人员的，并依法给予处分；构成违反治安管理行为的，由公安机关依法给予治安管理处罚；构成犯罪的，依法追究刑事责任。综合两部立法的规定，A、B、C选项正确。

不报、谎报安全事故罪，是指在安全事故发生后，负有报告职责的人员不报或者谎报事故情况，贻误事故抢救，情节严重的行为。不报、谎报事故导致“贻误事故抢救”的后果，才有可能构成该罪。本案中未有“贻误事故抢救”的情况，因此不能以不报、谎报安全事故罪追究刑事责任。故 D 选项错误。

5. ABCD。解析：根据《煤矿安全生产条例》第七十条的规定，应当提请县级以上地方人民政府予以关闭包括 4 种情形：①未依法取得安全生产许可证等擅自进行生产的；②3 个月内 2 次或者 2 次以上发现有重大事故隐患仍然进行生产的；③经地方人民政府组织的专家论证在现有技术条件下难以有效防治重大灾害的；④有《中华人民共和国安全生产法》规定的应当提请关闭的其他情形。由此可直接判断 B、C 选项正确。同时还需要根据《安全生产法》的规定判断需要提请关闭的其他情形。

根据《安全生产法》第一百一十三条的规定，生产经营单位存在下列情形之一的，负有安全生产监督管理职责的部门应当提请地方人民政府予以关闭：①存在重大事故隐患，一百八十日内三次或者一年内四次受到本法规定的行政处罚的；②经停产停业整顿，仍不具备法律、行政法规和国家标准或者行业标准规定的安全生产条件的；③不具备法律、行政法规和国家标准或者行业标准规定的安全生产条件，导致发生重大、特别重大生产安全事故的；④拒不执行负有安全生产监督管理职责的部门作出的停产停业整顿决定的。因此可判断 D 选项也是正确的。

《煤矿安全生产条例》第七十条规定，未依法取得安全生产许可证等擅自进行生产的应当提请县级以上地方人民政府予以关闭，并未规定安全生产许可证被暂扣期间擅自进行生产的是否关闭。但《安全生产法》第一百一十三条第四项规定，拒不执行负有安全生产监督管理职责的部门作出的停产停业整顿决定的，应当提请地方人民政府予以关闭。由此可推出结论：因被责令停产整顿暂扣安全生产许可证，期间擅自进行生产的，就是拒不执行停产停业整顿决定的情形，因此也属于应当提请地方人民政府予以关闭的情形，所以根据相关立法的规定，A 选项也是正确的。

6. ABD。解析：根据《煤矿安全生产条例》第七十一条第四项的规定，“煤矿企业违反本条例第二十四条第一款、第二十五条第一款和第二款、第二十六条第二款规定的”，依照《安全生产法》有关规定予以处罚。上述几款内容分别涉及劳动防护用品的提供与使用，安全设备的安装、使用、检测、改造和报废，安全设备的维护保养，以及关闭、破坏有关设备、设施，或者篡改、隐瞒、销毁其相关数据、信息的行为。《安全生产法》第九十九条规定了相关的法律责任为“责令限期改正，处五万元以下的罚款；逾期未改正的，处五万元以上二十万元以下的罚款，对其直接负责的主管人员和其他直接责任人员处一万元以上二万元以下的罚款；情节严重的，责令停产停业整顿；构成犯罪的，依照刑法有关规定追究刑事责任”。A、B、D 选项符合规定，是正确的。

C 选项涉及的是《煤矿安全生产条例》第二十六条第一款，即“煤矿的采煤、掘进、机电、运输、通风、排水、排土等主要生产系统和防瓦斯、防煤（岩）与瓦斯（二氧化碳）突出、防冲击地压、防火、防治水、防尘、防热害、防滑坡、监控与通讯等安全设施，应当符合煤矿安全规程和国家标准或者行业标准规定的管理和技术要求”。对此款的法律责任，规定在第六十三条之中：煤矿的主要生产系统、安全设施不符合煤矿安全规程和国家标准或者行业标准规定的，责令限期改正，处 10 万元以上 20 万元以下的罚款；逾期未改正的，责令停产整顿，并处 20 万元以上 50 万元以下的罚款，对其直接负责的主管人员和其他直接责任人员处 3 万元以上 5 万元以下的罚款。所以 C 选项不符合题意。

7. ACD。解析：根据《煤矿安全生产条例》第六十一条的规定，未依法取得安全生产许可证等擅自进行煤矿生产的，没收违法所得是处罚措施之一，因此 A 选项正确。根据第六十五条第二款的规定，“擅自开采保安煤柱或者采用可能危及相邻煤矿生产安全的决水、爆破、贯通巷道等危险方法进行采矿作业的，责令立即停止作业，没收违法所得；违法所得在 10 万元以上的，并处违法所得 2 倍以上 5 倍以下的罚款；没有违法所得或者违法所得不足 10 万元的，并处 10 万元以上 20 万元以下的罚款；造成损失的，依法承担赔偿责任”。C、D 选项符合法条规定，是正确的。

虽然第六十五条第二款的规定提到了“爆破”，但并不是说在煤炭开采中不允许使用爆破方法，只有当爆破方法“可能危及相邻煤矿生产安全”的，该方法才被禁止。所以 B 选项是错误的。当然，使用爆破方法进行采矿作业，要遵守相关规程，如《煤矿安全规程》和《爆破安全规程》等。

8. ABC。解析：根据《煤矿安全生产条例》第七十二条的规定，承担安全评价、认证、检测、检验等职责的煤矿安全生产技术服务机构有出具失实报告、租借资质、挂靠、出具虚假报告等情形的，对该机构及直接负责的主管人员和其他直接责任人员，应当依照《中华人民共和国安全生产法》有关规定予以处罚并追究相应责任。其主要负责人对重大、特别重大煤矿生产安全事故负有责任的，终身不得从事煤矿安全生产相关技术服务工作。《安全生产法》第九十二条第一款规定："承担安全评价、认证、检测、检验职责的机构出具失实报告的，责令停业整顿，并处三万元以上十万元以下的罚款……"因此A选项正确。

《安全生产法》第九十二条第二款规定："承担安全评价、认证、检测、检验职责的机构租借资质、挂靠、出具虚假报告的，没收违法所得；违法所得在十万元以上的，并处违法所得二倍以上五倍以下的罚款，没有违法所得或者违法所得不足十万元的，单处或者并处十万元以上二十万元以下的罚款……"因此B、C选项符合规定，是正确的。D选项"挂靠在其他安全生产技术服务机构"有违法所得的，应首先没收违法所得，然后"并处十万元以上二十万元以下的罚款"，不没收违法所得，仅单处罚款是不对的，因此D选项错误。

9. AC。解析：《煤矿安全生产条例》第七十二条规定，煤矿安全生产技术服务机构出具失实报告、租借资质、挂靠、出具虚假报告等情形的法律责任依照《安全生产法》的规定处理。《安全生产法》第九十二条在规定了行政责任的同时，还规定了民事责任，即承担安全评价、认证、检测、检验职责的机构出具失实报告给他人造成损害的，依法承担赔偿责任。失实报告是指技术服务机构相关人员不负责任导致报告内容不符合客观事实。在此过程中，委托单位没有过错，因此给他人造成损害的，由安全生产技术服务机构依法承担赔偿责任。所以A选项正确，B选项错误。

根据《安全生产法》第九十二条第二款的规定，承担安全评价、认证、检测、检验职责的机构租借资质、挂靠、出具虚假报告，给他人造成损害的，与生产经营单位承担连带赔偿责任。失实报告是过失行为，但虚假报告是故意行为，并且往往与委托单位相互串通。此处的“给他人造成损害的”一般是指因出具虚假报告导致发生生产安全事故给他人造成的损害。在这种情况下，法律规定技术服务机构与生产经营单位承担连带赔偿责任。连带责任，是指任何一个责任人都有义务对外承担全部的民事责任，即权利人有权要求任何一个责任人承担全部责任。在对内关系上，某一责任人对外实际承担了超出自己应承担的份额的，可以向其他连带责任人追偿。因此C选项是正确的，D选项是错误的。

10. BCD。解析：《煤矿安全生产条例》第七十条第二款规定：“有关地方人民政府作出予以关闭的决定，应当立即组织实施。关闭煤矿应当达到下列要求：

（一）依照法律法规有关规定吊销、注销相关证照；

（二）停止供应并妥善处理民用爆炸物品；

（三）停止供电，拆除矿井生产设备、供电、通信线路；

（四）封闭、填实矿井井筒，平整井口场地，恢复地貌；

（五）妥善处理劳动关系，依法依规支付经济补偿、工伤保险待遇，组织离岗时职业健康检查，偿还拖欠工资，补缴欠缴的社会保险费；

（六）设立标识牌；

（七）报送、移交相关报告、图纸和资料等；

（八）有关法律法规规定的其他要求。”

由此可知B、C、D选项均符合法条规定，是正确选项。A选项的相关证照是指煤矿或者煤矿企业的相关证照。煤矿企业主要负责人安全资格证并不因其下属煤矿的关闭而需要吊销、注销。煤矿关闭未必是因为严重违法，也可能是因为遇到技术难题。煤矿关闭后，相关人员的安全资格继续有效，还可以到其他地区任职。《安全生产培训管理办法》第二十六条规定：“特种作业操作证和省级安全生产监督管理部门、省级煤矿安全培训监管机构颁发的主要负责人、安全生产管理人员的安全资格证，在全国范围内有效。”所以A选项错误。当然，根据《安全生产法》的规定，由于严重违法导致煤矿被关闭，同时煤矿企业主要负责人也存在应该吊销资格的情形时，关闭煤矿与吊销主要负责人安全资格证也可能同时发生。

11. BCD。解析：《煤矿安全生产条例》第六十六条规定：“煤矿企业有下列行为之一的，责令改正；拒不改正的，处 10 万元以上 20 万元以下的罚款；对其直接负责的主管人员和其他直接责任人员处 1 万元以上 2 万元以下的罚款：

……

（二）违反本条例第四十四条第一款规定，擅自启封或者使用被查封、扣押的设施、设备、器材的；

……"

值得注意的是，此规定的行政处罚三部分之间均为分号，也就是说"对其直接负责的主管人员和其他直接责任人员处 1 万元以上 2 万元以下的罚款"的适用前提并非"拒不改正"，而是责令煤矿企业改正的同时，就可以对有关人员实施处罚。假如"拒不改正的，处 10 万元以上 20 万元以下的罚款"与"对其直接负责的主管人员和其他直接责任人员处 1 万元以上 2 万元以下的罚款"之间是逗号，则必须拒不改正以后，才可以对有关人员进行处罚。根据法条和上述分析可知，除 A 选项错误外，B、C、D 选项均是正确的。

12. ABC。解析：《煤矿安全生产条例》第六十七条规定："发生煤矿生产安全事故，对负有责任的煤矿企业除要求其依法承担相应的赔偿等责任外，依照下列规定处以罚款：

（一）发生一般事故的，处 50 万元以上 100 万元以下的罚款；

（二）发生较大事故的，处 150 万元以上 200 万元以下的罚款；

（三）发生重大事故的，处 500 万元以上 1000 万元以下的罚款；

（四）发生特别重大事故的，处 1000 万元以上 2000 万元以下的罚款。

发生煤矿生产安全事故，情节特别严重、影响特别恶劣的，可以按照前款罚款数额的 2 倍以上 5 倍以下对负有责任的煤矿企业处以罚款。"

根据法条可直接判定 A、B 选项正确。如果发生特别重大事故，最高可罚 2000 万元，假如同时存在"情节特别严重、影响特别恶劣"的情形，可以按照 2000 万元的 2 倍以上 5 倍以下对负有责任的煤矿企业处以罚款。5 倍以下，包括 5 倍，所以最高可达一亿元。因此 C 选项也是正确的。

《刑法》第三十条规定："公司、企业、事业单位、机关、团体实施的危害社会的行为，法律规定为单位犯罪的，应当负刑事责任。"对于安全生产犯罪，我国刑法均直接追究责任人的刑事责任，没有追究单位刑事责任的规定。所以D选项错误。

13. ACD。解析：《煤矿安全生产条例》第七十三条规定：“本条例规定的行政处罚，由县级以上人民政府负有煤矿安全生产监督管理职责的部门和其他有关部门、国家矿山安全监察机构及其设在地方的矿山安全监察机构按照职责分工决定……”但具体如何分工没有规定。

根据《安全生产法》第一百一十四条规定：“发生生产安全事故，对负有责任的生产经营单位除要求其依法承担相应的赔偿等责任外，由应急管理部门依照下列规定处以罚款：

（一）发生一般事故的，处三十万元以上一百万元以下的罚款；

……”

由此可知，尽管地方政府负有煤矿安全生产监督管理职责的部门负责“地方监管”，国家矿山安全监察机构负责“国家监察”，两个部门对监管和监察中发现的违法行为都具有处罚权，但一旦发生事故，则由应急管理部门负责处罚。另外，根据《生产安全事故报告和调查处理条例》的规定，该事故的等级为较大事故。所以B选项正确，A、C选项错误。

如果是县级以上地方人民政府负有煤矿安全生产监督管理职责的部门在执法检查中发现了该煤矿企业存在“五职矿长”配备不全、安全管理机构不健全等问题，应根据《煤矿安全生产条例》和《安全生产法》对该煤矿企业进行处罚。如果发生了事故，并且这些违法行为与事故发生存在一定的因果关系，包括间接因果关系，那么就不再对其违法行为进行单独处罚，而是根据事故等级进行处罚。《行政处罚法》第二十九条规定，“对当事人的同一个违法行为，不得给予两次以上罚款的行政处罚。同一个违法行为违反多个法律规范应当给予罚款处罚的，按照罚款数额高的规定处罚”。所以本案中，县级以上地方人民政府负有煤矿安全生产监督管理职责的部门不能再对该煤矿企业“五职矿长”配备不全、安全管理机构不健全等违法行为进行处罚，而是由县级以上地方人民政府应急管理部门对该煤矿企业按照较大等级事故进行处罚。故D选项也是错误的。

14. BC。解析：《煤矿安全生产条例》第二十六条规定，“煤矿的采煤、掘进、机电、运输、通风、排水、排土等主要生产系统和防瓦斯、防煤（岩）与瓦斯（二氧化碳）突出、防冲击地压、防火、防治水、防尘、防热害、防滑坡、监控与通讯等安全设施，应当符合煤矿安全规程和国家标准或者行业标准规定的管理和技术要求”。第六十三条规定：煤矿的主要生产系统、安全设施不符合煤矿安全规程和国家标准或者行业标准规定的，责令限期改正，处 10 万元以上 20 万元以下的罚款；逾期未改正的，责令停产整顿，并处 20 万元以上 50 万元以下的罚款，对其直接负责的主管人员和其他直接责任人员处 3 万元以上 5 万元以下的罚款。根据上述规定，该煤矿企业的安全监控设施出现故障不及时处理，不符合《煤矿安全规程》第四百九十二条的规定，应该按照第六十三条的规定处理。

但是，根据第三十六条第十一项的规定，“未按照规定建立监控与通讯系统，或者系统不能正常运行的”属于重大事故隐患。根据第六十四条的规定，“对存在重大事故隐患仍然进行生产的煤矿企业，责令停产整顿，明确整顿的内容、时间等具体要求，并处 50 万元以上 200 万元以下的罚款；对煤矿企业主要负责人处 3 万元以上 15 万元以下的罚款”。

根据《行政处罚法》的规定，同一个违法行为违反多个法律规范应当给予罚款处罚的，按照罚款数额高的规定处罚。所以 A 选项属于罚款数额低的规定，不适合本案例，是错误的；B、C 选项符合规定，是正确的。另外 D 选项也不符合法条规定，是错误的。

15. AC。解析：《煤矿安全生产条例》第七十一条规定，煤矿建设项目中安全设施设计、施工、验收等过程中的法律责任，依照《安全生产法》有关规定予以处罚。根据《安全生产法》第九十八条第二项、第四项的规定，矿山建设项目没有安全设施设计或者安全设施设计未按照规定报经有关部门审查同意的，建设项目竣工投入生产或者使用前安全设施未经验收合格的，责令停止建设或者停产停业整顿，限期改正，并处十万元以上五十万元以下的罚款，对其直接负责的主管人员和其他直接责任人员处二万元以上五万元以下的罚款……因此 A 选项正确，D 选项错误。

施工单位未按照批准的安全设施设计施工的，被处罚的应该是施工单位，不是建设单位，故 B 选项错误。

根据《煤矿安全生产条例》第三十六条第十四项的规定，“新建煤矿边建设边生产，煤矿改扩建期间，在改扩建的区域生产，或者在其他区域的生产超出设计规定的范围和规模的”属于重大事故隐患。根据第六十四条的规定，对存在重大事故隐患仍然进行生产的煤矿企业，责令停产整顿，明确整顿的内容、时间等具体要求，并处50万元以上200万元以下的罚款；对煤矿企业主要负责人处3万元以上15万元以下的罚款。因此C选项正确。

五、简答题答案及解析

1. 答：第一，《煤矿安全生产条例》作为《安全生产法》的下位法，其设定的法律责任应当与《安全生产法》设定的法律责任相一致，不能存在冲突。

第二，对《安全生产法》已有明确规定，也不需要作出调整的违法行为的处罚，《煤矿安全生产条例》并不需要重复规定相应的法律责任，而是运用准用性规范，直接规定依照《安全生产法》有关规定予以处罚即可。

第三，对个别需要特别突出的处罚，虽然《安全生产法》已有明确规定，但《煤矿安全生产条例》也进行了重复规定。

第四，对于《安全生产法》缺少规定的违法行为的法律责任，《煤矿安全生产条例》作出了适当补充。

第五，对煤炭行业特有的违法行为，《煤矿安全生产条例》设定了专门的法律责任。

2. 答：根据《煤矿安全生产条例》第六十一条的规定，关闭的煤矿企业擅自恢复生产的，应当责令立即停止生产，没收违法所得和开采出的煤炭以及采掘设备；违法所得在10万元以上的，并处违法所得2倍以上5倍以下的罚款；没有违法所得或者违法所得不足10万元的，并处10万元以上20万元以下的罚款。

3. 答：《煤矿安全生产条例》直接规定的处罚内容有两个法条：

（1）第六十四条：对存在重大事故隐患仍然进行生产的煤矿企业，对煤矿企业主要负责人处3万元以上15万元以下的罚款。

（2）第六十八条第二款：煤矿企业主要负责人未依法履行安全生产管理职责，导致发生煤矿生产安全事故的，根据事故等级，从低到高分别处上一年年收入 40%、60%、80%、100% 的罚款。

《安全生产法》规定对主要负责人的处罚有五个法条：

(1) 第九十三条：主要负责人未保证安全生产所必需的资金投入，致使生产经营单位不具备安全生产条件的，给予撤职处分。

(2) 第九十四条：生产经营单位的主要负责人未履行本法规定的安全生产管理职责的，责令限期改正，处二万元以上五万元以下的罚款；逾期未改正的，处五万元以上十万元以下的罚款，责令生产经营单位停产停业整顿。生产经营单位的主要负责人有前款违法行为，导致发生生产安全事故的，给予撤职处分；构成犯罪的，依照刑法有关规定追究刑事责任。生产经营单位的主要负责人依照前款规定受刑事处罚或者撤职处分的，自刑罚执行完毕或者受处分之日起，五年内不得担任任何生产经营单位的主要负责人；对重大、特别重大生产安全事故负有责任的，终身不得担任本行业生产经营单位的主要负责人。

(3) 第一百零六条：生产经营单位与从业人员订立协议，免除或者减轻其对从业人员因生产安全事故伤亡依法应承担的责任的，对生产经营单位的主要负责人、个人经营的投资人处二万元以上十万元以下的罚款。

(4) 第一百一十条：生产经营单位的主要负责人在本单位发生生产安全事故时，不立即组织抢救或者在事故调查处理期间擅离职守或者逃匿的，给予降级、撤职的处分，并由应急管理部门处上一年年收入百分之六十至百分之一百的罚款；对逃匿的处十五日以下拘留；构成犯罪的，依照刑法有关规定追究刑事责任。生产经营单位的主要负责人对生产安全事故隐瞒不报、谎报或者迟报的，依照前款规定处罚。

(5) 第一百一十三条：生产经营单位存在下列情形之一的，负有安全生产监督管理职责的部门应当提请地方人民政府予以关闭，有关部门应当依法吊销其有关证照。生产经营单位主要负责人五年内不得担任任何生产经营单位的主要负责人；情节严重的，终身不得担任本行业生产经营单位的主要负责人：①存在重大事故隐患，一百八十日内三次或者一年内四次受到本法规定的行政处罚的；②经停产停业整顿，仍不具备法律、行政法规和国家标准或者行业标准规定的安全生产条件的；③不具备法律、行政法规和国家标准或者行业标准规定的安全生产条件，导致发生重大、特别重大生产安全事故的；④拒不执行负有安全生产监督管理职责的部门作出的停产停业整顿决定的。

4. 答：《煤矿安全生产条例》第七十条明确列举了煤矿企业存在应当提请县级以上地方人民政府予以关闭的三种情形，同时指出《安全生产法》规定的应当提请关闭的其他情形。其中《煤矿安全生产条例》直接列举的情形包括：①未依法取得安全生产许可证等擅自进行生产的；②3个月内2次或者2次以上发现有重大事故隐患仍然进行生产的；③经地方人民政府组织的专家论证在现有技术条件下难以有效防治重大灾害的。《安全生产法》规定的其他情形包括：①存在重大事故隐患，一百八十日内三次或者一年内四次受到本法规定的行政处罚的；②经停产停业整顿，仍不具备法律、行政法规和国家标准或者行业标准规定的安全生产条件的；③不具备法律、行政法规和国家标准或者行业标准规定的安全生产条件，导致发生重大、特别重大生产安全事故的；④拒不执行负有安全生产监督管理职责的部门作出的停产停业整顿决定的。

5. 答：根据《煤矿安全生产条例》第七十条第二款的规定，关闭煤矿应当达到下列要求：

（1）依照法律法规有关规定吊销、注销相关证照。

（2）停止供应并妥善处理民用爆炸物品。

（3）停止供电，拆除矿井生产设备、供电、通信线路。

（4）封闭、填实矿井井筒，平整井口场地，恢复地貌。

（5）妥善处理劳动关系，依法依规支付经济补偿、工伤保险待遇，组织离岗时职业健康检查，偿还拖欠工资，补缴欠缴的社会保险费。

（6）设立标识牌。

（7）报送、移交相关报告、图纸和资料等。

（8）有关法律法规规定的其他要求。

后记
POSTSCRIPT

作为中国矿业大学法学专业的教师，多年来，我们始终关注着我国的煤矿安全生产立法进展。2019 年 12 月，应急管理部就《煤矿安全条例（草案征求意见稿）》向社会公开征求意见，我们认真研读了征求意见稿，并提交了修改建议。2022 年，我们荣幸地收到应急管理出版社的委托，开始编写《〈煤矿安全条例〉学习辅导教材》，并在我校法律硕士研究生“安全与应急法研究”课程上组织学生对该部法规草案进行了细致的研讨。虽然 2023 年 10 月已完成了教材初稿，但由于最终出台的文本从法规名称到篇章结构，再到具体条文都有很大改动，我们决定重新撰写书稿。所幸有大学寒假的闲暇，终于在开学前一天完成了新的书稿——《〈煤矿安全生产条例〉学习辅导教材（含习题及答案解析）》。

在本书前期的编写过程中，我校 2022 级法律硕士研究生蔡家乐、李欣然、刘雪婷、隋琦、汪为建、武栋强、席学志、杨思晨、张璇、张子恒等同学参与了部分书稿的编写，遗憾的是由于法条改动较大，交稿时间紧迫，这些同学编写的书稿最终无法使用，但对我们撰写书稿具有一定的借鉴意义，相信他们在研讨和编写书稿的过程中，复习了法学基础理论，丰富了安全生产法律知识。在此特向他们表示衷心的感谢！

编者

2024 年 2 月 25 日